원효의 열반론

원효의 열반론

김원명 지음

KSI 한국학술정보(주)

　원효하면 생각나는 게 무얼까? 해골바가지 물과 깨달음, 그리고 요석공주와 설총, 걸림 없이 바람처럼 물처럼 산 자유인! 서울에는 원효로가 있고, 원효대교도 있다. 전국 곳곳의 명산과 명찰들에는 원효와 관련이 없는 곳이 없을 정도로 그의 이름이 많이 남아 있다. 원효를 십지보살이라고도 하는데 원효만큼 깨달음을 적나라하고 친근하게 보여준 분이 또 있을까? 그런 그가 깨달음을 무어라고 했을지 궁금해하지 않을 수 없다. 중·고등학교에서 도덕이나 윤리 교과서에서 가르쳐주는 몇 마디 단어 그리고 국사 교과서에서 가르쳐 주는 몇몇 설화를 제외하고는 실제로 그에 대해 아는 내용이 별로 없다.

　나는 이 책에서 그의 깨달음에 대한 설화나 몇몇 단어가 아닌 깨달음에 대한 그의 전문적인 불교철학 이론을 현대인들이 읽을 수 있게 하려고 한다. 그래서 우리도 그의 자유롭고 호탕한 삶뿐만 아니라 치밀한 사고와 활발한 문장과 그 안에 깃든 그의 시원시원한 자유로움과 호탕함을 닮아볼 수 없을까 생각한다. 바쁘고 고달픈 현대인들에게 그는 고향 같은 안식처다. 그가 말한 것들은 쉬운 듯하면서도 늘 어렵다. 그러면서도 늘 반갑고 친근하다. 이 글은 쉽지만은 않다.

그렇다고 어렵기만 하다는 것은 아니다. 원효의 글들은 어려우면서도 쉽다. 그의 치밀한 사고와 자유롭고 활달한 문장이 나를 통해 오늘날의 글맛으로 되살리려고 하지만 그 뜻을 제대로 담지 못할까 늘 두렵다. 그러나 우리는 그 시대마다 자신이 처한 처지에 따라 새롭게 읽을 수밖에 없다. 개인들 또한 그렇다. 읽으미는 읽으미의 해석학적 상상력의 자유를 마음껏 누릴 수 있어야 한다. 그러나 그것이 원효가 맛본 한맛과 다른 맛이어서는 안 된다는 것을 생각하면 늘 조심스럽고 두려울 수밖에 없다. 원효의 열반에 대한 생각들을 공부하고 글을 쓰며 스스로 내 길을 돌아보고 미래로 달려가 보기도 하였다. 원효가 공부한 깨달음의 길을 궁금해하는 다른 분들에게도 작은 도움이 되었으면 하는 바람이 두려움에도 불구하고 용기를 준다.

이 책은 나의 박사학위논문 「元曉 『涅槃經宗要』의 涅槃論 硏究」(한국외국어대학교 철학과 2006)을 약간 수정한 것이다. 이 책은 원효의 열반론(涅槃論)과 열반론에서 전개되는 화쟁(和諍)을 밝힌다. 화쟁은 원효철학을 특징짓는 용어고, 열반은 불교의 궁극적 목적이다. 열반이란 내적으로나 외적으로 조화를 이루어 궁극적인 즐거움을 얻는 것이다. 이는 '하나도 아니고 다르지도 않은' 불일불이(不一不異)의 경험이고, 살아 있는 것들 간의 사이와 사이 없음의 경험이다. 열반은 존재자들의 평등하고 둘이 없는 참 성품을 체험하는 것이다. 서양철학 개념인 존재 체험은 존재자들의 전체적이며 근원적인 일치의 경험이라고 할 수 있는데, 이는 열반 체험과 다르지 않을 것이다. 또 유가(儒家)의 천인합일(天人合一), 도가(道家)의 물아일체(物我一體)의 체험과도 다르지 않을 것이다. 이처럼 다른 말로 표현되는 이 체험들은 서양에서 동양에서 시대적 역사적 문화적 종교적 배경 등을 달리하지만, 이 체험들은 그때마다 그 사람마다 다르면서도 다르지 않고 어긋나지 않게 알아듣는 동일함이 있다.

이설(異說)들과 이론(異論)들을 화합하고 회통하는 화쟁은 한 주제내의 상반된 견해들 속에서 같은 점도 함께 주목할 때 생겨나는 지혜다. 다름과 같음을 함께 아우르는 것이 필요할 때, 또 사물을 서로 다르게 보는 관점을 넘어 온전하게 보게 된다면 화쟁이 된다. 원효의 열반과 화쟁의 핵심을 요약해 말하면, 열반에 이르지 않고는 화쟁을 이룰 수 없고 화쟁하면 곧 열반이다. 열반으로 이루는 화쟁은 참으로 담연(湛然)하다. 장자가 '뜻을 얻으면 말을 잊는다[得意忘言]'고 말했다면 원효는 열반을 통해 '뜻도 잊고 말도 잊는[忘意忘言]' 경계를 열어 보인다. '뜻도 잊고 말도 잊는[忘意忘言]' 경계는 '따로 얻을 것이 없는[別無所得]' 세계이기도 하지만 동시에 '얻음이 없지만 얻지 않음도 없는[無得而無不得]' 세계다. 원효의 열반을 바탕으로 한 화쟁은 이 시대에 우리가 안고 있는 많은 대립과 갈등을 해결할 수 있는 하나의 훌륭한 전형이라고 할 수 있겠다.

이 연구의 가장 중요한 일차문헌인 『열반경종요』는 1091년(고려 숙종1년) 대각국사 의천에 의해 완성된 속장경의 목록인 신편제종교장총록에 그 이름이 나타난다. 그러나 고려대장경에 실리지 못한 것으로 보아 1231년(고종18년) 몽고침입과 1236년 대장경 새김 시작 사이에 소실된 것으로 추정된다. 그러나 1478년(조선 성종9년)에 서거정 등에 의해 편찬된 동문선 권83에 그 서문이 실려 전해지는 것을 보면 단정하기는 어렵다. 동문선 이후의 흔적이 조선에는 전혀 없다. 다만 1124년(天治 元年) 5월 24일에 필사를 마친 필사본이 일본에 전해진다. 필사본은 일본에서 일광산(日光山) 윤왕사(輪王寺)에서 천해(天海) 스님(1536-1643)의 천해장(天海藏)으로 전해져 왔고, 이것을 대정신수대장경 제38권에 실었다. 한국불교전서 1권에 대정 장본과 동문선의 그 서문을 참고하여 실었다.

이제 어떻게 원효철학을 세부전공하게 되었고 그 가운데 열반론을 하게 되었는지 돌아보아야겠다. 나는 고등학교 졸업할 때 가고 싶은 대학도 가고 싶은 과도 없었다. 무얼 하며 살아야 할지 몰랐다. 재수하며 입시 공부가 재미도 없고 지겨웠다. 그래서 대학에 간 고등학교 친구들이 술 마시며 떠들던 책들도 읽고, 시간 나면 길을 걸으며 시장을 다니며 사람들은 왜 저렇게 열심히들 사는 걸까를 궁금해하면서 사람들을 관찰했다. 그러던 어느 날 나는 살면서 해야 할 일을 찾았다. 사람들을 구원해야겠다는 생각이 들었다. 버스에서 전철에서 시장에서 길거리에서 사람들 얼굴을 보면서 그들이 슬프다는 걸 알았다. 사람들이 불쌍해보였다. 나 스스로가 슬픈 시절이어서 사람들이 그렇게 보였는지 모르겠지만 사람들 얼굴 표정이 내 가슴을 시리게 했다. 그런 가슴 시린 사람들을 구원할 수 있는 공부가 철학이라고 생각했다. 그리고 얼마 지나지 않아 고등학교 선배인 소병선 형을 1호선 전철에서 만났고 전철역에서 내려 함께 차를 마셨다. 그 선배는 철학과를 다니고 있었고 내내 철학과를 자랑하고 자부심을 가지고 있었다. 얼마 후 나는 선배와 같은 대학 철학과에 입학했다.

철학과 1학년 시절 철학과 분위기는 재미있었다. 철학과에서는 서로 다른 다양한 의견들을 말하며 논쟁하는 사람들이나, 놀기 좋아해 함께 잘 어울려 노는 사람들이나, 혼자 놀기 좋아해 혼자 노는 사람들이나, 사회 운동하는 사람들이나 크게 문제 삼지 않는 분위기가 있었다. 그런 분위기가 재미있고 신기했다. 이제 돌이켜 생각해 보니 당시 철학과 분위기를 나는 화쟁적 분위기로 본 것이다.

　철학공부는 시간이 지나면서 재미가 붙기 시작했는데, 서양철학은 무슨 소린지 알 것 같으면서도 뭔가 실존적으로 와 닿지 않았다. 동양철학은 뭔가 내 실존적 고민들을 해결할 것 같고 와 닿았다. 1학년 1학기에 동양철학 교수이신 박정근 선생님의 '가치와 행위' 중간시험 문제가 지금도 생각난다. '나란 무엇인가.' 시험문제를 받고 나는 한대 얻어맞은 느낌이었다. 나는 그때까지 '그것'이 너무나 자명해 보였고 더 물을 필요가 없는 것으로 생각했기 때문이다. 그런데 그것은 그렇게 자명하지 않았던 것이다. 답을 써 내긴 했지만 써 낸 그 답이 나 스스로 생각하기에 정답이라 생각해서 쓴게 아니었던 것이다. 그 후 뭔가 환해지는 느낌이 오기 전까지 이 문제는 내가 늘 끌어안고 있던 화두였다. 1학년 1학기 선생님의 '가치와 행위' 중간시험 문제 이후 나는 내 자신을 더 들여다보기 시작했다. 그리고 곧 다른 사람을 구원하기 위해 철학공부를 하는 것에 대해 회의가 들었다. 다른 사람들을 구원하기 전에 내가 스스로 구원을 받아야하는 것이란 생각이 들었다. 스스로 장님인 사람이 다른 사람의 길을 안내하려는 것이 어리석었단 생각이 들었다. 이후 철학 공부를 하면서 나를 들여다보는 공부를 늘 염두에 두었다. 그래서 주역 연구로 석사 학위를 받고도, 박사과정에서는 세부전공을 바꾸어 원효의 불교철학을 연구하고 그 가운데도 열반론 연구로 박사학위를 받게 되었다.

　내가 여기까지 온 것을 생각하면, 나를 여기까지 오게 해준 분들과 그 상황들이 모두 감사하다. 아버지, 어머니 그리고 아내와 아이들, 형들 모두 감사하다. 초등학교 시절 6학년 때 담임이신 박찬임 선생님도 많이 생각난다. 선생님의 소박함과 학생들에 대한 사랑은 내 가

습에 지금도 생생하게 살아있다. 한국외국어대학교의 철학과 은사님들인 강성위, 이기상, 박정근, 박희영, 임일환, 성염 교수님은 대학과 대학원 석·박사과정 시절의 추억 속에서 은사님들의 목소리 표정 몸짓까지도 그 가르침과 함께 고스란히 살아있다. 또 동고동락하며 함께 공부한 선·후배들과의 추억을 돌아보면 모두 황금빛이다. 박사과정 중에 지도교수이신 박정근 선생님은 대학원 세미나에서 원효의 그 어려운 구절구절을 함께 읽어주시며 문제를 던져주시고, 함께 고민해주시며 지도해주시고 격려해주셨다. 또 빼놓을 수 없는 분이 서울교대의 은정희 교수님이다. 박사과정을 입학하며 박정근 교수님 소개로 은정희 선생님을 처음 뵙고 떨리는 마음으로 원효 책을 읽기 시작해 지금껏 10년 동안 선생님을 모시고 읽고 있다. 은정희 선생님은 박사학위논문 심사 때 심사위원장으로 많은 지적과 격려를 아끼지 않으셨고, 심사위원이셨던 고영섭·김병환·박치완 교수님이 꼼꼼히 읽고 지적해주시고 격려해주셨다. 교수님들께 감사 말씀 올린다.

지도교수님이 2004년 봄에 "고맙고, 즐겁다! 함께 가는 길이 언제나 이렇기를 빌며"라고 써 주시며 당신 책을 주신 것이 생각난다. 여기 그 즐겁고 감사한 함께 가는 길에서 언제나 이렇기를 빌며, 원효의 열반에 대한 글들을 펼쳐 소개하고 연구한 이 책을 부끄러운 마음으로 고마운 분들께 올린다.

2008년 봄에
물 떨어지는 산 아래서
도 닦는 봉우리를 보며
김 원 명

|목 차|

I. 들어가는 말

1. 이 글의 목적

이 글은 원효의 열반론(涅槃論)과 열반론에서 전개되는 화쟁(和諍)을 가능하게 하는 바탕이 무엇인가를 밝히기 위한 것이다. 화쟁은 원효철학을 특징짓는 용어이고, 열반은 불교의 궁극적 목적이다. 이 연구의 주요 자료는 원효 『열반경종요』[1]의 열반론이다. 논자는 원효의 열반론 연구를 통해 원효 당시의 열반에 대한 여러 설명을 이해하고, 이와 함께 열반에 대한 이설(異說)들을 화쟁하는 원효의 설명이 곧 무엇에 근거해서 가능한지를 알아보고자 한다.

원효는 전통적으로 많은 학자들로부터 한국철학의 새벽이며, 한국불교철학의 새벽별로 평가받아왔다. 그리고 그의 철학을 특징짓는 개념으로 화쟁을 꼽아 왔다.[2] 또 한국철학사 내지 한국불교사에서

---

1) 필사본에 표제를 '열반종요(涅槃宗要)'라 하고, 말미에 '열반경종요(涅槃經宗要)'라고 하였다. 때문에 책의 본명이 '열반경종요'인지 '열반종요'인지 현재로서는 정확히 알 수 없다. 표제는 '열반종요' 말미에는 '열반경종요'로 쓰인 것이 원효가 의도한 것인지, 필사자가 실수한 것인지도 확정할 수 없다. 이 저술은 '열반에 대한' 핵심적 논의인데, 주로 『열반경』에 근거한 열반에 대해' 핵심적으로 논의한 것이다. 그렇지만 『열반경』 전체를 고루 다룬 것은 아니다. 그러므로 그 내용으로 비추어 볼 때, '열반경종요'라 해도 '열반종요'라 해도 모두 틀리지 않는다고 할 수 있다. 한국불교전서(韓國佛敎全書, 이하 한불전)1, 대정신수대장경(大正新修大藏經, 이하 대정장)38에서는 '열반종요'라 하였고, 동문선에서는 '열반경종요'라 하였다. 한불전1에 수록된 종요 이름들을 보면, '대혜도경종요' '법화종요' '미륵상생경종요' '무량수경종요'이다. 이처럼 여러 저술에 붙인 명칭으로 보아서는 '열반경종요'라 부르는 것이 보다 일반적이라 할 수 있다.

2) 통일신라시대 9세기 초에 애장왕(재위 800－809) 재위 때, 각간 김언승의 후원으로 서당화상비가 세워졌고, 고려시대 대각국사(大覺國師) 의천(義

원효의 교학이 차지하는 비중에 걸맞게 그에 대한 많은 연구가 있었고 학위논문도 적지 않다. 그런데 원효 교학에 대한 많은 연구에도 불구하고, 『열반경종요』의 열반론에 대한 연구는 빈약한 편이다. 뿐만 아니라, 『열반경종요』가 화쟁을 특징적으로 드러내는 중요한 저작 가운데 하나로 평가받아왔음에도 불구하고, 이 책의 화쟁을 중심으로 다룬 학위논문도 없다. 단지 1990년대 후반에 『열반경종요』 내용과 관련한 석사학위 논문이 셋 있을 뿐이다.[3] 이처럼 『열반경종요』

天)은 원효가 "백가의 다투는 실마리를 화합시키고 일대의 지극히 공정한 논을 얻었다"고 찬양하였다. 또 고려 고종(高宗) 때에 조하향천단(朝何向天旦)의 『해동종수좌관고(海東宗首座官誥)』에 "신라시대에 원효공이 태어나서 백가의 이쟁을 화합하고, 이문을 합하여 함께 돌아갔다"고 하여 찬양하였다. 고려 숙종(肅宗)은 1101년(숙종 6년)에 원효에게 '화쟁국사'라는 시호(諡號)를 추증하였고, 비를 세워 공덕을 기념하였다. 김부식(金富軾, 1075－1151)이 「화쟁국사연찬」을 지은 것으로 보아 고려시대에 화쟁국사의 진영이 그려지고 화쟁국사 시호가 통용되며 깊이 존경받았음을 알 수 있다. 명종(재위 1170－1197) 때에는 분황사에 화쟁국사비가 건립되기도 하였다. 이 외에 이규보(李奎報), 이인로(李仁老), 보환(普幻), 일연(一然) 등에게서도 원효를 성인(聖人)으로 평가하는 흔적을 볼 수 있다. 고영섭, 『원효 한국사상의 새벽』, 한길사, 1997 참조.; 「고선사서당화상비문」, 김상현, 『원효연구』, 민족사, 2000, pp.337－341 참조.; 『大覺國師文集』 16권, "和百家異諍之端, 得一代至公之論" 참조; 『東文選』 27권 p.38, "曉公誕生羅代 和百家之異諍 合二門之同歸" 참조; 『高麗史』 卷十一, '肅宗六年條' 참조.; 이만용, 『원효의 사상』, 전망사, 1983, pp.68－69 참조.; 김상현, 위 책, p.209, pp.301－302 참조.

3) 1980년도 이후 원효 관련 석·박사 학위 논문이 총 100여 개 이상이 되는 것에 비추어 볼 때, 상대적으로 『열반경종요』에 대한 연구가 너무 적다고 볼 수 있다. 울만은 그의 논문에서 열반과 불성을 본체(本體)와 현상(顯相)의 차원으로 해석될 수 있다는 점을 밝히고 있는데, 모든 개념들은 궁극적 실재의 자기 현현(顯現)으로서의 현상(顯相)이며 일심지원

의 열반론 연구와 열반론에서의 화쟁 연구가 그 중요성에 비추어 태부족한 현 상황이 바로 논자가 본 연구의 주제로 열반론을 택하게 된 이유 가운데 하나이다. 또 원효철학 연구가들이 그들의 연구논문들에서 원효철학을 다루어 왔다고 하더라도, 그들의 연구는 주로 『기신론해동소』와 『대승기신론별기』, 『금강삼매경론』 그리고 『십문화쟁론』에 초점이 맞추어져 있다. 이것이 논자가 본 연구 주제를 선택하게 된 또 다른 이유이다. 마지막으로 『열반경종요』를 읽으면서 전거경전 원문에 대한 문헌적인 연구 병행 필요성이 있었던 것이 더 자세히 읽고 오래 공부하고 박사논문까지 쓰게 된 또 하나의 이유이다. 문헌 연구를 병행함으로 인해서 전거 인용문들의 번역이 기존 번역들과 차이가 보이기도 하였다. 본 글에서 논자는 원효철학에서 열반과 화쟁에 대한 이해를 보다 높이고 깊이는 것이 본 글의 목적 가운데 하나이기 때문에 주로 원효 『열반경종요』의 열반론과 열반론의 전개에서 나타나는 화쟁에 초점을 맞추어 연구를 진행하였다.

본 연구를 하는 더 넓은 이유는, 열반과 화쟁에 대한 연구가 철학의 전통적이며 근본적인 문제와 관련된 중요한 연구라고 생각하기 때문이다. 불교는 괴로움에서 벗어나 궁극적인 즐거움[究竟樂]을 얻

(一心之源), 즉 궁극적 실재에로 지향하고 있다고 하였다. 그리고 김영숙은 『열반경종요』에 나타난 회통원리에 관해서, 최지승은 『열반경종요』를 중심으로 불성사상에 대해서 다루었다. 울만(鬱卍, Uhlman), 「元曉의 涅槃觀과 佛性觀에 對한 硏究 —≪涅槃經宗要≫를 중심으로—」, 동국대학교 대학원 인도철학과 석사학위논문, 1997; 최지승, 「元曉의 佛性思想에 관한 硏究 —『涅槃經宗要』를 中心으로—」, 경산대학교 대학원 석사학위논문, 1999; 김영숙(一頓), 「원효의 열반종요에 나타난 회통원리에 관한 연구」, 동국대학교 대학원, 석사학위논문, 1999.

는 것을 목적으로 삼는다고 할 수 있다. 그런데 궁극적인 즐거움을 얻는 중심에 열반이 있다고 할 수 있다. 그렇다면 열반이란 무엇인가? 열반이란 내적으로나 외적으로 조화를 이루어 궁극적인 즐거움을 얻는 것이라고 해도 크게 어긋나지 않을 것이다. 또 철학은 무엇인가? 서양에서는 철학을 지혜 사랑이라고 한다. 그에 견주어 볼 때, 불교철학은 궁극적인 즐거움을 얻는 지혜 사랑이라고 할 수 있을 것이다. 그리고 불교철학에서 말하는 궁극적인 즐거움을 얻는 지혜 사랑의 중심에는 열반이 있다고 할 수 있다. 그러므로 열반을 연구하는 것은 철학에서 중요한 탐구가 된다고 할 수 있고, 원효철학에서는 귀일심원(歸一心源)과 이를 통한 실천행으로서 요익중생(饒益衆生)[4]을 제일의 화두로 삼는데, 본 연구도 기존의 입장과 떨어질 수 없는 관련을 갖는다고 생각한다.

다음으로 본 글이 목적한 바를 얻기 위하여 다음과 같이 모두 여섯 장으로 구성하였다. 제Ⅰ장은 서론이다. 서론에서는 연구목적을 밝히고, 기존 연구에 대한 검토를 할 것이다.

제Ⅱ장에서는 전체적으로 열반과 부처의 가르침을 살펴보았다. 세부적으로는 『열반경』에 대한 원효의 입장이 무엇인지를 알아보고, 원효의 설명 속에 일관되게 나타나는 논리가 무엇인지 살펴볼 것이다. 제1절에서는 열반이 무엇인지에 대한 설명과 그 설명에서 나타나는

---

4) 고영섭, 『원효탐색』, 연기사, 2001, pp.17-18, p.25 참조. 일심의 근원을 벗어나 있을 때, 일심의 근원으로 돌아간다는 말을 쓸 수 있을 것이다. 그런데 일심의 근원을 벗어나는 것이 원효철학에서 가능한가. 그런 말은 아닐 것이다. 돌아갈 곳이 없고 넘어설 것이 없어 이치 없는 지극한 이치[無理之至理]요, 그러하지 않은 큰 그러함[不然之大然]이라 하지 않던가. 일심의 근원에 돌아감은 돌아갈 곳 없는 큰 돌아감이다.

화쟁이 무엇을 전제하고 있는지를 밝힐 것이다. 제2절에서는 『열반경』을 설한 인연의 유무에 대한 이설(異說)을 화쟁하는 것을 밝힐 것이다. 제3절에서는 『열반경』의 종지(宗旨)에 대한 총체적 관점을 밝히면서, 여러 설명들의 바탕에 무엇이 전제되어 있어서 원효가 화쟁하고 있는지를 탐구할 것이다. 제4절에서는 교판론(敎判論)에 대해 크게 남방과 북방의 두 설명을 소개하고, 원효가 그들 간의 화쟁(和諍)을 어떻게 하는지 살필 것이다.

제III장에서는 열반 자체에 대한 설명과 다른 설명들 간의 화쟁이 어떻게 전개되는지 밝혀볼 것이다. 제1절에서는 '열반'의 명의(名義)에 대한 설명과 여러 다른 설명들 간의 차이에 대한 화쟁적 설명을 살펴볼 것이다. 제2절에서는 열반 체성과 체상에 대한 설명과 그 설명들 간의 차이에 대한 화쟁을 탐구할 것이다. 제3절에서는 두 가지 열반을 설명과 설명들 간의 차이에 대해 어떻게 화쟁하는가를 탐구할 것이다.

제IV장에서는 열반 현상에 대한 설명과 다른 설명들을 살펴보고, 이들 간의 화쟁이 어떻게 전개되는지 탐구할 것이다. 제1절에서는 법신·반야·해탈의 설명과 다른 설명들을 살펴보고, 이들 간의 차이에 대해 어떻게 화쟁하는가를 탐구할 것이다. 제2절에서는 상·낙·아·정에 대한 설명과 그 설명들 간의 차이를 어떻게 화쟁하는지 탐구할 것이다.

제V장에서는 원효의 다른 저술에서 화쟁(和諍)과 일심을 중심으로 살펴보고, 화쟁의 전제가 무엇인지 탐구할 것이다. 그리고 『열반경종요』에서의 화쟁과 같은 구조로 화쟁이 펼쳐지고 있는지 탐구할 것이다.

제Ⅵ장은 결론으로서 이상의 설명들을 종합해 원효 열반론에서 드러난 열반의 특징을 정리할 것이다. 아울러 원효의 열반론에 나타난 화쟁의 특징을 정리할 것이다. 그리고 앞으로 원효 열반론과 열반론에 나타난 화쟁이 한국철학과 현실적인 우리 삶에 어떤 기여를 할 수 있을 것인가를 생각해 볼 것이다.

2. 기존 연구에 대한 검토

먼저 기존의 원효 철학에 대한 일반적인 연구를 살펴보면, 『대승기신론』 주석을 바탕으로 한 연구가 상당히 많다.5) 은정희는, 박종홍과 고익진에 이어, 원효가 『기신론』을 사상사적으로는 중관(中觀)과 유식(唯識)을 지양·종합한 것으로 해석한다고 파악한다. 원효가 심진여문을 중관에 배대하고 심생멸문을 유식에 배대하여, 심생멸문과 심진여문이 지양·종합되어 일심에로 돌아가는 것처럼, 중관과 유식이 지양·종합된 것을 『기신론』이라고 본 것이라고 할 수 있다는 것이다.

아마도 이 주장은 70-80년대 초반까지의 논의의 주류인 것 같다. 은정희는, 원효의 사상이 일심이문(一心二門)을 통한 진속일여(眞俗

---

5) 김원명, 「대승기신론과 원효의 존재-경험」, 『대승기신론과 원효사상』, 불교학연구회 겨울워크숍, 2005. 2. 참조. 다음 글은 20세기의 국내 원효 사상 연구사를 살펴볼 수 있다. 고영섭, 「해제: 원효 연구의 어제와 오늘」, 예문동양사상연구원·고영섭 편저, 『(한국의 사상가 10人) 원효』, 예문서원, 2002, pp.15-44 참조.

一如)와 부주열반(不住涅槃) 사상이라고 하며, 원효가 상구보리(上求
菩提) 하화중생(下化衆生)을 이론과 실천 양면에서 누구보다 잘 구
현하였다고 평가한다. 그리고 이와 같은 사상은 근본적으로 부처의
사상을 잘 계승하고 있다고 한다. 특히 원효가 『기신론』 주석에서
삼세·아라야식설을 창안하였다는 점을 강조하고 법장이 원효 주석
의 많은 부분을 그대로 따르고 있음도 간과하지 않는다.[6]

이평래는, 심생멸문은 심진여문으로 귀일한다고 하여, 원효의 기신
론관을 중관과 유식의 지양·종합으로 보는 것에 이의를 제기하고,
이를 여래장 사상으로 설명한다. 또 최유진은 원효의 화쟁사상의 입
장에서 볼 때, 지양하고 종합해야 할 대상으로서 중관과 유식을 낮
게 평가한다고 볼 수 없으며, 『기신론』을 중관과 유식의 지양·종합
으로 보기에는 문제가 있다고 평가한다.[7]

박태원은, 고주석가들의 기신론관 분석을 통해 『기신론』을 여래장

---

6) 은정희, 「기신론소·별기에 나타난 원효의 일심사상」, 고려대학교 대학
원 철학과 박사학위논문, 1982, p.10 참조; 「원효의 삼세·아라야식설의
창안」, 예문동양사상연구원·고영섭 편저, 『(한국의 사상가 10人) 원효』,
예문서원, 2002 참조; 은정희, 「해제」, 『원효의 대승기신론소·별기』,
pp.11-16 참조; 박종홍, 「원효의 철학사상」, 『한국사상사』, 서문당, 1977,
pp.85-127 참조; 고익진, 『한국고대불교사상사』, 동국대학교출판부, 1989,
pp.65-66, pp.195-196 참조.

7) 박태원, 『대승기신론사상연구(Ⅰ)』, 민족사, 1994, pp.113-130 참조; 박
태원, 「『대승기신론』사상 평가에 관한 연구－고주석가들의 관점을 중심
으로」, 고려대학교 대학원 철학과 박사학위논문, 1991 참조; 이평래, 「여
래장설과 원효」, 『원효연구논총』, 국토통일원, 1987, p.488 참조; 최유진,
「원효의 화쟁사상연구」, 서울대학교 대학원 철학과 박사학위논문, 1988,
p.16 참조; 오형근, 「원효사상에 대한 유식학적 연구」, 『불교학보』, 동국
대 불교문화연구소, 1980, pp.84-85 참조.

사상이 주체가 된 여래장 사상의 자기발전이 아니라, 유식사상이 주체가 된 유식사상의 자기전개이며 여래장 개념을 적극적으로 활용한 『능가경』을 중심으로 한 유식설의 한 발달 내지 변형인 것으로 보아야 한다고 하며, 원효도 그와 같은 관점을 가진 것으로 보고 있다.8)

석길암은 원효 사상을 보법화엄사상으로 본다. 원효는 의상과의 교유를 통해 자신의 보법화엄사상을 체계화시켰으며, 또 『기신론』을 축으로 하면서도 섭론종 중심의 신라불교적 토양과 길장의 삼론교학의 영향을 받았다고 한다. 원효의 『화엄경소(華嚴經疏)』 서(序)에 보이는 화엄 사상 전체에 대한 입장이 「기신론소」나 「별기」에 보이는 사상과 그 맥락을 같이한다고 한다. 석길암은, 원효가 중국의 화엄교학과 다른 고유한 화엄사상을 구축하였으며, 이것을 법장이 자신의 화엄교학 구축에 응용하였다면, 원효를 화엄교학 완성에 기여한 화엄가로 평가해야 한다고 한다.9)

은정희의 연구는 원효 사상과 기신론사상의 구조를 잘 보여주고 있으며, 그 근본 연원이 베다로부터 유래함을 밝히고 있다. 석길암의 연구는 신라 '그때'[當時]의 교학풍토, 의상과의 교유 등을 통해 사상사적 흐름과 논의에 있어서 중국 화엄사상에 대한 원효의 영향이 반영되었다. 또한 고주석가들을 통해 『기신론』의 연구사를 추적한 박태원의 연구를 통해서 『기신론』 연구가 '그때'[시대]마다 전 시대의 연구업적을 반영하며, 각각의 사상가와 철학자마다 나름대로 변화를 하며 시간성 속에서 그가 처해 있는 시대성[혹은 시대정신]에

---

8) 박태원, 같은 책, 1994, pp.215－217 참조.
9) 석길암, 「원효의 보법화엄사상 연구」, 동국대학교 대학원 박사학위논문, 2003, pp.180－188 참조.

따라 분석되고 연구됨을 확인할 수 있었다.

원효의 화쟁이 주목을 받게 되는 최고(最古)의 현존 자료로는 '서당화상비(誓幢和尙碑)'를 꼽을 수 있다.[10] 이 비문은 『십문화쟁론』을 원효의 대표적인 저술로 기술하고, 화쟁의 의미를 부각하고 있으며, 이 책이 많은 사람들의 칭송을 받는 것으로 기술한다.[11] 그 뒤 300여 년이 지나 고려시대에 와서 한 번 더 화쟁을 높이 평가하고 이를 원효 철학의 핵심으로 파악한다.[12]

---

10) 이것은 매몰되어 있다가 1914년 9월에 하반부 세 조각과 1968년 9월 상부의 왼쪽 끝이 한 조각 발견되었다. 이만용, 『원효의 사상』, 전망사, 1983, pp.76-77 참조; 오법안은 노부오 오토이의 「新羅元曉の生涯について」, Vol.41, No1(교토: 오타니가꾸호, 1961), pp.33-52를 들어 1914년 5월에 발견한 것으로 말한다. 오법안, 『원효의 화쟁사상연구』, 홍법원, 1988, pp.35-36, p.59 참조.

11) 이 「고선사서당화상비문(高仙寺誓幢和尙碑文)」에 의하면 원효(617-68-6) 사후 100여 년이 지나 대력연간(766-780) 봄에 일본에 사신 행렬로 갔던 원효의 손자 한림(翰林) 설중업(薛仲業)이 일본의 높은 벼슬아치와 이야기를 하다가 그가 원효의 손자임을 알고 서로 기뻐하여 서로 깊은 이야기들을 하였다고 한다. 일본의 고관은 원효의 저술을 읽고 흠모하였고, 설중업은 할아버지를 흠모하고 존경하는 사람을 일본에서 만났으니 즐겁고 고맙고 기쁜 일이었을 것이다. 사신행렬 주변 인사들도 함께 알았을 것이다. 원효는 원효 생존 시나 사후에 바로 지금과 같은 이견이 없는 높은 평가나 대접을 받지 못하였던 것으로 보인다. 원효의 연구내용이나 신이한 행적은 신라사회와 학계에 충격 그 자체였을 것이다. 따라서 아직 원효에 대한 높은 평가는 더 많은 기다림을 요구받은 것이다. 이 사건은 원효에 대한 인식 전환의 또 하나의 계기가 되었던 것 같다. 신라에서도 이 사건 이후 20여 년이 흘러 9세기 초에 와서 애장왕(재위 800-809) 재위 때, 각간 김언승의 후원으로 서당화상비가 세워진다. 「고선사서당화상비문」, 김상현, 『원효연구』, 민족사, 2000, pp.337-341 참조.

12) 대각국사(大覺國師) 의천(義天)은 원효가 "백가의 다투는 실마리를 화

현대에 『신라불교의 이념과 역사』에서 조명기는 원효가 하나의 특정한 종파를 세우지 않았으며, 그의 다양한 저술활동을 통해 그리고 그에 대한 전설, 이야기들을 통해 일관되게 모든 종파의 견해를 통일하는 것을 목표로 삼는다[13]고 하였다. 논자는 여기에 덧붙여 원효

<hr>

합시키고 일대의 지극히 공정한 논을 얻었다"고 찬양하고, 고려 고종(高宗) 때에 조하향천단(朝何向天旦)의 『해동종수좌관고(海東宗首座官誥)』에 "신라시대에 원효공이 태어나서 백가의 이쟁을 화합하고, 이문을 합하여 함께 돌아갔다"고 하였다. 고려 숙종(肅宗)은 1101년(숙종 6년)에 원효에게 '화쟁국사'라는 시호(諡號)를 추증하였고, 비를 세워 공덕을 기념하였다. 김부식(金富軾, 1075−1151)은 「화쟁국사연찬」을 지은 것으로 보아 고려시대에 화쟁국사의 진영이 그려지고 화쟁국사 시호가 통용되었음을 알 수 있다. 명종(재위 1170−1197) 때에는 분황사에 화쟁국사비가 건립되기도 하였다. 이 외에 이규보(李奎報), 이인로(李仁老), 보환(普幻), 일연(一然) 등에게서도 원효를 성인(聖人)으로 평가하는 흔적을 볼 수 있게 되었다. 『大覺國師文集』 16권, "和百家異諍之端, 得一代至公之論"; 『東文選』 27권 p.38, "曉公誕生羅代 和百家之異諍 合二門之同歸"; 이만용, 『원효의 사상』, 전망사, 1983, pp.68−69 참조.; 『高麗史』 卷十一, '肅宗六年條' 참조.; 김상현, 위 책, p.209, pp.301−302 참조.

13) 오법안, 『원효의 화쟁사상 연구』, 홍법원, 1988, pp.152−153 참조; 조명기, 『신라불교의 이념과 역사』, 신태양사, 1962 참조. 중국이나 일본과 다르게 한국의 통불교적 특성의 기초가 원효의 화쟁 사상이라는 것이다. 그런데 논자는 이런 훌륭한 해석과 설명에도 불구하고, 원효의 화쟁에서의 '통함[通]'은 '통(統)'이 아니며 또 '통함[通]'만 강조하는 것이 아니고, '나눔[別]'도 함께 강조하여 '통함[通]/나눔[別]'의 설명을 통해 둘이 아니며 하나도 아니라는 점을 상기한다면, 조명기 이래의 한국불교 특징이 통불교라는 명제는 지금은 고교 교과서에도 실리는 불변의 정통의 굳어진 명제가 되었지만, 바로 그 때문에 더 이상 사색하지 않아 그 뜻이 죽어가고, 이해가 깊어지지 않는 명제가 되었다고 생각한다. 따라서 논자는 철학적으로 더 많은 숙고와 반성이 있어야 한다고 생각한다. 원효의 화쟁사상에서는 나눔[別]이 없인 통함[通]이 있을 수 없다.

가 그 모든 종파들을 꿰뚫는 시각에로 깊이 침잠하고 깨달아 그 모든 차별들의 조화와 경쟁을 함께 보는 지혜를 말하고 있다고 생각한다.

원효의 화쟁은 견해를 통일하여 '획일적 하나'로 만드는 것이 아니라 '둘이면서 하나인 하나'이다. 여기서 '하나'는 특별한 '하나'이다. 이 '하나'에는 한국 사람들이 느끼는 고유하면서도 보편적인 사유의 전형을 보여주는 단서가 녹아 있다고 생각한다. 원효가 고대 한국어로부터 영향을 받았는지, 원효가 한국어에 영향을 주어 한국어 '하나'에 다양한 뜻이 들어 있는지 쉽게 추측할 수는 없다.[14]

다음으로 윤사순과 고익진은 불교사적으로 가장 중요한 논쟁 문제인 청변(淸辨, 470－570 인도)의 중도종(中道宗)과 호법(護法, 531－561 인도)의 유식종(唯識宗) 간의 공(空)·유(有) 논쟁 그리고 진제(眞諦)와 속제(俗諦)의 가치논쟁을 볼 때, 원효의 화쟁의 성격을 설

통(統) 또한 통(統)할 다른 무엇을 전제한다. 따라서 통(統)은 숙고와 사색과 깨달음의 최후의 경계이며 동시에 원초적 시작의 경계인 열반의 술어이다. 나누어서 말하면, 하나하나마다 온전한 통(統)이며, 통(通)해서 말하면, 하나하나마다 온전한 통(統)은 모두 통(通)하는 것이다.

14) 액젤이 칸토의 수 개념을 그의 유대 종족적 배경인 카발라에서 찾듯이, 김상일은 원효의 수 개념도 한국인의 배경에서 찾아야 한다고 생각한다. 이와 같은 지적은 한국철학의 고유성과 관련해 생각해 볼 수 있을 것이다. 은정희는 화쟁사상 내지 화쟁의 방법이, 라다크리슈난(RadhakrIshnan, S.)을 통해 아리안(Aryans)들의 종교관을 보고, 석가 이전 베다사상에까지 소급될 수 있는 것으로 보고 있다. 이와 같은 지적은 한국철학의 보편성과 관련해서 생각해 볼 수 있을 것이다. 철학함은 고유성과 보편성 모두를 깊이 숙고하지 않을 수 없다. 김상일, 『괴델의 불완전성 정리로 풀어본 원효의 판비량론』, 지식산업사, 2003, pp.197－250 '제3장 한겨레 수론과 원효' 참조.; 은정희 역주, 『원효의 대승기신론소·별기』, 일지사, 1991, pp.11－12 참조.

명할 수 있다는 입장이다. 이 두 논쟁은 인도에서 그리고 중국에서도 여전히 중요하였고, 이에 대한 해결을 원효의 화쟁에서 찾아볼 수 있다고 평가한다.[15]

최유진은 일심이라는 근거에서 화쟁이 가능하다고 하고, 한편 일심은 화쟁의 목적이라고 본다.[16] 김상현은 오늘날에도 원효 사상의 핵심이 화쟁이라고 통설로 받아들여지고 연구되는바, 화쟁에 대한 한 단계 진전된 새로운 논의를 해야 할 시기라고 한다.[17]

'서당화상비' 이후 전통적으로 원효 사상의 핵심을 화쟁이라는 개념으로 보고 『십문화쟁론』을 그 특징적 저술로 본 이래 연구자들이 원효의 화쟁을 연구할 때, 『십문화쟁론』잔간과 원효의 다른 저술 등을 통해 복원한 『십문화쟁론』을 다루었다. 그 외 이와 같은 화쟁이 펼쳐지는 술어들이 『기신론해동소』『대승기신론별기』『금강삼매경론』『열반경종요』 등 곳곳에 나타나 있다.

---

15) 고익진·윤사순, 『한국의 사상』, 1984, pp.77-78 참조.; 오법안, 『원효의 화쟁사상연구』, 홍법원, 1988, p.156 참조.

16) 최유진, 『원효사상연구』, 경남대학교출판부, 1998, p.52, p.58 "화쟁이 궁극적으로 노리는 바는 일심으로 돌아감이라고도 할 수 있다." 참조. 한편 부처의 지극한 뜻의 동의어로서 일심을 알게 하기 위한 것으로 이쟁 간의 화쟁을 읽고 쓸 때는 일심이 화쟁의 목적으로도 설명 가능하다. 다른 한편 일심을 알게 하기 위한 목적으로 쓰인다 해도, 화쟁을 사용하는 바탕은 여전히 일심이며 열반인 것이다. 여러 대립하는 이쟁들은 일심이라는 동일한 근원 위에서 다른 표현으로 나타나는 것이며, 그래서 그 동일한 근원을 보고 지류에서 헤매지 말라고 화쟁하는 것이므로! 따라서 화쟁을 일심을 알기 위한 목적으로만 볼 때는 놓치는 것이 있어 온전한 설명이라고 할 수 없을 것이다.

17) 같은 책, p.209 참조.

그중에서 『열반경종요』가 열반의 의미에 대한 여러 주장들과 이들 간의 차이로 생긴 주장들의 다툼을 전체적으로 화쟁하는 것을 잘 나타내주고 있다는 평가를 받는다. '열반문'안의 마지막 절인 '화쟁문'에서는 보신(報身) 상주(常住)와 보신(報身) 무상(無常)의 상반된 주장을 상술하고 주장의 시비를 문답하며 모두가 맞기도 하고 틀리기도 하는 점을 밝혀, 부처의 뜻인 열반의 도(道)는 비밀스럽게 감추어져 있으며 생각으로 헤아려 추측할 수 없는 것이라고 논증한다.[18]

이 밖에 사토 시게키(佐藤繁樹)는, 「원효에 있어서 화쟁의 논리— 『금강삼매경론』을 중심으로 —」(1993)에서 『금강삼매경론』 전체를 관통하는 논리가 '무이불수일(無二不守一)'의 화쟁 논리이며, 이는 방법론이나 학문적 귀결로 평가되는 것[19]을 넘어서 부처의 근본진리이자 깨달음 자체라 평가한다.[20]

---

18) 이기영의 『열반종요 강의』(2005)의 '책을 읽는 여러분께'에서 "불연 선생은 한문 해득상의 난점 때문에 대승 『열반경』이 서양 불교학자들에게 제대로 알려지지 않은 점을 개탄하셨습니다. 『열반경』을 모르고는 대승불교 사상의 본질을 제대로 이해하거나 논할 수 없다고 생각하셨습니다. 그래서 이 『열반종요』에 대해서라도 영어로 된 책을 꼭 남기셔야겠다고 서원하셨습니다"라고 하여, 이기영을 통해서도 『열반경종요』의 중요성을 확인할 수 있다. 이기영, 『열반종요 강의』, 불연 이기영 전집 제33권, 한국불교연구원, 2005, p.6 참조. 이 책은 이기영이 1993년 가을 한국불교학연구원에서 한 강의를 녹음해서 나온 유고집이다. 따라서 최근(2004)의 가은 역주에서의 연구 성과가 반영되어 있지 않다.

19) 鎌田茂雄, 「十門和諍論の 思想史的意義」, 『佛敎學』 第11號, 佛敎學硏究會, 1981.4. p.2.참조. ; 사토 시게키(佐藤繁樹), 『元曉의 和諍論理 — 無二不守一思想 —』, 민족사, 1996 p.16, 각주 8) 참조.

20) 사토 시게키(佐藤繁樹), 같은 책; 사또 시게키(佐藤繁樹), 「元曉에 있어서 和諍의 論理 —『金剛三昧經論』을 중심으로 —」, 동국대학교 대학원

그리고 후지 요시나리(藤能成)는, 원효의 정토사상은 일심이문(一心二門)의 논리에 입각한 것이고, 중생 모두가 일심으로 포섭되는 세계를 깨닫게 하고, 믿음을 성취하게 하려고 한 것이라고 평가하였다.[21]

그리고 최근에 나온 『금강삼매경론』 중심의 박사학위 논문들은 다음과 같다. 강상원의 「일미관행에 있어서 중도관에 관한 연구―원효의 『금강삼매경론』을 중심으로―」(1995), 김병환의 「원효의 금강삼매경론 연구-관행을 중심으로」(1998)가 있다.[22] 그리고 서울불교대학원대학교 불교관계논저 DB 검색 결과 80년도 이후 원효 관련 연구 석·박사 학위논문이 2006년 1월 현재 총 100건이다. 빠진 것도 일부 있지만, 크게 어긋나지는 않을 것이다.

이제, 원효의 『열반경종요』와 관련한 기존 연구를 살펴보겠다.

원효의 『열반경종요』는 "천치(天治) 원년(元年) 5월 24일 썼다"[23]고 기록되어 있다. 서기로는 1124년이고 고려(高麗) 인종(仁宗) 2년에 누군가에 의해 필사되었다. 이 필사본은 일본의 천해(天海, 1536－1643)[24]에 의해 소장되어 있다가, 대정신수대장경(大正新修大藏

박사학위논문, 1993.

21) 후지 요시나리(藤 能成), 『원효의 정토사상 연구』, 민족사, 2000; 후지 요시나리(藤 能成), 「元曉의 淨土思想 硏究」, 동국대학교 대학원 박사학위논문, 1996.

22) 강상원, 「일미관행에 있어서 중도관에 관한 연구 ― 원효의 『금강삼매경론』을 중심으로 ―」, 동국대학교 대학원 박사학위논문, 1995; 김병환(圓瑛), 「원효의 『금강삼매경론』 연구-관행을 중심으로」, 동국대학교 대학원 박사학위논문, 1998.

23) 원효, 『열반종요』, 한불전1, p.547a23, "天治元年五月卄四日書之"

24) 천해(天海): 1536년 일본 會津高田에서 태어나, 11세에 출가한 후 1613년 德川家康에 의해 윤왕사의 관주(貫主)로 부임한다. 그 후 1616년 대

經) 제38권(1924-34)에 입장(入藏)되었다.[25] 필사된 원본은 현재 일광산(日光山: 니코잔) 윤왕사(輪王寺: 린노지)의 보물전(寶物殿)에 소장되어 있다. 현존하는 것으로는 이것이 유일하다.

한편 국내에서 『열반경종요』는 1091년(고려 숙종1) 대각국사 의천에 의해 완성된 속장(續藏)의 목록(目錄)인 「신편제종교장총록(新編諸宗敎藏總錄)」에 그 이름이 나타나는 것으로 보아, 그때까지는 있었던 것으로 보인다. 그러나 재조 고려대장경 속에 입장되지 못한 것으로 보아 적어도 몽고의 침략이 시작된 1231년(고려 고종18)과 대장경의 새김이 시작된 1236년(고려 고종23) 사이에 이 땅에서 사라진 것으로 보이는데, 1478년(조선 성종9) 서거정(徐居正) 등에 의해 편찬된 동문선 제83권에 그 서문이 남아 있는 것을 보면, 속단하기는 어렵지만, 지금 국내에서 전하는 것은 동문선에 수록된 서문, 즉 '대의문'이 전부이다.

그리고 민족문화추진회에서 이를 다시 활자화하고 번역하여 1969년에 『동문선』(1969)[26]에 그 서문 원문도 실었다.[27] 또 『한국불교전

승정(大僧正)에 올랐으며, 1636년 101세에 윤왕사의 중창불사(重創佛事)를 일으켰고, 1643년 108세를 일기로 관영사(寬永寺)에서 입적하였다. 스님은 德川家康에서 德川秀忠 그리고 德川家光의 3대에 걸쳐 존경을 받았으며, 생전에 많은 불경을 수집하여 그의 입멸 후 비로소 완결되는 천해장(天海藏)의 기틀을 마련하였다. 천해는 윤왕사의 중흥조(重興祖)로도 불린다. 가은 역주, 「일러두기」 참조.

25) 元曉, 『涅槃宗要』, 대정장38, pp.239-255(No. 1769[cf. No. 375]), 1924-1934.

26) 元曉, 「涅槃經宗要序」, 『국역동문선』Ⅶ, 고전국역총서31, 민족문화추진회, 1969(이하 동문선).

27) 가은 역주, 「일러두기」 참조.

서」 1권(1979)에 『대정신수대장경』 38권에 실린 「열반종요」와 『동문
선』에 실린 「열반경종요서」를 참고해 교정한 「열반종요」가 실려 있
다. 『원효대사전집』(1982)[28]에 「열반경종요서」(pp.19-20)와 「열반종
요」(pp.21-69)가 실려 있고, 최근에 국내에서 일본 윤왕사에 소장된
필사본이 영인되어 간행되었는데, 가은 역주의 『교정국역 열반경종
요』(2004)[29] 뒤에 부록으로 수록되어 있다.

　『열반경종요』에 대한 연구 단행본은 없고, 이기영의 『열반종요 강
의』(1993년 9월-12월 12회 강의, 2005 출판)[30]가 있다. 이기영의
강의록은 '열반문(涅槃門)'에서도 '통국문(通局門)'과 '이멸문(二滅門)'
은 제외되고, '삼사문(三事門)'까지 진행되었고, '사덕문(四德門)' 이
하 내용이 없다. 번역본으로는 민족문화추진회에서 번역한 『동문선』
Ⅶ(1969)에 실린 「열반경종요 서」,[31] 동국역경원에서 발간하고 불교
학자 김달진이 번역한 『열반경종요』가 한글대장경 156(1976)[32]에 있
고, 법철학자 황산덕(黃山德)이 번역한 『열반종요』(1983),[33] 불교사

---

28) 趙明基 編, 「涅槃經宗要序」(pp.19-20), 「涅槃宗要」(pp.21-69), 『元曉大
師全集』, 寶蓮閣, 1982.

29) 앞 주석 7) 참조.

30) 이기영, 『열반종요 강의』, 한국불교연구원, 2005.

31) 민족문화추진회 역, 「열반경종요 서」, 『국역동문선』Ⅶ, 고전국역총서31,
민족문화추진회, 1969, pp.85-87. 울만 논문(1997)에는 이것에 대한 언
급이 없고, 황산덕 역 『열반종요』(현대불교신서44, 동국대학교부설 동국
역경원, 1982)(이하 황산덕 역)에 대한 언급도 없다.

32) 김달진 옮김, 「열반경종요」, 『大乘起信論疏別記 外』, 한글대장경156, 東國
大學校 附設 譯經院, 1976 1쇄, 1996 2쇄(이하 한글대장경(김달진 옮김).

33) 황산덕 역, 울만의 논문에는 번역본 소개에 황산덕 역에 대한 언급이
없다.

학자 이영무의 『교정국역 열반경종요』(1984),[34] 이를 좀 더 보강한 『국역열반경종요』(1987)[35]가 있으며, 원효사상실천승가회 가은 역주의 『교정국역 열반경종요』(불기2548, 2004)가 있으며, 김호귀 역의 『열반경종요』(2005)[36]가 있다.

위베르 뒬뜨(Hubert Dürt)가 프랑스어로 번역한 *Colloque Wonhyo*(1995)[37]라는 최초의 외국어 번역본이 있고, 울만의 석사학위논문 부록으로 실은 영역(英譯)(1997)[38]이 있다. 이 외에 부분적으로 이평래의 「열반종요의 주석적 연구」(2002, 2003, 2004)[39]가 있고, 김원명의 「원효의 『열반종요』 대의문·인연문 역주」(2005)[40]가 있다.

---

34) 李英茂 國譯, 『校訂國譯 涅槃經宗要』, 大星文化社, 1984(이하 이영무 역(1984), 이영무 역).

35) 李英茂 譯, 趙明基 監修, 『國譯涅槃經宗要』, 國譯元曉聖師全書 卷1, 寶蓮閣, 佛紀2531(西紀1987)(이하 이영무 역(1987)).

36) 김호귀 역, 『원효 열반경종요』, 석란, 2005.

37) Hubert Dürt, *Colloque Wonhyo*, 『佛敎硏究』第11·12輯 合, 韓國佛敎硏究院, 1995. 11.

38) 울만(鬱卍; Uhlmann, Patrick R.) 英譯, '附錄: 涅槃經宗要', 「元曉의 涅槃觀과 佛性觀에 對한 硏究 ―《涅槃經宗要》를 中心으로―」, 東國大學校 大學院 印度哲學科 碩士學位論文, 1997, 12, pp.111－268.(이하 울만 영역)

39) 이평래, 「『涅槃經宗要』의 註釋的 연구(Ⅰ)」, 元曉學硏究7, 元曉學硏究院, 2002; 「『涅槃經宗要』의 註釋的 연구(Ⅱ)」, 元曉學硏究8, 元曉學硏究院, 2003; 「『涅槃經宗要』의 註釋的 연구(Ⅲ)」, 元曉學硏究9, 元曉學硏究院, 2004원효학연구원, 2004.

40) 김원명 역주, 「元曉의 『涅槃宗要』 大義門·因緣門 譯註」, 『인문학연구』 제10집, 한국외국어대학교 외국학종합연구센터 부설 인문과학연구소, 2005, 9, pp.145－165.

원효의 『열반경종요』와 관련된 연구논문과 그 내용을 간단히 살펴 보면 다음과 같다.[41] 布施浩岳은 『涅槃宗之硏究』 후편(後篇)(1942)[42] 에서 『열반경종요』의 내용을 간략히 소개하면서, 혜원(慧遠, 523-592)과 길장(吉藏, 549-623)의 영향을 받았으나 독창적이고, 열반종 ・법상종・화엄종 세 종의 입장을 모두 고려하고 있는 특징을 보인 다고 파악한다. 또한 그는 원효가 『열반경』을 해석하며 열반(涅槃)과 불성(佛性)의 이문(二門)으로 나누는 것은 『대승의장(大乘義章)』에서 혜원이 열반과 불성을 열반의(涅槃義)와 불성의(佛性義)로 나누고 논의한 것을 모델로 삼았을 가능성을 말하면서도, 길장이나 관정(灌 頂, 字 法雲, 561-632)과는 다른 원효만의 분류라고 한다.

布施浩岳은 『대승의장』과 『열반종요』의 유사점을 정리하는데, '대 멸도(大滅度)'에 있어서 '대'의 대의에서 혜원과 길장은 상(常)・광 (廣)・고(高)・심(深)・다(多)・승(勝)을 말하는 데 비해, 원효는 그것 을 광(廣)・장(長)・심(深)・고(高)・다(多)・승(勝)의 순서로 말한다. 원효가 말하는 장(長)은 혜원과 길장 설명에서 상(常)에 해당한다.

'이멸문(二滅門)'에서 성정열반(性淨涅槃)・동상열반(同相涅槃)과 방 편괴열반(方便壞涅槃)・부동상열반(不同相涅槃)에 대한 원효의 해석 은 『대승의장』의 '열반의(涅槃義)'에서도 발견할 수 있다. 또한 이자 삼점(伊字三點)의 총별에 대한 원효의 논의는 지엄(智儼, 602-668) 이 찬술한 『화엄일승십현문』에 나타난 육상십현설(六相十玄說)을 상 기시킨다고 하며, 『대승의장』 '열반의'에서도 보인다고 한다. 그러므

---

41) 울만(鬱尸), 같은 논문, pp.2-4 각주 1) 참조.

42) 布施浩岳, 『涅槃宗之硏究』後篇, 叢文閣, 昭和17年(1942), pp.619-630 참조.

로 布施浩岳은 '원효의 열반관을 화엄적 해석이라고 봐도 지장이 없다'고 간주한다.

원효가 '사덕문(四德門)'에서 다루는 '아(我)'의 '팔자재(八自在)' '낙(樂)'의 '사의(四義)'[단수락(斷受樂)·적정락(寂靜樂)·각지락(覺知樂)·괴불락(壞不樂)] '정(淨)'의 '사의(四義)'[과정(果淨)·업정(業淨)·심정(心淨)·신정(身淨)]는 『대승의장』에서도 나온다.

원효가 소개한 불성의 본체에 대한 기존 6가지 주장 중에서 제1−3주장은 강남열반사(江南涅槃師)의 설(說)에 해당되며, 제5 신사(新師)의 주장은 현장(玄奘)을 지칭하고 제6 주장은 진제(眞諦)의 설이라고 파악한다. '유무문(有無門)'에서 일천제와 불성의 관계를 논의하면서 원효가 법상종(法相宗)의 오성각설(五性各說)을 고려한 점은 구래(舊來)의 열반사(涅槃師) 중에서 없었던 것이라고 한다.

비록 『대승의장』의 불성의(佛性義)에서도 4구외 일천제에 대한 해석이 있지만, 혜원의 생시(生時)에 아직 법상종(法相宗)이 형성되지 않았다. 일천제(一闡提)에 있어서 불성의 유무(有無)를 설한 『열반경』의 4구에 대하여 원효는 앞 2구 1−2구를 의지문(依持門)에 뒤 2구 3−4구를 연기문(緣起門)에 의해 설명하는 것을 제일의(第一義)라고 하고, 연기문(緣起門)만을 설명하는 것을 제이의(第二義)라고 한다고 파악한다.

『열반종요』는 기존 불성설(佛性說)을 다섯 범주로 정리하는데, ①성정문상주불성(性淨門常住佛性)[십이인연불성(十二因緣佛性)·중도불성(中道佛性)·진여불성(眞如佛性)], ②수염문무상불성(隨染門無常佛性)[신심(信心)·사무량심(四無量心)·삼매(三昧) 등의 연인불성(緣因佛性)], ③현과불성(現果佛性)[여래불성(如來佛性)], ④당과불성(當

果佛性)[일체중생실유불성(一切衆生悉有佛性)], ⑤일심비인비과성(一心非因非果性)이다.

이 중에서 앞의 네 가지는 『대승의장』의 불성의(佛性義)에서 논의된 내용을 분류하고 정리하는 것에 불과하지만, 다섯째야말로 원효의 주장이라고 한다. 일심비인비과성(一心非因非果性)은 『대승기신론』에서 설해진 중생심을 상기하는 것이 어렵지 않다고 하고, 진여상(眞如相)과 생멸인연상(生滅因緣相)을 갖추는 인과(因果) 동시의 중생심은 『대승기신론』의 초두에서 주장된다고 간주한다. 또 열반종이 법상종과 화엄종의 압력으로 쇠퇴하였는바, 원효는 이 세 종파의 입장을 『열반종요』에서 모두 고려하고 있어 이것이 『열반종요』의 한 가지 특색이 된다고 한다.

高崎直道는 「元曉の涅槃經解釋について」(1975)[43]에서 『열반종요』를 여래장사상에 속하는 문헌으로 간주한다. 木村宣彰는 「元曉の涅槃經宗要－特に淨影寺慧遠との關連」(1977)[44]에서 혜원과의 관련을 밝히나 표면상 형식상의 관련이며, 그 근저에는 원효 자신의 기신론적 사상이 깔려 있으며, '불성문'에서 일심이 불성의 본체라고 하는 것은 원효의 독창적 해석으로 간주한다. 그는 「元曉大師と涅槃思想」(1987, 1989, 1991)[45] 등에서 같은 주장을 한다.

---

43) 高崎直道, 「元曉の涅槃經解釋について」, 『大正藏經會員通信』75號, 東京, 大正新修大藏經 會員通信, 1975. 9.

44) 木村宣彰, 「元曉の涅槃經宗要 ─特に淨影寺慧遠との關連 ─」, 『佛敎學ヤミナ一』26, 京都, 大谷大學佛敎學會, 1977. 10.

45) 木村宣彰, 「元曉大師と涅槃思想」, 『元曉硏究論叢』, 國土統一院, 1987; 『元曉聖師의 哲學世界』, 民族社, 1989; 章輝玉 譯, 「元曉大師의 涅槃思想─元曉思想의 現代的 照明」, 『민족불교』2, 청년사, 1991 재수록.

木村淸孝는 「『涅槃宗要』の 硏究: 闡提佛性論の性格について」(1979,
1980)[46]과 「元曉の闡提佛性論」(1981)[47]에서 4구 해석이 혜원의 영향
임을 강조하며, 4구 해석의 중층적 해석이 혜원과 지엄의 사상적 영향
이면서도 원효의 독창적 해석임을 강조하고,『열반종요』는『열반경』의
축문적(逐文的) 해석이 아니라 강요서(綱要書)임을 말한다.

이기영의 「원효의 열반종요에 대하여」(1982)[48]에서는 '대의문'을 해
석하고, 불성의(佛性義)의 '출체문'만을 해설하였다. 이 외에 이평래의
「涅槃宗要の如來藏說」(1982)[49]에서 불성론 중심으로 여래장 사상을
해석하고 있고, 황산덕의 번역 『열반종요』 해제인 「머릿말」(1982)이
있고, 鹽入良道의 「新羅元曉大師撰『宗要』の 特質」(1984)[50]이 있다.

김준경의 「제 교판론에 대한 원효대사의 비판」(1984)[51] 본론 일부
에서『열반종요』에 나타난 교판론을 다루고 있으며, 김종의의 「원효
의 무애사상 — 열반종요의 논리적 구조」Ⅱ(1988)[52]에서『열반경종요』

---

46) 木村淸孝, 「『涅槃宗要』の 硏究: 闡提佛性論の性格について」, 『第2回
　　國際佛敎學術會議: 元曉思想』, 大韓傳統佛敎硏究院, 1979. 11; 『アジ
　　ア公論』9-3(89), アジア公論社, 1980. 3. 재수록.

47) 木村淸孝, 「元曉の闡提佛性論」, 『佛敎の歷史的展開に見る諸形態』, 古
　　田紹欽博士古稀紀念會, 東京, 1981.

48) 李箕永, 「元曉의 涅槃宗要에 對하여」, 『韓國佛敎硏究』, 韓國佛敎硏究
　　院, 1982.

49) 李平來, 「涅槃宗要の如來藏說」, 『印度學佛敎學硏究』30-2(60), 東京, 日
　　本印度學佛敎學會, 1982.

50) 鹽入良道, 「新羅元曉大師撰『宗要』の 特質」, 『天台學報』, 東京, 天台學
　　會, 1984. 11.

51) 金俊烓, 「諸 敎判論에 대한 元曉大師의 批判」, 『韓國佛敎學』9, 韓國佛
　　敎學會, 1984.

의 무애(無礙)의 논리를 밝히고 있으며, 김영태는 「원효의 불성론
(고)」(1988, 1992)[53]에서 『열반경종요』에서의 불성론을 자세히 소개
하였다. 그러나 김영태는 열반과 화쟁의 관계에 주목하지는 않았다.
이 부분은 앞으로 더 연구되어야 할 것이다.

이영무의 「원효사상의 재조명―『열반경종요』를 중심으로―」(1989)[54]
가 있고, 木本淸史의 「元曉の涅槃經解釋について」(1990)[55]에는 특별
한 내용이 없고, 과문(科門)을 도표로 제시하였다. 위베르 뒬뜨(Hubert
Dürt)의 「원효와 열반종요」(1995)[56]에 전체적인 대강의 설명이 있다.
이 외에 졸고 「원효의 열반론 소고―원효의 『열반종요』에서 열반의
이름과 의미를 중심으로―」(2005)[57]가 있다. 이상에서 『열반경종요』
관련 연구를 검토해 보았다.

---

52) 金鍾宜, 「元曉의 無碍思想―涅槃宗要의 論理的 構造」II, 『東義(人文社
會篇)』15, 東義大學校, 1988.

53) 金煐泰, 「元曉의 佛性論(考)」『曉星趙明基博士追慕 佛敎史學論文集』,
東國大學校 出版部, 1988;「元曉의 佛性論」, 『佛敎思想史論』, 民族社,
1992 1쇄, 1997 2쇄, pp.218－244.

54) 李英茂, 「元曉사상의 再照明 ―『涅槃經宗要』를 중심으로 ―」, 『佛敎의
現代的 照明』, 民族文化社, 1989.

55) 木本淸史, 「元曉の涅槃經解釋について」, 『印度佛學敎學硏究』38－2(76),
東京, 日本印度學佛敎學會, 1990. 3.

56) Hubert Dürt, 「원효와 열반종요」, 『佛敎硏究』第11·12輯 合, 韓國佛敎
硏究院, 1995. 11.

57) 김원명, 「元曉의 涅槃論 小考 ― 元曉의 『涅槃宗要』에서 열반의 이름과
의미를 중심으로 ―」『인문학연구』제9집, 한국외국어대학교 외국학종
합연구센터 부설 인문과학연구소, 2005. 1, pp.135－158.

Ⅱ. 열반과 부처의 가르침

1. 길 없는 길

열반이란 무엇인가? 원효는 "열반의 길은 길이 없으면서도 길 아닌 것이 없고, 머무름이 없으면서 머물지 않음이 없으니, 이에 그 길은 지극히 가까우면서도 지극히 먼 것임을 알아 이 길이 아주 고요하면서도 아주 시끄러움을 증득한다. 아주 시끄럽기 때문에 널리 온갖 소리를 두루 울리면서도 모든 허공 속에 쉼이 없고, 아주 고요하기 때문에 온갖 모습을 멀리 여의면서도 진제(眞諦)와 같아 고요하다(湛然). 지극히 멀기 때문에 가르침만 따라가면 천겁(千劫)이 지나더라도 다다르지 못하고, 지극히 가깝기 때문에 말을 잊고 그것을 찾으면 한 생각도 지나지 않아 저절로 깨우친다"[1]고 하였다.

원효에 따르면, 열반의 길은 드러남과 감춤의 두 길이 맞물려 있지만 모순이 없는 하나의 길이다. 두 길을 나누어 살펴보면 감춤의

---

1) 같은 책, p.524a05−07, "涅槃之爲道也, 無道而無非道, 無住而無非*住. 是知其道至近至遠, 證斯道者, 彌寂彌喧**. 彌喧**之故, 普震八聲***, 通****虛空而不息. 彌寂之故, 遠離十相, 同眞際而湛然. 由至遠故, 隨敎逝之, 綿*****歷千劫, 而不臻. 由至近故, 忘言尋之, 不過一念, 而自會也." *大正新修大藏經(이하 대정장)38의 『涅槃宗要』, 필사본에는 '非', 동문선에는 '不'로 되어 있음. 가은 역주, 이영무 역주, 울만 영역 '不'로 고침. **대정장, 한불전에 '喧'으로 되어 있고, 이영무 역에는 아무 설명이나 주석 없이 '喧'으로 되어 있다. 동문선에 '喧'으로 되어 있음. 여기서는 내용상 '喧'을 해야 할 것 같다. '彌寂'에 대비되는 개념으로 '彌喧'을 사용하고 있어, '고요하다'[寂]는 개념에 대비해서 '온화하다'[喧]보다는 '시끄럽다'[喧]는 개념이 어울린다. 황산덕 역, 한글대장경(김달진 옮김)도 '시끄럽다'로 해석한다. ***대정장에는 '聲', 동문선에는 '音'으로 되어 있음. ****대정장에는 '通', 동문선에는 '遍'으로 되어 있음. *****대정장에는 '綿', 동문선에는 '縣'로 되어 있음.

측면과 드러남의 측면이 있다. 감춤의 측면은 아주 평온하기[彌寂] 때문에 온갖 모습을 여의고 진제(眞諦)에 합하여 고요하다[湛然]. 이 길은 길도 없고[無道], 머무름도 없으며[無住], 지극히 멀기[至遠] 때문에 가르침만 따라가면 천겁이 지나도 다다르지 못한다[不臻]. 드러남의 측면은 아주 시끄럽기[彌喧] 때문에 온갖 소리가 쉼 없다[不息]. 이 길은 길 아닌 것이 없고[無非道], 머무르지 않음이 없고[無非住], 지극히 가깝기[至近] 때문에 말을 잊고서[忘言] 찾으면[尋之] 저절로 깨우친다[自會].

원효는 『열반경』이 이와 같은 열반의 뜻을 잘 밝히고 있다고 말한다. 이 경은 "너무 넓어 그 끝이 없고 너무 깊어 밑이 없다. 밑이 없으므로 궁구하지 못할 것이 없고 가이 없으므로 포섭하지 않는 것이 없다."[2] 이처럼 『열반경』은 '헤아리기가 어렵다[難可測量].' 그렇지만 부처의 가르침은 '둘이 없는 참 성품[無二實性]'이라 헤아린다. 여기서 둘이 없다는 것은 진망이 섞이어[混眞妄] 하나라는 뜻이다. 그러나 이미 둘이 없기 때문에 하나라고 할 것도 없다. 그런데 진망이 섞이었으니, 참이라고 할 것도 없으며, 따라서 이치와 지혜가 모두 사라지고, 이름과 뜻이 모두 끊어지니, 이것을 일러 '열반의 현묘한 뜻[涅槃之玄旨]'이라고 한다.[3] 이름이 끊어지고 뜻이 끊어지고 이치가 사라지고 지혜가 사라진다고 해서 아무것도 없고 안 하는 것

---

2) 같은 책, p.524a13−15, "廣*蕩無崖**, 甚深無底, 以無底故, 無所不窮, 以無崖**故, 無所不該" * 대정장, 필사본에는 '廣'으로 되어 있고, 동문선에는 '曠'으로 되어 있다. 이영무 역, 가은 역주는 '曠'으로 함. ** 대정장, 필사본에는 '崖'로 되어 있고, 동문선에는 '涯'로 되어 있다. 이영무 역, 가은 역주는 '涯'로 함.

3) 같은 책, p.524a−b 참조.

이 아니라, 바로 그렇기 때문에 동시에 여기에 머물지 않고 모두에 응하고 모든 것을 말하니, 이것이 '열반의 지극한 가르침[涅槃之至教]'이라고 한다는 것이다.

원효는 "오묘한 뜻은 일찍이 고요한 적이 없고, 지극한 교설은 일찍이 말한 적이 없으니, 이것을 이치와 가르침의 한맛"4)이라고 한다.5) 원효는 '말씀[言]'과 '고요함[寂]'이라는 상반되는 말이 어긋나지 않는다는 것을 보여준다. "모든 부처는 오묘한 뜻을 증득하고 이에 머물지 않아 응하지 않는 바가 없고 설하지 않는 바가 없으니 이를 열반의 지극한 가르침이라고 한다"6)라고 하는 데서 알 수 있듯이 부처의 지극한 가르침의 말들은 모든 것에 응하며 모든 것을 말씀하니, 외적으로는 '일찍이 고요한 적이 없다[未嘗寂]'고 하는 것이고, 한편 부처의 지극한 가르침의 말씀은 고요함[寂]으로부터 흘러나와 고요함을 담고 있기에 내적으로는 '일찍이 말한 적이 없다[未嘗言]'라고 하는 것이라고 할 수 있다.

언어의 세계는 분별의 세계이고 현상의 세계라고 할 수 있고, 일심이문(一心二門)에서 심생멸문에 해당한다고 할 수 있을 것이다.

---

4) 같은 책, p.524b02-03, "玄旨{己}[已]*而不**嘗寂, 至教說而未嘗言, 是謂理教之一味也." * 대정장에는 '己'로 되어 있고, 동문선에는 '亡'으로 되어 있다. 한불전에는 '己'로 되어 있고, 이영무 역은 '亡'으로 함. 가은 역주, 필사본에는 '已'로 함. 여기서는 '已'로 함. ** 대정장, 한불전에는 '不'로 되어 있고, 동문선에는 '未'로 되어 있다. 이영무 역, 가은 역주 '未'로 함.

5) 같은 책, p.524b 참조.

6) 같은 책, p.524a22-b02, "諸佛證而不{位}[住]*, 無所不應, 無所不說, 是謂涅槃之至教也." *대정장에는 '位'라 하고, 동문선에는 '住'로 되어 있다. 이영무 역, 가은 역주 '住'로 함.

고요함의 세계는 무분별의 세계이고 본질의 세계라고 할 수 있고, 일심이문(一心二門)에서 심진여문에 해당한다고 할 수 있을 것이다. 부처 가르침의 오묘한 뜻은 언어의 세계와 고요함의 세계를 원융(圓融)하여 무이실성(無二實性)이며 진망(眞妄)이 혼융(混融)한 것이라 할 수 있고, 이 무이실성(無二實性)이 일심에 해당한다고 할 수 있다. 언어의 세계에서, 차별의 현상에서 생긴 다툼[異諍]들은 이지(理智)가 사라지고 명의(名義)가 끊어진 열반의 오묘한 뜻을 만나 조화로움이 가능해진다.

그래서 원효는 "부처 뜻의 지극히 공변됨을 열어서 수많은 학파의 다른 설명을 조화롭게 하였다"7)라고 하여, 마치 온갖 강물이 한맛[一味]의 큰 바다[大海]로 돌아가듯이, 원효는 『열반경』이 "부분적인 여러 경전들을 통합하여 수많은 흐름들을 한 맛으로 돌아가게 한다"8)고 하였다. 이처럼 한맛으로 돌아가 맛보는 것을 통해 화쟁이 가능하다고 할 수 있다.

이른바 '마하파리니르바나(Mahāparinirvāna)', 즉 '대반열반(大般涅槃)'은 '대멸도(大滅度)'라고 한다. 원효는 여래가 증득한 길은 그 체(體)가 그것 아닌 곳이 없이 두루해서 밖이 없고, 그 용(用)은 두루 있는 것들을 널리 감싸 멀리 구제하니, 이보다 앞서는 것이 없어 '대'를 쓴다고 한다. 그래서 그 체는 대체(大體)이고 그 용은 '대용(大用)'이 된다는 것이다. 대체대용(大體大用)은 둘도 없고 나뉨도 없다[無二無別]. 무이무별(無二無別)하여, 이미 건너가야 할 저 언덕이 없으므로 떠나야 할 이 언덕 또한 없다. 벗어날 곳이 없으니 벗

---

7) 같은 책, p.524a16, "開佛意之至公, 和百家之異諍."
8) 같은 책, p.524a15, "統衆典之部分, 歸萬流之一味."

어나지 못할 곳 또한 없지 않다. 이것을 '대멸(大滅)'이라고 한다. '대멸(大滅)'은 '멸도 멸한 것'이라고도 한다. 또한 건너가야 할 곳이 없으니, 건너가지 못할 곳도 없다. 그런 까닭에 이것을 '대도(大渡)'라고 한다. 그래서 이런 뜻으로 '대멸도'라고 번역한다는 것이다.9)

이 밖에 열반의 의미를 『열반경종요』 본문에서 찾으면, 다음과 같은 말들이 있다. '일정한 모양이 없어 해당하지 않는 곳이 없다[無方無不當]',10) '성상(性相)을 벗어나 있다[離相離性]',11) '해당하지 않는 바가 없다'[無所不當],12) '같지 않은 바가 없고 두루하지 않는 바가 없다[無所不等無所不遍]',13) '생각으로 헤아릴 수 없다[非思量·不能測]',14) '아주 크고 깊고 멀어 한계가 없다[廣大甚深·深遠無限]'15)

이처럼 열반의 의미는 어떤 모양이나 특성을 벗어나 헤아릴 수 없어, 아무런 추정을 할 수 없는 것이다. 우리는 여기에서 심각한 모순의 문제에 직면한다. 이대로라면 어떤 의미 있는 열반의 이해는 불가능한 것이 된다고 볼 수 있다. 그런데 이때 그저 아무 의미 없는 일이 아닌 것이라는 것도 동시에 가능해진다. 적어도 우리는 '이대로라면 어떤 의미 있는 열반의 이해는 불가능한 것이 된다고 볼 수 있다'는 것을 이해할 만큼 의미 있다는 사실을 인정하는 셈이 되

---

9) 같은 책, p.524b 참조.

10) 같은 책, pp.525c24－526a01.

11) 같은 책, p.529b02.

12) 같은 책, p.533a23.

13) 같은 책, p.537c14.

14) 같은 책, p.537c16.

15) 같은 책, p.547a13, a18.

는 것이기 때문이다. 그러니 열반의 의미를 밝히는 길을 계속 가 보고자 한다. 원효의 설명이 가리키는 것을 더 음미해 볼 수 있을 것이다.

원효가 『열반경종요』에서 쓰고 있는 비유를 통해 열반의 의미를 생각해 보자. 원효는 바닷물을 소라로 길으려 하거나, 하늘을 대롱으로 보는 것에 비유해 나눔과 차이에 주목하는 북방과 남방의 교상판석에 대해 일갈(一喝)을 하는데,16) 여기서 바닷물·하늘이 열반에 대한 비유라고 할 수 있다. 또 원효가 인용하는 코끼리의 비유17)를 보면, 맹인들이 코끼리에 대해 각각 말하지만 코끼리 전체를 말하는 것이 아니다. 코끼리가 열반에 대한 비유라고 말할 수 있다.

어느 종파(宗派), 일파(一派)에 구애됨이 없이 "대해 중에 일체 중류가 들어가지 않음이 없는 것처럼"18) 대승·소승, 성·상, 돈·점의 상호 대립적으로 보이는 교의를 다 융회하여 일불승(一佛乘)에로 귀결시키려 하였다. 여래가 설하는 일체의 교법은 일미(一味) 일승(一乘)에 들어가지 않음이 없다는 것이다. 일미, 일승이라는 이유는 일체중생이 본래 일각(一覺)이지만 무명(無明)으로 말미암아 꿈을 따라 유전하다가 모두가 여래 일미(一味)의 교설로 일심(一心)이라는 근원에 돌아가지 않음이 없으니 일심으로 돌아갈 때에 아무것도 얻는 것이 없다는 것이다.19) 여기서 끝내 일심으로 돌아가는 것이 화

---

16) 같은 책, p.547a19－20.
17) 같은 책, p.539a07－08 참조; 慧嚴 역, 『대반열반경』(36), 대정장12, p.802b29－c02 참조.
18) 원효, 『금강삼매경론』, 한불전1, p.660a21, "如一大海一切衆流無有不入"
19) 같은 책, p.610a17－b01, "如來所化一切衆生 莫非一心之流轉故 皆說一

쟁이라고 할 수 있다. 일심으로 돌아가 맛보는 것이 일미이며, 일심으로 돌아가는 길에 타고 갈 수레는 하나뿐이니, 일승(一乘)이다. 그런데 일심이라는 근원으로부터 나와서 무명(無明)으로 꿈을 따라 유전하다 다시 근원으로 돌아가는 일체중생은 무엇을 얻는 것이 아니라 아무것도 얻는 것이 없다. 일심이라는 근원은 열반에 해당하는 것이다. 따라서 일심과 마찬가지로 중생의 측면에서 열반은 얻어야 할 대상 또는 도달되어야 할 목적지로 보이지만, 보살의 측면에서 중생도 없고 도달되어야 할 목적지도 없고 원래 있던 곳이 바로 그곳임을 스스로 아는 것이다.

화쟁은 원효가 『금강삼매경론』이나 『대승기신론별기』의 '대의문(大意文)'에서, "이치가 없는 지극한 이치이며, 그러하지 않은 큰 그러함이다[無理之至理, 不然之大然]"20)에서와 같이, 논리 없는 지극한 논리이며 논리적이지 않은 큰 논리[無論之至論, 不論之大論]와 통한다고 할 수 있을 것이다.

화쟁은 상반된 두 설명[혹은 '주장'이 되기도 한다]이 동일한 근원에 근거하고 있어 서로 다르지 않음을 나타내지만, 그렇다고 상반되어 보이는 두 설명이 하나라는 것을 나타내는 것도 아니다. 상반된 두 설명이 모두 가능한 점을 주목하면서도 동시에 모두 불가능한 점을 버리지도 않는다. 서로 상반돼 보이는 설명에 대해, 모두 얻는

味者 如來所說一切教法 無不令入一覺味故 欲明一切衆生 本來一覺 但由無明 隨夢流轉 皆從如來一味之說 無不終歸一心之源 歸心源時 皆無所得 故言一味 即是一乘" 참조.

20) 원효, 『금강삼매경론』, 한불전1, p.604b16.; 원효, 『대승기신론별기』, 한불전1, p.678a01－02.

바가 있기도 하다[皆得]고 하여 긍정을 하기도 하고, 모두 잃는 바가 있다[皆失]고 하여 부정을 하기도 한다. 그래서 긍정과 부정을 통해 보다 높은 차원에서 두 주장의 모순과 대립을 해소시켜 하나로 묶어 담는 화합의 방법이 화쟁이고, 화쟁의 방법이 가능하게 되는 경지가 열반이다. 이와 같은 화쟁을 가능하게 하는 것은 무엇인가? 그 안에 일관되게 전제하고 있는 것은 열반이라고 할 수 있다.

그래서 원효의 『열반경종요』에서 나타나는 화쟁을 특징지어서 표현한다면, '열반-화쟁'이라고 부를 수 있을 것이다. 화쟁은 두 상반된 주장 간의 상반성이 없는, 즉 장애(障礙) 없음으로부터 가능해진다. 장애 없음[無障礙]은 원효가 사용하는 말인 '불상위(不相違)'·'불상방(不相妨)'과 다르지 않은 말이다. 이때에도 이와 같은 통찰의 눈은 열반을 전제하지 않으면 안 된다고 할 수 있다. 그래서 화쟁은 열반이 전제되어야 하고, 그렇기에 '열반-화쟁'이라고 부를 수 있을 것이라 생각한다. 이는 원효의 일심(一心)을 '불일불이(不一不異)'로 특징짓거나, 원효의 화쟁을 '무이불수일(無二不守一)'로 특징짓는 것과 다르지 않은 원효 철학의 일관된 흐름이라고 생각한다.

그렇다면 열반이 전제된 화쟁인 '열반-화쟁'은 어떤 특성을 갖추고 있어야 하는가. 열반과 화쟁의 관계에 대한 특성을 네 가지로 나타내 볼 수 있다.

첫째, 이 둘을 함께 갖추어야 화쟁을 이룬다고 할 수 있다. 어느 하나가 빠져서는 온전할 수가 없다. 이를 구이성(具二性)이라고 부른다. 둘째, 이 둘이 평등하며 원만하여야 화쟁을 이룬다고 할 수 있다. 어느 하나가 기울거나 빠짐이 없이 원만하지 않고서는 온전할 수가 없다. 이를 등원성(等圓性)이라고 부른다. 셋째, 열반과 화쟁은 시간상의 선후가 없다. 논리적 선후는 있지만, 열반을 이루는 동시에 화쟁이 일어난다. 화쟁이 있는 곳에는 동시에 열반이 함께 있다. 이 둘은 일시적(一時的)이며 동시적이다. 그래서 이를 동시성(同時性)이라고 한다. 넷째, 열반과 화쟁이 각각 따로 있지 않다. 이 둘은 한 몸이다. 이를 동체성(同體性)이라고 한다.

원효는 열반의 눈으로 열반에 관한 여러 학설들을 논의하고 있으며, 서로 다른 학설이 다툼이 생기는 경우 조화롭게 하고 있다. 다시 말해 서로 다름으로 인해 생겨나는 다툼은 열반을 근거로 화쟁된다고 볼 수 있다. 이때 화쟁은 열반이 전제된 화쟁인데, 열반에 관한 여러 논쟁들을 화해시키는 방편이기도 하다. 따라서 화쟁 없는 열반이나, 열반 없는 화쟁은 있을 수 없다. 원효의 설명을 살펴보면, 다툼에 대한 통찰은 열반 위에서 피어나는 길 없는 길이 화쟁으로 길어져 나온다. 다음으로 이와 같은 길 없는 길 위에서 부처는 어떻게 길 없는 길에 대해서 말할 수 있었을까? 원효는 또 이와 같이 길 없는 길의 인연을 어떤 인연이라 말할까? 다음에서 그 인연을 살펴보고자 한다.

2. 한 큰일을 하는 부처의 인연

모든 것에 인연이 있다는 것이 불교의 일반적인 입장이다. 어떤 일이든지 그 사건을 있게 한 여러 원인(原因)이 되는 일들이 있다. 또 모든 사건들은 미래에 있게 될 결과로서의 연[果緣]을 부른다.

부처가 『열반경』을 설한 인연 또한 있다고 할 수 있다. 그러나 부처는 육체적인 죽음으로서의 열반[無餘依涅槃]을 하기 전에 이미 열반[有餘依涅槃]을 하였는데, 다시 말해 인연의 고리를 끊었는데, 어떻게 인연의 굴레에 머물러 있어 설법을 하고 또 심지어 죽을 수까지 있었을까? 이에 대해 불교사적으로 많은 논쟁이 있었다.

다음에서는 『열반경』을 설한 '인연이 없다와 있다'의 두 주장을 소개하고 이들이 서로 반대되는 것이 아니라는 것을 논증하고 이와 같은 논증이 무엇인지 살펴보고자 한다. 첫 번째 '인연이 없다'는 주장은 '인연이 없지만 말씀은 있다[無因强說]'와 '인연이 없기 때문에 말씀도 없다[無因無說]' 두 가지이다. 두 번째 '인연이 있다'는 주장은 '한 큰 인연이 있어 여래가 말씀하였다[一大因緣故如來說]'는 한 가지이다. 이 주장들은 인연의 유무(有無)와 말씀[說]의 유무(有無)를 중심으로 이루어져 있다. 이 설명들을 자세히 살펴볼 것인데, 이 주장들 사이에 유무(有無)의 문제가 있어서 양립불가능하다는 문제가 생길 수 있다. 즉 다툼이 생기고 서로 조화롭지 않게 되는 문제가 생기게 될 것이다. 이에 대해 원효가 이설들을 어떻게 조화롭게 하는지 알아볼 것이다.

1) 인연이 없음

첫째 인연이 없다는 주장을 살펴볼 것이다. 일반적으로는 부처가 법을 말할 인연이 없었다면 말씀도 없었을 것이라고 한다. 그런데 법을 설할 인연이 없었지만 여래가 법을 설하였다. 이 설명을 살펴보면 다음과 같다.

인연이 없는 까닭은 두 가지이다. 첫째는 부처가 말하는 그 뜻이 '명언(名言)과 단절되어 인연과 관계하지 않기 때문'이다. 둘째는 부처가 '모든 분별을 떠나 인연을 생각하지 않기 때문'이다. 그래서 어떤 인연도 없지만 다만 중생을 위해 일부러 힘을 내어 설한 것이라고 한다. 원효는 이와 같은 설명의 논거로 아래의 두 글을 제시한다.

하나는 『열반경』에서 "이는 마치 지라바이(坻羅婆夷)를 먹는 기름이라고 이름하지만, 실제로 먹는 기름이 아닌 것을 억지로 이름을 붙여 먹는 기름이라고 하는 것과 같다. 이는 원인 없이 억지로 이름을 붙인 것이다. 선남자여! 이 대열반[21]도 그와 같아서 인연이 없지만 억지로 이름을 붙인 것이다"[22]라고 한다.

---

21) 이영무 역과 한글대장경(김달진 옮김), 김호귀 역에서는 '대열반'을 『대열반경』으로 읽고, 황산덕 역, 가은 역주는 '대열반'으로 읽는다. 황산덕 역 가은 역주가 맞다. 이 부분은 『대반열반경』에서 인용하는 구절이다. 『열반경』을 가리키는 것이 아니고, '대열반'을 가리키는 것이다. "善男子. 是大涅槃亦復如是. 無有因緣强爲立名." 아래 주석 참조.

22) 원효, 『열반종요』, 한불전1, p.524c03－05, "如{拉}[坻]*羅婆夷名爲食油, 實不食油, 强爲立名, {字}[名]**爲食油. <是名無因强立名字. 善男子!>*** 是大涅槃亦復如是, 無有因緣强<爲>立{名}[字]"*『대반열반경』 원문에 따라 『열반종요』 원문의 '拉'을 '坻'로 바꿈.(이하 원문이라 함은 원효가 인용한 경전의 원문을 말함) 이하에서 원효가 인용한 경전의 전거를 찾아 대조하여 인용한 경전에 맞추고 문맥에 맞추어 교정할 것이다. 그러나 『열반경종요』는 많은 부분 교정을 해야 할 것으로 인식되어 온바, 앞으로 원효가 의도적으로 바꾸어 인용하는 것인지, 필사자의 오류인지, 원효의 실수인지에 대한 연구는 더욱 필요할 것으로 보인다. **원문에 따라 {字}를 [名]으로 바꿈. ***원문에 따라 <是名無因强立名字. 善男子>를 넣음. < >은 원효가 인용하는 경전 원문에 따라 빠진 것을 넣는다는 뜻이다.(이하 동일) ; 혜엄 역, 『대반열반경』(36권), 대정장12, p.747b17－19; 曇無讖 역, 『대반열반경』(40권), 대정장12, p.503c03－05.

그리고 『섭론석』에서 "만일 불과(佛果)가, 분별없는 지혜[無分別智]의 나타남이라면 분별하는 중생을 여의고서 어떻게 중생에게 이익되는 일을 할 수 있겠는가? 이는 이치가 전도되지 않는 것처럼 공용(功用)이 없이 (중생을 이익되게 하는) 일을 짓는 것을 나타내기 위해서이다. 그러므로 거듭 게송으로 말을 하니, 논에 말하기를 '마치 저 여의주[如意珠: 摩尼]와 하늘 북이, 생각 없이 스스로 일을 이루듯이, 이와 같이 분별하지 않고 갖가지 부처님 일을 이루느니라'라고 하였다"[23]라고 한다. 이 논리에 따라, 부처는 '법을 설할 어떤 인연도 없었지만 말씀은 있었다'라고 한다.[24]

부처가 대열반에 대해 말씀한 교설은 분별없이 한 일이고 분별이 없으므로 인연 또한 없는 것이다. 원효는 무분별지(無分別智)의 나

"如坻羅婆夷名爲食油. 實不食油. 強爲立名. 名爲食油. 是名無因強立名字. 善男子. 是大涅槃亦復如是. 無有因緣強爲立名." 굵은 글씨가 원효가 인용한 부분이다.(이하 동일)

23) 원효, 『열반종요』, 한불전1, p.524c05 – 09, "若佛果是無分別智所顯, 離分別衆生 云何得作衆生利益事? 如理{無}[不]倒, 爲顯無功用作事. 故重說偈{言}[論曰], '譬摩尼天鼓無思成自事, 如{是}[此]不分別, 種種佛事成'"; 무착, 『섭대승론석(攝大乘論釋)』(15권본), 대정장31, p.243a02 – 07, "若佛果是無分別智所顯離分別衆生. 云何得作衆生利益事. 如理不倒. 爲顯無功用作事. 故重說偈 論曰 譬摩尼天鼓 無思成自事如此不分別 種種佛事成"; 阿僧伽, 『섭대승론』(3권본), 현장 역, 대정장31, p.128c02 – 03. "譬摩尼天鼓 無思成自事 如此不分別 種種佛事成" 『섭대승론』(2권본, 아승가 저, 불타선다 역)에는 보이지 않는다. 『섭대승론석』(이하 섭론석) 이 글을 보면, 원효는 『열반종요』에서 『섭대승론』(이하 섭론)을 인용하고 있는 것이 아니라, 섭론에서 인용한 게송 구절을 섭론석에서 재인용한 것이라고 할 수 있다.

24) 원효, 『열반종요』, 한불전1, p.524b – c 참조.

타남으로 읽고 있으며 유위(有爲)가 아닌 무위(無爲)의 일로 읽고 있는 것이다. 분별이 없고[無分別] 일부러 함이 없는 일[無爲之事]은 열반의 경지에서 가능한 것으로 보아야 할 것이다.

또 원효는 『열반경』의 다른 구절에서 "만일 여래가 언제나 한 말씀도 하지 않았음을 안다면, 보살이 많이 듣는 것을 갖추고 있다고 하고"25) 또 다른 경전에서는 "처음으로 도를 얻은[有餘依涅槃] 밤으로부터 무여의열반(無餘依涅槃)한 밤까지 한 말씀도 없었다"26)고 한

---

25) 같은 책, p.524c11－12, "若知如來常不說法, {是}[亦]名菩薩具足多聞."; 혜엄 역, 『대반열반경』(36권), 대정장12, p.764c03－04; 담무참 역, 『대반열반경』(40권), 대정장12, p.520b08－09, "若知如來常不說法. 亦名菩薩具足多聞." 참조.

26) 원효, 『열반종요』, 한불전1, p.524c13－14, "二夜經云, "從初得道夜, 乃至涅槃夜, 是二夜中間, 不說一言字." 참조.; 용수 저, 『대지도론(大智度論)』(100권), 구마라집 역, 대정장25, p.059c04－07, "凡人不聞法. 凡人著於我. 又佛二夜經中說. 佛初得道夜至般涅槃夜. 是二夜中間所說經敎. 一切皆實不顚倒." 참조. 『대지도론』에서 재인용되고 있는 이 구절은 원효가 인용하는 것과 다르다. 『대지도론』에서는 "이 두 밤 가운데 설한 경의 가르침은 일체 다 참된 것이며 전도되지 않았다"이고, 원효가 인용하는 것은 "이 두 밤 가운데 한 말씀도 하지 않으셨다"이다. 『대지도론』의 문맥과 언뜻 다르게 원효가 인용하고 있는 것처럼 보인다. 그런데 『대지도론』에서는 뭇사람들이 법(法)을 듣지 아니하고, 나에 집착한다. 부처님께서 두 밤 가운데 설한 경의 가르침 일체가 다 참된 것이며 뒤바뀌거나 변화된 적이 없는 법(法)이라고 말하는 것이다. 따라서 원효는 무량한 부처님의 설법이 무이무별(無二無別)한 하나의 법[一法], 하나의 뜻[一意], 하나의 맛[一味]을 가리키는 하나의 커다란 일[一大事]을 가리키는 것이어서, 한 말씀도 하지 않은 것으로 이해하고 푸는 것이라 생각한다. 이 부분을 원효는 그의 『대혜도경종요』(한불전1, p.545c01－04)에서 인용한 바 있다. 이때의 인용은 『대지도론』의 구절을 두 글자를 제외하고 『열반종요』보다 더 정확하게 인용하고 있다. 즉 "又佛二

것을 제시하여, 결국 법을 설할 아무 인연도 없었으며, 아무 말씀도 없었다는 설명을 소개한다. 들은 것은 보살들이고 보살들은 아무 말씀도 없는 여래의 말씀을 들은 것이라는 설명이다. 이와 같은 설명은 신비감마저 불러일으킨다. 부처도 신비롭고 보살도 신비롭다. 부처가 많은 교설을 하였는데, 부처가 한 말씀도 하지 않았다는 설명이나, 한 말씀도 없는 것을 잘 알아듣고 많이 알아듣는 보살에 대한 설명은 신비롭기까지 하다. 그러나 이와 같은 설명은 들을 귀 있는 사람이 아니면 알아듣기 어려운 말임을 부인할 수 없다. 언명(言名)을 초월한 설명으로서 알아듣기 어려운 말이다. 원효는 이와 같은 설명이 얻는 바가 없는 것은 아니나, 다음의 설명으로 이 설명들이 갖는 문제점을 극복하고 종합하려 한다. 원효는 인연이 없다/있다 그리고 말씀이 있다/없다를 결정적으로 말할 만한 것으로 보지 않는다.

2) 일대사인연(一大事因緣)이 있음

둘째로, 한 큰일의 인연[一大事因緣]이 있었다는 설명을 살펴볼 것이다. 원효는 어리석은 사람이 하는 일들은 인연이랄 게 없고 하는 것도 아니라고 하고, 크고 깊은 인연이 있어야 이루는 일도 있는

夜經中說 佛從(初)得道夜至(般)涅槃夜是二夜中間 所說經敎一切皆實而不顚倒" 따라서 원효가 잘못 인용한다기보다, 원효의 자기 해석이 들어가면서 글자가 바뀐 것으로 보아야 한다고 생각한다. 울만(鬱卍; Uhlmann, Patrick R.)의 논문에서는 인용이 다른 것에 대한 언급은 없다. 그리고 木本淸史의 언급은 일본어로 된 사전에도 나온다. 울만(鬱卍), 「元曉의 涅槃觀과 佛性觀에 對한 硏究 —≪涅槃經宗要≫를 중심으로 —」, 동국대학교 대학원 인도철학과 석사학위논문, 1997, p.24, 각주 22) 참조.

것이라고 한다. 『대지도론』의 "비유하면 마치 수미산왕이 어떤 일이
나 작은 인연도 없이는 움직이지 않는 것과 같다"27)는 것을 인용하
여, 수미산왕이 작은 인연이나 일이 없으면 움직이지 않듯이, 부처도
이와 같다고 하는 것이다. 이를 논거로 삼아서 인연이 없으면 말씀
도 없다고 한다.

그래서 결국 부처가 마지막 열반하실 때에 하신 말씀은 총결이며,
평생 동안 중생의 근기에 따라 설하신 한 말씀 한 말씀은 모두 한
맛에 이르게 하는 길임을 보인 것이며 모두가 둘이 없는 참 성품에
돌아가게 하였다는 것이다.28) 이에 따르면 인연의 유무에 대한 논의
는 전체적으로 설명할 수 있고 나누어서도 설명할 수 있는데, 전체
적으로 묶어서 설명하면 하나이지만 나누어서 설명하면 한량이 없다
고 한다. 나누어서 설명하면 법을 설한 인연은 한 글귀마다, 한 말
씀마다 각각 한 인연이 있어 한량이 없다는 것이다. 또 전체적으로
묶어서 설명하면 하나의 큰 인연은, 부처가 세상에 나온 큰 뜻을 드
러내는 것이라고 한다. 그리고 이에 대한 논거로 『법화경』의 글을
제시한다.

"모든 부처여래는 오직 한 큰일의 인연 때문에 세상에 나온 것이다"29)

---

27) 원효, 『열반종요』, 한불전1, p.524a03－04, "譬如須彌山王, 不以無{因緣}
[事]及小因緣而{自}動{作}"; 용수 저, 『대지도론(大智度論)』(100권), 구
마라집 역, 대정장25, p.057c24－27, "諸佛法不以無事及小因緣而自發言.
譬如須彌山王不以無事及小因緣而動. 今有何等大因緣故. 佛說摩訶般若
波羅蜜經." 참조.

28) 같은 책, p.525a23－b01, "成道以來, 隨機所說一切言教, 悉爲示一味之
道, 普{今}[令]歸趣無二之性." 참조.

그리고 또 『열반경』의 '보살품'의 글을 논거로 제시한다.

"만약 어떤 사람이 한량없는 여러 부처님을 잘 공양하고 공경한
다면, 마침내 이에『대열반경』을 (알아)들을 수 있을 것이고, 박복한
사람은 곧 (알아)듣지 못할 것이다. 그 까닭은 무엇인가? 큰 덕의
사람이라야 이런 큰일을 들을 수 있(기 때문이)다. 범부 아래 열등
한 사람은 곧 듣지 못할 것이다. 이 큰일이란 이른바 모든 부처님이
아주 깊이 비밀스럽게 간직한[秘藏] 여래의 성품이니, 이런 뜻 때문
에 큰일이라 한다"30)

---

29) 같은 책, p.525a16−17, "諸佛{如來}[世尊], 唯以一<大>事因緣故, 出現
於世"; 구마라집 역, 『묘법연화경(妙法蓮華經)』(7권), 대정장8, 07a21−
28, "諸佛世尊. 唯以一大事因緣故出現於世. 舍利弗. 云何名諸佛世尊
唯以一大事因緣故出現於世. 諸佛世尊. 欲令衆生開佛知見使得淸淨故出
現於世. 欲示衆生佛之知見故出現於世. 欲令衆生悟佛知見故出現於世. 欲
令衆生入佛知見道故出現於世. 舍利弗. 是爲諸佛以一大事因緣故出現於
世"에서, "諸佛世尊.唯以一大事因緣故出現於世." 이후 문장들을 가리킨다.

30) 원효, 『열반종요』, 한불전1, p.525a17−21, "若有人能供養恭敬無量諸佛,
方乃得聞大涅槃經, <薄福之人則不得聞.> 所以者何? 大德之人乃能得聞
如是大事. <凡夫下劣則不得聞> 何等爲大? 所謂諸佛甚深秘藏如來{之}
性<是>. 以是義故, 名爲大事"; 혜엄 역, 『대반열반경』(36권), 대정장12,
p.658c17−22, "若有人能供養恭敬無量諸佛. 方乃得聞大涅槃經. 薄福
之人則不得聞. 所以者何. 大德之人乃能得聞如是大事. 凡夫下劣則不
得聞. 何等爲大. 所謂諸佛甚深祕藏如來性是. 以是義故名爲大事.";
담무참 역, 『대반열반경』(40권), 대정장12, p.417c14−18, "若有人能供
養恭敬無量諸佛. 方乃得聞大涅槃經. 薄福之人則不得聞. 所以者何.
大德之人乃能得聞. 如是大事廝下小人則不得聞. 何等爲大. 所謂諸佛
甚深祕藏謂佛性是. 以是義故名爲大事." 북본(40권본)과 남본(36권본)
이 거의 차이가 없고, 밑줄 친 것과 같이 한 부분만 차이가 난다. 36권
본(남본)에 따라 교정함.

『법화경』에서는 부처가 태어난 이유가 한 큰일[一大事]을 하기 위해서라는 것이고, 『열반경』에서는 큰일[大事]을 하기 위해서이고 '큰 덕이 있는 사람이라야 큰일을 들을 수 있고, 큰일은 모든 부처가 깊이 간직한 비밀스러운 여래의 성품'이라는 것이다. 그래서 결국 '하나의 큰 인연이 있다'는 것이다.

그런데 원효는 "전체적인 하나의 큰 인연은 곧 개별적인 무량한 인연들을 포섭한다. 왜냐하면 그 많은 인연들은 하나의 뜻을 벗어나지 않기 때문이다"31)라고 한다.

간단히 정리하면 부처는 한 큰일의 인연[一大事因緣]이 있다. 부처의 한 큰 인연은 중생들이 일미의 맛을 보도록 하는 것으로, 『열반경』이 그에 대한 총결로서 말씀한 것이다. 그런데 처음 깨달음을 얻은 후 무여의열반할 때까지의 모든 말씀 하나하나가 한 큰일의 인연에 포섭된다. 따라서 인연이 있지만 작은 인연이 아니라는 측면에서 없다고도 할 수 있고, 작은 인연들 모두 한 큰 인연에 포섭되어 모두가 인연이 된다는 측면에서는 있다고도 할 수 있다. 다음으로 원효가 이와 같은 화쟁적 설명을 어떻게 구체적으로 하는지 살펴보자.

3) 서로 방해되지 않으며 서로 어긋나지 않음

원효는 앞의 '인연이 없다'는 설명이 얻는 바가 있다고도 할 수 있지만, '일대사인연(一大事因緣)이 있다'는 설명을 통해 꼭 결정적으로 인연이 있다/없다를 말할 만한 그런 것은 아니라고 설명한다.

---

31) 같은 책, p.525b04−05, "總門一大因緣, 卽攝別門無量因緣. 以其衆緣不出一意.."

앞의 설명이 '모두 얻는 바가 있다[悉得]'는 것은 그 설명들이 모두 경전에 근거하여 '서로 방해가 되지 않기[不相妨]' 때문이고, 이것은 불교적 전통에서 '경전의 말씀이 모두 참'이라는 인명론(因明論)의 '성언량(聖言量)'에 의한 판단이다. 그러나 그다음에 원효는 있다/없다 하는 것이 '꼭 그런 것은 아니다[非定然]'라고 하고, 그렇기 때문에 '서로 어긋나는 것은 아니다[不相違]'고 하였다.32) 이것은 개별적인 무량한 인연[無量因緣]이 전체적인 일대사인연(一大事因緣)에 포함되기 때문이다.

전체적인 일대사인연(一大事因緣)의 측면에서 보면, 부처는 큰일을 스스로 하기 위해 태어났고, 스스로의 일을 하고 또 이룬다. 그러니 어떤 개별적인 인연은 없으며 오직 일대사인연일 뿐이라고 할 수 있다. 그렇지만, 개별적인 무량한 인연의 측면으로 보면, 전체적인 일대사인연이 개별적으로 무량한 인연으로 드러나는 것이라고 할 수 있다.

이때 부처의 언어는 언어의 세계·현상의 세계를 벗어난 고요함의 세계로부터 나와 그 고요함의 세계를 가리키는 침묵의 말씀이므로 아무 말씀도 없다고 할 수 있다. 이 침묵의 말씀은 큰 덕을 가진 사람만이 알아듣는 말씀이다. 따라서 무인강설(無因强說)과 무인무설(無因無說)을 이해할 수 있는 것이라고 할 수 있다. 분별해서 무량인연(無量因緣)의 측면에서 보면, 부처의 무량한 설법은 한 구절 한 구절이 모두 하나하나의 인연이 있어서 중생의 기틀에 따라 대기설법(對機說法)한 것이다. 원효는 바로 일대사인연(一大事因緣)이야말

---

32) 같은 책, p.525b 참조.

로 무량인연(無量因緣)을 포섭하고 있다고 하여, 서로 어긋나는 것이 아님을 결론적으로 밝히고 있다.

그래서 원효는 인연이 있다고 하거나 없다고 하는 설명 중 한 가지만 얻는 바가 있다고 고집할 것은 아니라고 하는 것이다. 인연이 있다고 하는 나름의 이유와 인연이 없다고 하는 나름의 이유가 있고, 그 나름의 이유와 근거 안에서 그 나름의 의미를 갖는다. 그러나 한 주장은 그 근거 안에서만 그 나름의 의미를 가지므로 한 주장을 고집할 경우 다른 측면에서는 잃는 것이 있음을 지적한다. 그리하여 어느 한 주장만을 고집해서는 안 됨을 말하고 있는 것이다. 그래서 두 설명이 부분적으로는 다른 설명이지만, 결국은 하나를 지시하는 다르지 않은 설명이 된다. 따라서 두 설명 가운데 어느 한 설명만이 얻는 바가 있다고는 하지 않는다.

그리고 인연이 있다거나 없다고 하는 상반되어 보이는 설명의 뜻이 지시하는 바는 근본적으로는 결코 다르지 않다는 점을 간과하지 말 것을 요구하고 있다. 이것은 그럴 수 있는 면과 아닐 수 있는 면 모두를 꿰뚫을 것을 말한다. 그 꿰뚫는 방법은 무엇인가? 두 주장 간의 다툼은 두 주장 간의 방해[妨]로 인해 생긴다. 그래서 원효는 두 주장이 서로 방해되지 않음을 논증한다. 다시 말해 방해되는 두 주장은 어긋나[違] 다투게 되므로 원효는 두 주장이 서로 어긋나지 않음을 논증하는 것이다.

두 주장이 서로 어긋나거나 방해되지 않는다는 논증의 구조를 살펴보면, 이 구조 속에서 어긋나거나 방해되지 않는다는 것을 가능하게 하는 것이 무엇인지 알게 될 것이다. 전체적인 인연과 개별적인 인연 사이의 방해와 어긋남은 무명(無明)으로부터 오는 오해에서 비롯된다. 이 무명의 해소로 오해가 풀리면 조화가 저절로 일어난다.
애초에 두 설명 간에 방해나 어긋남은 없었다. 다만 무명으로 오해
를 하고 고집을 하여 어긋나고 방해되고 있었던 것이다. 그러므로
무명의 제거를 통해 어긋남을 없앴지만 어긋남을 없애지 아니한 것
과 다르지 않다. 또 방해를 제거하였지만 방해를 제거하지 아니한
것과 다르지 않다. 이는 『금강삼매경론』에서 일체중생이 무명으로
꿈을 따라 유전하는 것을 한맛을 보게 하여 일심이라는 근원으로 되
돌아오게 하지만 제자리로 돌아오니 얻은 게 아무것도 없다[33]고 하
는 것과 같다. 조화는 어리석음을 제거하고 꿈으로 비유되는 치우친
견해에의 집착을 끊으면 저절로 일어나는 것이다. 이곳에서는 서로
어긋나지 않기[不相妨] 때문에 모두 얻을 만한 게 있고[悉得], 꼭 그
런 것만은 아니기[非定然] 때문에 서로 어긋나지 않는다[不相違]로
표현하여 화쟁(和諍)을 보여주는 것이다. 한 큰일의 인연[一大事因
緣]으로 부처가 열반, 즉 길 없는 길에 대해 말하였는데, 그렇다면
『열반경』의 본 뜻[宗旨]은 무엇인가?

3. 모남이 없어 해당하지 않는 게 없는 부처의 뜻

부처가 『열반경』을 설하여 드러내고자 한 본뜻은 다양하게 말해질

---

33) 원효, 『금강삼매경론』, 한불전1, p.610a17－b01, "如來所化一切衆生 莫
非一心之流轉故 皆說一味者 如來所說一切敎法 無不令入一覺味故 欲
明一切衆生 本來一覺 但由無明 隨夢流轉 皆從如來一味之說 無不終歸
一心之源 歸心源時 皆無所得 故言一味 卽是一乘" 참조.

수 있다. 본뜻에 관한 설명에 대해서 참과 거짓을 논할 수도 있고 근본과 말단의 문제를 논할 수도 있을 것이다. '이것이 본뜻이다'라고 주장한다면 그것이 과연 참인지 참이 아닌지 물을 수 있다. 본뜻이 아닌 것을 본뜻으로 주장한다면 그것은 고쳐져야 할 것이다. 또한 말단의 뜻을 들어서 근본의 뜻이라 할 수도 있고, 『열반경』 전체를 포괄하면서 중심이 되는 뜻이 본뜻이라 할 수도 있을 것이다. 만일 『열반경』의 한 부분에는 해당되지만 다른 부분에는 해당되지 않는 뜻을 말한다면, 그것은 부분적으로 참이지만 본뜻이라고 하기에는 미흡할 것이다.

다음에서 『열반경』의 본뜻[宗旨]에 대한 설명을 여섯 가지로 나누고, 각각을 소개한 후 어느 것이 참인지를 묻고, 이에 대한 두 가지 설명을 살펴볼 것이다. 그런데 마지막 부분에서 여섯 가지 설명을 원효가 두 가지 설명으로 다루면서 어느 설명이 참인가를 논하는 것은, 앞의 설명들과 마찬가지로 부분적인 견해가 되고 만다. 즉 원효 또한 한 설명을 추가하여 이설(異說)의 숫자를 늘리거나 여러 설명들 중 하나를 옹호하게 되는 것은 아닌가라고 의심된다. 원효가 이를 어떻게 극복하는지 살펴볼 것이다. 다음에서 『열반경』의 본뜻[宗旨]에 대한 설명을 통해 열반의 뜻도 더 잘 이해할 수 있으며 원효의 관점이 무엇인지 더 잘 이해할 수 있을 것이다. 우선 여섯 가지 설명을 살펴보자.

1) 본뜻에 대한 여섯 가지 설명

첫 번째는, 경의 조리 있는 설명 모두가 경의 본뜻이 된다는 설명이다. 『열반경』에서 이루어진 질문에 대한 부처의 대답 모두가 처음부터 끝까지 각각 본뜻이 된다는 것이다.34) 앞에서 부처 말씀의 인연에 대한 설명에서도 같은 논리가 있었다. 부처의 말씀 하나하나가 인연이 있다는 설명과도 같다.

두 번째는, 네 가지의 깊은 뜻이 경의 본뜻이 된다는 설명이다. 즉 ① 대반열반의 지극히 두루한 묘과(妙果)가 삼사(三事: 법신·반야·해탈)와 사덕(四德: 常·樂·我·淨)을 갖추고 있으며, ② 모든 중생은 다 부처의 성품이 있지만, 번뇌로 덮여 있기 때문에 이를 알지 못하며, ③ 삼보(三寶: 불보·법보·승보)의 불성(佛性)은 같은 몸이어서 둘이 없으며[同體無二], ④ 부처의 법을 비방하는 일천제(一闡提; icchantika)나 성품에 집착하는 이승(二乘: 성문승과 연각승)들까지도 모두 미래에 부처를 이룬다는 것이다. 이 네 가지가 경의 본뜻이 된다.35)

세 번째는, 출세간(出世間)의 인과(因果)가 경의 본뜻이라는 설명이다. 즉 '출세간(出世間)의 인과(因果)로써 본뜻을 삼으니, 과(果)는 곧 보리와 열반이고, 인(因)은 곧 불성(佛性)과 거룩한 수행[聖行]이라고 한다. 『열반경』의 '순타품(純陀品)'[제2품], '애탄품(哀歎品)'[제3품], '여래성품(如來性品)'[제12품], '성행품(聖行品)'[제19품] 등 여러 곳에서 인과(因果)를 여러 번 나타냈다. 그래서 위없는 인과[無上因果]로 본뜻을 삼았다.36)

네 번째는, 현재의 부처의 과위인 영원[常]과 중생의 미래의 과위

---

34) 원효, 『열반종요』, 한불전1, p.525b11－14 참조.

35) 같은 책, p.525b14－20 참조.

36) 같은 책, p.525b20－c01 참조.

인 영원[常]이 경의 본뜻이라는 설명이다. 이 경은 앞으로 얻을 영원[當常: 장차 얻을 부처의 과위]과 지금의 영원[現常: 현재 부처님께서 얻은 과위]의 두 과위로써 본뜻을 삼았다. 이른바 모든 중생들이 다 불성(佛性)이 있는데 이것은 앞으로 얻을 영원[當常: 앞으로 얻을 부처의 과위]을 나타낸 것이고, 여래께서 증득한 대반열반은 지금의 영원[現常: 현재 부처가 얻은 과위]을 밝혀 말한 것이다. 그리고 거룩한 수행[부처가 닦는 계·정·혜] 등의 인(因)은 곧 현재와 미래에 얻는 과위를 나타내는 보조수단이기에 바른 종지가 되지는 않는다고 한다. 미래에 부처가 되도록 하는 것이 부처의 뜻인데, 미래의 불과를 아직 갖추고 있지 않아 믿지 못할까 봐 자신의 경험을 말하여서 믿게 하려 한다는 것이다. 그래서 두 과위로 본뜻[종지]을 삼지만, 다만 현재 부처가 얻은 과위인 열반의 이름을 따라 제목을 세웠다.37)

다섯 번째 설명은, 원만하고 지극한 하나의 과위로써 이 경의 본뜻을 삼았다. 즉 『열반경』의 본뜻이 모든 부처의 대반열반이라고 한다. 그러므로 그 본뜻을 따라 제목을 정한 것이며, 이는 마치 『영락경(瓔珞經)』이 여섯 가지의 영락(瓔珞)[보물]으로 본뜻을 삼고, 『대반야경』이 세 가지 반야로 본뜻을 삼은 것과 같다는 것이다.38)

여섯 번째 설명은, 모든 부처의 비밀스럽게 간직한[諸佛秘藏] '둘이 없는 참된 성품[無二實性]'이 경의 본뜻이라는 것이다. 모든 부처가 비밀스럽게 간직한 '둘이 없는 참성품[無二實性]'으로써 경의 본뜻을 삼았으니, 이와 같은 참성품은 모양[相]을 여의고 성품[性]을 여읜 것이기 때문에 모든 문(門)에 장애됨이 없다. 모양을 여의었기

---

37) 같은 책, p.525c01－11 참조.
38) 같은 책, p.525c07－11 참조.

때문에 때 묻지도 않았고 깨끗하지도 않으며 원인도 아니요 결과도
아니며 하나도 아니고 다르지도 않으며 있음도 아니고 없음도 아니
며, 성품을 여의었기 때문에 또한 물들기도 하고 또한 깨끗하기도
하며 원인도 되고 결과도 된다. 또한 하나이고 또한 다르며 있음도
되고 없음도 되고, 물들기도 하고 깨끗하기도 하기 때문에 혹은 중
생(衆生)이라고 하고 혹은 생사(生死)라고 하며 또한 여래(如來)라고
이름하고 또한 법신(法身)이라고 이름한다. 원인도 되고 결과도 되기
때문에 혹은 불성(佛性)이라고 이름하고 여래장(如來藏)이라고 이름
하며 혹은 보리(菩提)라고 이름하고 대열반(大涅槃)이라고 이름한다.
있음도 되고 없음도 되기 때문에 진제(眞諦)와 속제(俗諦)의 이제(二
諦)라고 이름하며, 있음도 아니고 없음도 아니기 때문에 중도(中道)
라고 이름한다. 하나가 아니기 때문에 여러 문에 잘 해당하지만, 다
른 것도 아니기 때문에 모든 문이 한맛이라고 한다. 이와 같이 둘이
없고 비밀히 간직한 것으로 이 경의 본뜻을 삼지만, 다만 그 제목
가운데 여러 가지 이름을 함께 다 쓸 수 없어서, 부처가 열반하는
그때의 일을 따라서 열반이라 이름한 것이라고 설명한다.[39]

원효는 위 여섯 가지 설명을 열거하고, 다시 어느 것이 참인가를
묻는다. 그 대답은 다음과 같다.

2) 모남이 없어 해당하지 않는 게 없으므로 서로 어긋나 지 않음

첫째, 모든 설명이 다 참이다. 왜냐하면 부처의 뜻이 모남이 없이

---

39) 같은 책, p.525c11 − 23 참조.

[佛意無方] 두루하여 해당하지 않는 게 없기 때문이다[無不當]. 둘째로, 마지막 설명이 참인데, 그 까닭은 여래의 모남이 없는 뜻[如來無方意]에 맞고 앞의 다섯 가지를 다 함축하기 때문이다.40) 원효는 이 두 설명이 '어긋나지 않는다[不相違]'고 화쟁한다. 그런데 원효는 어째서 이 둘이 '어긋나지 않는다'고 하는 것인가?

불의(佛儀)는 '모남이 없다', 즉 무방(無方)하다. 무방(無方)이란 무엇인가? 무방(無方)은 틀지어지지 않는 것이며, 어떤 꼴을 하고 있지 않은 것이다. 스스로 어떤 꼴이 없으니 마주할 대(對)가 없고 대(對)가 없으니 위(違)도 있을 수 없는 것이다. 모남이 없다는 부정을 통해 긍정으로 나아가는 것이다. 그래서 원효의 다른 저술들에서도 보이는 논법을 따라 말을 만들어보자면, '꼴 없는 지극한 꼴' 또는는 '모남 없는 지극한 모남[無方之至方]'이라 할 수 있을 것이며 '꼴 지워지지 않는 큰 꼴' 또는는 '모나지 않은 큰 모남[不方之大方]'이라고 할 수 있을 것이다. 무방(無方)이나 불방(不方)에서 부(不)나 무(無)를 볼 때는 부정의 논법이다. 그러나 방(方)이 오히려 어떤 틀을 갖는 것으로 이것은 편견이나 집착과 같은 문제를 일으킬 수 있다. 불의(佛意)는 이런 틀이 없다. 틀을 부정하면서, 부정으로 끝나는 것이 아니라 지극한 긍정, 큰 긍정에로 나아간다. 여기서는 서로 어긋남이 없다. 따라서 여기서 불의(佛意)가 곧 열반이라고 해석할 수 있다면, 열반은 '무방지지방(無方之至方)이며 불방지대방(不方之大方)'이 되고, 그렇기 때문에 원효가 위 설명들이 서로 어긋나지 않는다[不相違]고 할 수 있는 것이다.

---

40) 같은 책, pp.525c24－526a02 참조.

이 부분을 근거로 해서 원효의 화쟁을 이곳에서 특징지어 규정해 보면, 불상위(不相違) 화쟁(和諍)이다. 불상위(不相違)가 되는 근거는 무방무부당의(無方無不當意) 또는 무방의(無方意)이다. 여섯 설명에 대한 첫째 견해는 불의(佛意)는 무방무부당(無方無不當)한 특성이 있고, 이러한 불의의 특성으로 여섯 설명들이 모두 참이라는 견해로 서 대긍정의 견해이다. 그리고 두 번째 견해는 마지막 여섯 번째의 설명의 근거가 되는 여래무방의(如來無方意)의 특성이 앞의 다섯 설 명을 모두 포함하기 때문에 참이라는 견해로서 이 또한 대긍정의 견 해이다. 둘째 견해의 여래무방의(如來無方意)는 첫째 견해의 불의무 방무부당(佛意無方無不當)과 다르지 않으므로 서로 어긋나는 견해가 아니어서 불상위(不相違)가 된다. 따라서 두 견해 간에 불상위(不相 違)라는 화쟁(和諍)은 무방(無方)이라는 불의(佛儀)에 따라 일어나게 됨을 알 수 있다. 다시 말해 열반(涅槃)에 따라 화쟁이 생겨나는 것 이다. 결론적으로 『열반경』의 본뜻은 부처의 뜻이고, 부처의 뜻은 관 점 없는 지극한 관점인 열반이다. 원효 스스로도 이 열반의 관점을 스스로 견지하고 있고, 이러한 관점으로 결국 위 여섯 설명이 모두 어긋나지 않게 된다고 설명하고 있는 것이다. 『열반경』의 본뜻을 살 펴보았으니, 이제 『열반경』의 위치가 어떠한지를 살펴보고자 한다.

4. 넓고 크고 아주 깊은 부처의 가르침

『열반경』의 위치는 이 경에 대한 비중을 어떻게 볼 것인가에 대 한 논의이다. 다른 말로 교상판석이라 할 수 있다. 당시 중원을 중심으로 한 한자문명권의 교상판석 논쟁 무대에서 『열반경』이 등장한다. 본 절에서는 남방과 북방의 교상판석 설명을 통해 『열반경』 위치와 이에 대한 궁극적인 의미를 살펴보고자 한다.

남방의 설명은 5시교(時敎)와 요의(了義)·불요의(不了義)의 가르침으로 나누는데 어떻게 이와 같이 나누는지 살펴볼 것이고, 북방의 설명은 사종설(四宗說)로 나누는데 어떻게 이와 같이 나누는지 살펴볼 것이다. 이와 같은 설명은 혜원 『대승의장』의 '중경교적의(衆經敎迹義)' 내용41)에 근거한 설명이라고 생각된다. 이 부분은 원효의 『열반경종요』 마지막 부분에 해당하여 그 의미를 더욱 깊이 음미할 필요가 있다고 생각된다. 특히 지금이나 당시에 모두 존경받는 수대(隋代)의 천태 지자대사에 대한 원효의 평가를 엿볼 수 있는 부분이기도 하다.

우선 부처의 가르침을, 부처가 성도한 후에 시간적인 간격에 따라 다섯 때로 나누고, 『반야경』·『유마경』·『사익경』·『법화경』 등을 거론하여 설명한 5시교(五時敎)를 살피고, 다음으로 5시교를 부정하며 부처의 가르침을 종지에 따라 네 가지, 즉 『반야경』·『유마경』·『법화경』·『대열반경』으로 나누는 사종설(四宗說)을 살펴볼 것이다. 그리고 두 설명에 관해 어떻게 평가하며 조화롭게 하는지 살펴볼 것이다. 다시 말해 원효가 부처의 궁극적인 가르침을 무엇이라고 하는지 그리고 이를 통해 이설들을 어떻게 조화롭게 하고 있는지 살펴볼 것이다.

---

41) 혜원, 『大乘義章』, pp.465a10－466a28 부분을 참고한 것으로 보인다.

1) 부처 가르침의 다섯 시기

원효는 앞에서 밝힌 바와 같이 혜원의 『대승의장』의 첫 장 첫 부분을 인용하는데, 교상(教相)을 판석(判釋)[42]함에 남방의 설명이 대부분의 경우 진(晉)의 무도산(武都山) 은사(隱士) 유규(劉虯,[43] 437-495)의 것과 같다고 하며, 그 설명을 소개한다. 원효는 남방에서는 주로 위 유규(劉虯)의 5시설을 따랐다고 한다. 이를 정리하면, 부처의 가르침 전체는 돈과 점으로 요약된다. 화엄(華嚴) 등의 경이 돈교(頓教)이고, 그 나머지는 점교(漸教)이다. 점교 가운데 5시(時)가 있다.

즉 ① 1시는 부처의 처음 성도(成道) 후로, 제위(提謂)[44] 등을 위한 오계(五戒)와 십선(十善) 등 사람과 하늘에 관한 가르침이다. ② 2시는 부처가 성도한 이후 12년으로, 삼승(三乘)의 차별에 관한 가르침인데, 아직 공(空)에 대한 가르침은 없다. ③ 3시는 부처가 성도한 이후 30년으로, 공하여 상(相)이 없는 이치를 담은 반야·유마·사익 등의 가르침인데, 삼승(三乘)이 똑같이 공(空)을 관(觀)하는 것이라고 하였지만, 셋을 부수고 하나로 돌아가는 일승(一乘)의 가르침

---

42) '교상판석'이라는 말은 한불전에 '□□□□'로 되어 있고, 필사본은 이 부분이 손상되어 없다. 문맥에 따라 '□□□□'에 '教相判釋'을 넣음. 울만 영역에 '教相判釋'으로 교정함.(울만 영역: p.263.; 울만 논문: p.31에 각주 40) 참조) 김호귀 역은 '宋慧觀等'으로 교정하고, 이영무 역, 가은 역주는 교정 안 함.

43) '정장44, p.465a11-12, "晉武都山隱士**劉虯說言**" 참조.

44) 『대승의장』 원문과 내용에 따라 '胃'를 '謂'로 바꿈. 김호귀 역, 바꿈. 가은 역주, 울만 영역, 이영무 역 안 바꿈. 제위(提謂: 범어 Trapuṣa, 팔리어 Tapussa): 제위와 파리(波利: 범 Bhallika, 파 Bhalluka)는 부처의 성도 후에 최초로 공양하고 귀의한 두 형제 상인이다.

이 아직 없고, 또 중생(衆生)에게 불성(佛性)이 있다는 가르침도 없
다. ④ 4시는 부처가 성도하고 40년이 지난 8년 동안으로, 『법화경』
의 가르침인데, 셋을 부수고 하나로 돌아가는 일승을 밝혔지만, 중생
에게 불성이 있음은 아직 말하지 않았고, 단지 여래의 수명이 영원
함을 말하고 불신상주(佛身常住)를 밝히지는 않았다. 그래서 불요의
(不了義)의 가르침이다. ⑤ 5시는 부처님께서 열반에 임하시어, 대열
반을 말씀하시니, 모든 중생들에게 다 불성이 있으며, 법신상주(法身
常住)임을 밝혔다. 그래서 요의경(了義經)이라고 한다. ①부터 ④가
불요의(不了義) 가르침이고, ⑤가 요의(了義)의 가르침이라고 한다.45)

---

45) 원효, 『열반종요』, 한불전1, p.546b13－c02, "'如{□□□□}[來一化所]*說,
無出頓漸, 花嚴等經是其頓敎, 餘名{漸□□□內}[爲漸, 漸中]**有其五
時. 一佛初成道{已}, 爲提{胃}[謂]***等, 說五戒十善人天敎門. 二佛成
道已十二年中, 宣說三乘差別敎門, 未說空理. 三佛成道巳三十年中, <宣>
說空無相波若維摩思益等經, 雖說三乘同觀於空, 未說一乘破三歸一, <又
未宣說衆生有佛性>. 四佛成道已四十年後, 於八年中, 說法花經, {廣}[辨]
明一乘破三歸一, 未說衆生{皆}[同]有佛性, 但彰如來壽過塵數, 未來所
住復倍上數, 不明佛常, 是不了敎. 五佛臨涅槃, 說大涅槃, 明諸衆生皆
有佛性, 法身常住, 是了義經.' 南土諸師多傳是義." 참조. * '□□□□'에
'來一化所'를 넣음. 혜원, 『대승의장(大乘義章)』(26권), 대정장44, p.465a12,
"如來一化所說. 無出頓漸." 참조; 가은 역주, 울만 영역 교정하고, 이영
무 역 교정 안 함. ** 『대승의장』 원문에 따라 '漸□□□內'를 '爲漸,
漸中'으로 바꿈. 가은 역주, 울만 영역, 이영무 역은 '漸敎 漸敎內'로 하
여 빈 세 글자 칸을 '敎 漸敎'로 교정함. *** 『대승의장』 원문과 내용
에 따라 '胃'를 '謂'로 바꿈. 가은 역주, 울만 영역, 이영무 역 안 바꿈.
김호귀 역 '胃'를 '謂'로 의심.

2) 부처 가르침의 네 가지 본뜻

원효는 북방의 설명은 "『반야경』 등이 다 완벽한 뜻[了義](의 가
르침)이지만, 다만 그 종지가 각기 같지 않을 뿐"[46]이라고 하고, 그
종지의 차이를 네 가지로 나타낸다. 이와 같은 4종설은 남방의 5시
설을 부정하게 되는 것이다. 그 네 가지는 다음과 같다.

"①『반야경』 등은 지혜로써 종지를 삼고, ②『유마경』 등은 해탈로
써 종지를 삼고, ③『법화경』 등은 일승으로써 종지를 삼고, ④『대열
반경』은 묘과로써 종지를 삼는데, 모두가 커다란 이해심으로 수행공
덕을 일으켜 구경에는 대승요의의 말씀이니, 이는 곧 앞에 말한 (남
방의 설명) 오시교의 말을 부정하는 것이다."[47]

5시설 부정의 근거들은 아래와 같다.

"예를 들어 『대품경』 '왕생품' 가운데, '모든 비구들이 반야를 설
함을 듣고서 보시바라밀[檀度: 施波羅蜜: 범 dāna-pāramitā]을 찬탄
하면서, 마침내 삼의를 벗어 보시하셨다.'[48] (이에 대해) 용수(龍樹)

---

46) 원효, 『열반종요』, 한불전1, p.546c03-04, "般若等經皆了義*, 但其所宗
各不同耳." *가은 역주, '敎'를 넣고, 울만 영역, 이영무 역은 '說'을 넣
었다.

47) 같은 책, p.546c04-07, "般若經等智惠爲宗, 維摩經等解脫爲宗, 法花經
者一乘爲宗, 大涅槃經妙果爲宗, 皆是大解起行德究竟大乘了義之說, 卽
破前說五時敎言."

48) '왕생품'에 이 구절은 없다. 구마라집 역, 『마하반야바라밀경』(27권), 대
정장8, p.229b15-17, "說是般若波羅蜜品時. 三百比丘從座起. 以所著衣

가 해석하기를, '부처님께서 삼의를 지니지 않으면 죄가 된다고 계를 만드셨는데, 무슨 이유로 시바라밀(尸波羅蜜: 戒波羅蜜: 범 śīla-pāramitā)을 무겁게 여기지 않고, 계를 범하고서 보시를 행하는가? 이에 대해 12년 전에는 부처님이 아직 계를 만들지 않았고, 이 때문에 계를 범한 것이 아니다'49)라고 하였다. 이 글의 증거로 (반야가 설해진 것이) 12년 이후에만 국한되지 않는다."50)

이 부분은 제 비구들이 부처의 반야의 말씀을 듣고 찬탄하여 삼의(三衣: 비구가 입는 세 가지 옷)를 벗어 보시바라밀을 행하였다는 '왕생품'의 내용에 대해, 용수가 '(삼의를 지녀야 한다는) 계를 지켜

上佛. 發阿耨多羅三藐三菩提心." 참조. 가은 역주도 이곳을 지목함. 아래 주석 『대승의장』 참조.

49) 『대지도론』에 이 문장은 없다. 용수 저, 『대지도론』(100권), 구마라집 역, 대정장25, p.353c06, "[論]問曰. 如佛結戒. 比丘三衣不應少. 是諸比丘何以故破尸羅波羅蜜作檀波羅蜜. 答曰. 有人言. 佛過十二歲然後結戒. 是比丘施衣時未結戒." 참조. 가은 역주에서도 이곳을 지목함. 아래 주석 『대승의장』 참조.

50) 원효, 『열반종요』, 한불전1, p.546c07-12, "如"大品經往生品中, '＜諸＞比丘＜等＞, 聞說般若讚歎檀度 遂脫三衣 以用布施.' {論中}[龍樹]釋言, '佛制三衣不畜*得罪, 何＜故不重尸波羅蜜＞**, 犯戒爲行施耶? 以此在於十二年前佛未制戒, 是故不犯.' {是以}[以是]文證, 非局在於十二***年後." * 한불전, 대정장, 가은 역주에 '畜'. 이영무 역, 울만 영역에 '蓄'으로 바꿈. ** 원문에 따라 '故不重尸波羅蜜'을 넣음. 가은 역주, 울만 영역, 이영무 역 교정 안 함. *** 『대승의장』에서는 '30년중'이라 하였으나, 원효가 문맥에 맞게 '12년'으로 함. ; 혜원, 『대승의장』, 대정장44, p.465c20-25, "又大品經往生品中. 諸比丘等. 聞說般若讚歎檀度. 遂脫三衣. 以用布施. 龍樹釋言. 佛制三衣. 不畜得罪. 何故不重尸波羅蜜. 犯戒行施. 以此在於十二年前佛未制戒. 是故不犯以是證文. 非局在於三十年中."

야 한다'는 시바라밀에 위배되는 것이라 의심이 가는데, 이때는 시바라밀이 없었고, 따라서 계를 어긴 것이 아니라는 것이다. 이런 글로 보아 계를 만들기 전에도 부처가 반야를 말씀하였고, 따라서 반야가 3시에 해당한다고 하는 남방의 설명이 맞지 않게 됨을 논박한 것이다. 다음은 반야의 가르침이 법화 이전으로 한정할 수 없다는 것을 인용하여, 원효가 법화의 가르침 안에도 반야의 가르침이 있다고 하여, 북방의 설명이 남방의 5시설을 부정하는 것이라고 해석한다.

> "또, 용수 보살이 『대품경』을 해석하여 말하기를, '수보리가 『법화경』을 설하심을 듣고, 손을 들고 (합장하고) 고개를 숙여 (예배하니) 다 불도를 이룬 것이다. 이 때문에 지금 퇴전과 불퇴전의 뜻을 물었으니, 이러한 글로써 증명되었다'고 하였다.51) 반야의 가르침이 반드시 법화 이전으로 국한되는 것이 아니어서, 오시교판을 부수어 버리니, 곧 잘못된 것이 된다."52)

또 『대품경』은 오직 일승만을 말하고, 둘도 없고 셋도 없다고 하고, 『법화경』에도 둘도 없고 셋도 없다고 한다. 그래서 그 심천(深淺)을 말할 수 없다. 따라서 북방의 설명은 남방의 요의(了義) 불요의(不了義) 등으로 심천(深淺)을 가리는 설명이 잘못된 것이라고 원

---

51) 혜원, 『대승의장』, 대정장44, p.466a26−28, "龍樹菩薩釋大品經云. 須菩提聞說法華. 擧手低頭. 皆成佛道. 是故今問退不退義. 以此文證. 前後不定."

52) 원효, 『열반종요』, 한불전1, p.546c12−16, "又"{彼論}[龍樹菩薩釋大品經]云, '須菩提聞說法花, 擧手低頭皆成佛道. 是故今問退不退義, 以是文證,'" 般若之教, 未必局在於法花已前, 破斷五時, 卽爲謬{異}[矣]." *필사본에 따라, '異'를 '矣'로 고침. 필사본, p.81b3*20. 가은 역주만 고침.

효는 북방의 설명을 아래와 같이 소개한다.

 "또다시 만약 반야(의 가르침에서) 삼승을 깨지 않으니 법화(경의
 가르침)보다 얕은 것이라 말한다면, 『대품경』에서, '사리불이 묻기
 를, 만약 도무지 퇴전하지 않아 결정코 다시 다르지 않다면, 어째서
 삼승의 차별이 있을 수 있고, 오직 일승뿐이 아닌가? 수보리가 답하
 기를, 둘도 없고 셋도 없으니, 만약 이를 듣고서 놀라지 않는다면,
 능히 보리를 이룰 수 있다'53)라고 하였는데, 이는 『법화경』의 '둘도
 없고 셋도 없다'는 것과 그 어떤 차이를 말하고, 그 심천(深淺)을
 나누는 것인가!54) 또 만약 『반야경』이 불성을 설하지 않았기에 『열

---

53) 구마라집 역, 『마하반야바라밀경』(27권), 대정장8, p.337c08−26, "如須
   菩提所說. 是法忍中無有菩薩於阿耨多羅三藐三菩提. 退還者若不退還. 佛
   說求道者有三種. 阿羅漢道. 辟支佛道. 佛道. 是三種爲無分別. 如須菩
   提說. 獨有一菩薩摩訶薩求佛道. 是時富樓那彌多羅尼子語舍利弗. 應當
   問須菩提. 爲有一菩薩乘不. 爾時舍利弗問須菩提. 須菩提. 爲欲說有一
   菩薩乘. 須菩提語舍利弗. 於諸法如中. 欲使有三種乘聲聞乘辟支佛乘佛
   乘耶. 舍利弗言不也. 舍利弗. 如中可得分別有三乘不. 舍利弗言不也. 舍
   利弗. 是如有若一相若二相若三相不. 舍利弗言不也. 舍利弗. 汝欲於如
   中乃至有一菩薩不. 舍利弗言不也. 如是四種中三乘人不可得. 舍利弗. 云
   何作是念. 是求聲聞乘人. 是求辟支佛乘人. 是求佛乘人. 舍利弗. 菩薩摩
   訶薩聞是諸法如相. 心不驚不沒不悔不疑. 是名菩薩摩訶薩能成就阿耨多
   羅三藐三菩提." 『대승의장』에서는 이 부분을 요약해 말한 것일 것이다.
   가은 역주, p.232 주) 1000 참조. 이 부분은 아라한도(성문승)와 벽지불
   도(벽지불승)와 불도(불승), 즉 삼승 간의 분별이 없음을 말한다.

54) 혜원, 『대승의장』, 대정장44, p.466a05−12, "若言般若不破三乘淺法華
   者. 大品經中舍利弗問. 若都不退. 空復不異. 何故得有三乘差別. 不
   唯一乘須菩提答. 無二無三. 若聞不怖. 能得菩提. 此與法華無二無三.
   其言何別. 而言非是破三歸一. 又龍樹云. 當知. 般若於華手經法華經等
   無量經中. 最以爲大. 云何言淺."이 부분과 거의 같다.

반경』보다 얕은 것이라 말한다면, 『열반경』에서 이르기를, ‘불성을 또한 반야바라밀이라고도 이름하였고, 또한 제일의공이라고도 이름하였’55)으며, 『대품경』에서 말한 반야(바라밀)와 (제일의)공이 곧 불성이니, 어떻게 불성을 밝히지 않았다고 말할 수 있겠는가!56)”57)

또 북방의 설명은, 『반야경』이 불성을 말하지 않았기 때문에 『열반경』보다 얕다고 하는 남방의 설명은 잘못이라는 것이다. 왜냐하면 『열반경』에 불성이 반야바라밀이며 제일의공(第一義空)임을 말하였고, 『반야경』에서 이미 불성에 해당하는 열반의 성품이 중생에게 있다는 말을 하였기 때문이라는 것이다. 그러므로 열반과 반야의 가르침 가운데 요의(了義)와 불요의(不了義), 심(深)과 천(淺)을 가리는 남방의 오시설은 잘못이라고 보는 것이 북방의 설명이라고 원효는 지적한다.

“또 『대품경』에서는 진여실제법성을 말하였는데, 용수가 해석하기를, ‘법은 열반을 이르는데, 희론할 수 없는 법이고, 성이란 본분을

---

55) 혜엄 역, 『대반열반경』(36권), 대정장12, p.766c18−19, “佛性者名第一義空. 第一義空名爲智慧.” 참조.

56) 혜원, 『대승의장』, 대정장44, p.466a12−15, “若言般若不說佛性淺於涅槃者. 經說佛性. 亦名般若波羅蜜. 亦名第一義空. 大品所說般若及空. 卽是佛性. 云何說言不明佛性.” 이 부분도 거의 같다.

57) 원효, 『열반종요』, 한불전1, p.546c16−25, “又復若言般若{敎中}不破三乘淺{化}[法花]者, 大品經中‘舍利弗問, 若都不退, 定復不異, 何故得有三乘差別, 不唯一乘? 須菩提答, 無二無三, 若聞不怖, 能得菩提’, 此與法花‘<無二>無三’, <其>言何別, 而分淺深耶? 又若<言>般若不說佛性淺<於涅槃>者, {涅槃}經說, 佛性亦名般若波羅蜜, 亦名第一義空, <大品>所<說>般若及空卽是佛性, 何得說{云}[言]不明佛性!”

이르는데, 이는 마치 누런 돌은 금의 속성, 흰 돌은 은의 속성(이
있는 것)처럼, 일체의 중생들은 열반의 성품이 있는 것이다'58)라고
하였다. 이것이 불성과 무슨 차별이 있기에, 불성을 말하지 않았다
고 하고, 그러므로 (『반야경』이) 얕다고 하는가!"59)

여기까지가 원효가 혜원의 말들을 인용한 것이다. 나아가서 원효
는 또 『법화론』이 이미 여래의 영원한 수명과 진실한 정토를 드러내
었으니, 불요의설이라고 할 수 없다는 것이다.

"또 『법화론』에서, '성취된 수명이 다시 앞(에서 말한) 수의 배가 된
다'60)는 것은, 여래의 영원한 수명을 나타내 보인 것이니, 선교방편
으로 세어 알 수 없는 많은 수를 드러냈기 때문이다"고 하였고, 또
"나의 정토는 훼손되지 않으나 많은 견해는 (불에) 타 없어진다'는
것은 보신불 여래의 진실한 정토는 제일의제에 포함되는 까닭이라
고 하였다.61) 이미 (여래의) 영원한 수명과 진실한 정토를 드러냈는

---

58) 용수 저, 『대지도론』, 구마라집 역, 대정장22, p.298b19-21, "法性者法
名涅槃. 不可壞不可戲論. 法性名爲本分種. 如黃石中有金性白石中有銀
性. 如是一切世間法中皆有涅槃性." 참조.

59) 원효, 『열반종요』, 한불전1, pp.546c25-547a03, "又大品<中>, <宣>說眞
如<實際>法性, {論主}[龍樹]釋{云}[言], '法名涅槃 不戲論法, 性名本分
{種}, <猶>如黃石金性白石銀性, 一切衆生有涅槃性', 此與佛性有何差別,
而<言>不說<佛性>, 故是淺耶!"; 혜원, 『대승의장』, 대정장44, p.466a15
-18, "又大品中. 宣說眞如實際法性. 龍樹釋言. 法名涅槃. 不戲論法.
性名本分. 猶如黃石金性白石銀性. 一切衆生. 有涅槃性. 此與佛性有
何差別. 而言不說佛性."

60) 구마라집 역, 『묘법연화경』(7권), 대정장9, p.42c22-23, "我本行菩薩道
所成壽命. 今猶未盡復倍上數" 참조.

61) 세친 저, 『妙法蓮華經憂波提舍』(2권), 보리류지·담림 등 역, 대정장26,

데, (법화가) 불요의설이라고 하는 것은 도리에 맞지 않다."[62]

이로써 원효는 부처의 강설 시기에 따른 가르침의 분별과 깊이의
차이를 다섯으로 구분한 남방의 오시설을 소개하고, 그 오시설로 나
뉘진 경전들 간에 보이는 시기의 불일치, 내용의 중복과 다른 말의
같은 의미 간의 문제로 5시설을 논박하고 부정하여 결국 경전들의
중심 가르침으로 구분하는 4종설을 세운 북방의 설명을 소개한다.
그리고 이어서 앞의 두 설명들은 열반의 광대심심한 경지에서 보아
야 할 것을 말한다.

3) 부처 가르침은 넓고 크고 아주 깊으므로 한쪽만을 고집하지 않는다면 모두 얻는 것이 있음

원효는 남방의 주장 5시설과 북방의 주장 4종설을 소개하고, 한쪽
만을 고집하지 않는다면 두 주장이 모두 얻는 것이 있으나, 한 방향
으로만 가면 모두 잃는 것이 있다고 한다. 나눔과 분별을 따르더라

---

p.09c01−04, "所成壽命復倍上數者. 此文示現如來命常善巧方便顯多
數故. 過上數量不可數知. 我淨土不毁而衆見燒盡者. 報佛如來眞實淨
土. 第一義諦之所攝故." 참조.; 바수반두, 『妙法蓮華經論憂波提舍』(1권),
늑나마리·승랑 등 공역, 대정장26, p.19a04−07, "所成壽命復倍上數
者. 示現如來常命方便顯多數過上數量不可數知故. 我淨土不毁而衆見
燒盡者. 報佛如來眞實淨土第一義諦攝故." 참조.

62) 원효, 『열반종요』, 한불전1, pp.547a03−09, "又法花論云, '所成壽命復
倍上數'者, 此文示現如來常命, 以巧方便顯多數量不可數知故, 又言, 我
淨土不毁而衆{生}見燒盡者, 報佛如來眞<實>淨土, 第一義諦之所攝故.
旣顯常命及眞淨土, 而言是不了說者不應道理."

도 그 '무의(無義)'로 나아간다면 다 얻는 것이 있다는 것이다. 여기서 무의(無義)는 아래에서 부처 가르침의 광대심심(廣大甚深)의 다른 개념어로 부처 뜻의 심원무한(深遠無限)을 나타내는 것이다. 광대심심(廣大甚深) 심원무한(深遠無限)은 열반의 개념을 나타내는 말이라고 할 수 있다. 열반의 경지에서는 어느 하나를 버리지 않고, 어느 하나를 선택하지도 않는다. 그래서 둘 다 받아들이는 것으로도 보이고 둘 다 버리는 것으로도 보인다. 그 이유는 부처의 여러 가르침이 나오게 되는 부처 뜻은 넓고 크고 아주 깊으며 아주 멀고 끝이 없으므로 한쪽 말에 그 뜻을 모두 담을 수 없기 때문이다.

"만약 한쪽만을 고집하여 한결같이 이것이라고 말한다면, 두 설명 다 (답을) 잃지만, 만약 분한에 따라 그 뜻이 없는 데로 나아가면, 두 설명 모두 (답을) 얻는다. 그러한 까닭은 부처가 말한 반야 등의 여러 가르침의 뜻은 넓고 크고도 아주 깊으니, (두 설명의) 낮은 (수준의) 통함으로는 다시 한쪽에다 한정시킬 수 없기 때문이다.63)"64)

---

63) 이 부분 번역이 논자와 다르고 번역의 차이에 따라 원효의 문맥이 많은 차이가 있다. 따라서 기존 번역들을 소개한다. 가은 역주: 광대하고도 너무나 심오하여 깊니 얕니 하는 것으로 다시 한쪽에다 한정시킬 수 없는 까닭이다.(p.235); 이영무 역: 넓고 크고 매우 깊어서 얕으니 깊으니 한 것으로 어느 일변에만 한정시킬 수 없기 때문이다.(p.245); 한글대장경: 광대하고 매우 깊어, 얕고 통함을 한쪽에만 한정할 수 없기 때문이다.(p.471); 황산덕 역: 광대하고 심히 깊어서, 얕으니 통했느니 하고 한쪽에만 한정시킬 수는 없기 때문이다.(pp.168-169); 김호귀 역: 광대하고 대단히 심오하며 두루 통하여 어느 일변에 한정할 수가 없기 때문이다.(p.204); 울만 영역: is very extensive and very profound. Therefore [the attribution of] shallowness or pervasiveness also can not be limited to one side.(p.267)

　그리고 원효는 4종(宗)으로 경의 종지를 나누고 5시(時)로 부처의 뜻을 한정하려고 한 것에 대해, "마치 소라로 바닷물을 따르고, 대롱으로 하늘을 엿보는 것과 같을 뿐이다"고 하였다.65) 따라서 소라로 뜬 바닷물은 단지 소라로 뜬 바닷물로 보아야 할 것이다. 바닷물 전체를 소라로 뜬 바닷물로만 한정해서는 안 된다는 것을 부정할 사람은 없을 것이다. 또 하늘을 대롱으로 보고, 전체 하늘을 대롱으로 보인 하늘로만 한정해서는 안 된다는 것을 부정할 사람도 없을 것이다.

　"예를 들어 수나라 때 천태 지자대사가 신인에게 묻기를, '북쪽에서 세운 4종은 경의 뜻에 맞는가?' 하니, 신인이 답하기를, '잃은 것은 많고 얻은 것은 적다'고 하였다. 또 묻기를, '성실론사[유규(劉虯)]가 세운 오시교는 부처님의 뜻을 말하는가?' 하니, 신인이 답하기를, '(북쪽의) 4종보다 조금 나으나 오히려 허물이 많다'고 하였다. 그러나 천태 지자는 선정과 지혜에 모두 통달하여, 세상 모두가 존중하고 범부와 성현도 헤아리기 어려운 분이니, 이에 부처님의 뜻이 심원하여 한없는데도, 4종으로써 경의 요지를 나누려 하고, 또한 5시로써 부처님의 뜻을 한정하는 것은, 마치 소라로 바닷물을 따르고, 대롱으로 하늘을 엿보는 것과 같을 뿐임을 알 것이다.66)"67)

---

64) 원효, 『열반종요』, 한불전1, p.547a10−13, "若執一邊謂一向爾者, 二說皆失, 若就隨分無其*義者, 二說俱得. 所以然者, 佛說般若等諸敎意廣大甚深, 淺通**復不可定限於一邊故." * 가은 역주, 이영무 역은 '其'를 '方'으로 바꾸고, 울만 영역은 '其' 다음에 '方'을 넣었다. 기호귀 역 천을 '遍'을 넣음. ** 이영무 역, 가은 역주, 울만 영역 모두 '通'을 '深'으로 바꾸었는데, 이를 바꿀 필요가 없다. 바꾸면 전체적인 뜻이 많이 달라진다.

65) 같은 책, p.547a 참조.

66) 이 부분은 기존 번역들과 비교할 필요가 있다. 번역의 차이로 해석의

차이가 많이 나는 중요한 부분이다. 가은 역주(2004): 천태지자는 선정
과 지혜에 다 통하여 세상에서 존중히 받드는 바라 범부와 성현도 헤아
리기 어려운 분인데 <u>그분이 부처님의 의취가 한없음을 알면서도 그런데
도 사종으로써 경의 요지를 나누려 하고 또한 오시교로써 부처님의 의
취를 한정하려 한 것은 마치 소라로 바닷물을 길으려는 것과 같고 대롱
으로 하늘을 보려는 것과 같다 하겠다.</u>(pp.235－236); 김호귀 역(2005):
그러나 천태 대사는 선정과 지혜에 두루 달통하여 온 세상에서 존경받
는 분으로 범부와 성인이 모두 그 경지를 헤아리기 어렵다. <u>그러므로
부처님의 뜻은 심원하고 무한하다.</u> 그래서 (북방의 諸師들이 주장하는)
4종으로 팔만사천 경전의 종지를 과목 지으려 한다든가 (남방의 諸師들
이 주장하는) 五時敎로 부처님의 뜻을 한정하려는 것은 마치 달팽이 껍
데기로 바닷물을 재려는 것과 같고 대롱을 통하여 하늘을 보려는 것과
같을 뿐이다.(p.205); 이영무 역(1984): 天台 智者大師는 禪定과 지혜를
모두 통달한 분이어서 온 세상이 그를 重히 여기며 凡夫와 聖人들도
그를 헤아려 알 수 없는 분이다. <u>그가 부처님의 뜻이 深遠하기 限量없
는데도 四가지 宗의 주장으로써 經旨를 科하려 하고 또는 오시교로써
부처님의 뜻을 한정하려고 하는 것은 마치 소라(螺)로써 바닷물을 길러
보려는 격이며 대롱(管)으로써 하늘을 엿보려는 格임을 알겠다.</u>(pp.245
－246.); 이영무 역(1987): 그런데 天台智者大師는 禪定과 지혜를 모두
통달하여 온 세상이 그를 尊重하여 凡夫와 聖人들이 그를 헤아려 알
수 없는 분이다. <u>그런데도 부처님의 뜻이 深遠하기 한량이 없음을 알면
서도 四가지 宗으로써 經의 뜻을 科目하려 하고, 또는 五時의 敎로써
부처님의 뜻을 한정하려고 한 것은 마치 소라(螺)로 바닷물을 재려는
격이요, 대통(管)으로 하늘을 엿보려는 격이라 하리라.</u>(p.525); 황산덕 역
(1982): 그런데 천태지자는 참선과 지혜에 다 통하여, 세상 사람이 모두
소중히 여기며, 범부나 성인이 헤아리기 어려운 사람이다. <u>이것으로 부
처님의 뜻이 얼마나 심원하고 무한한가를 알 수 있다.</u> 그런데도 네 개
의 기본취지로 경의 뜻을 분류하고, 또한 다섯 시기로 부처님의 뜻을
한정지으려고 하는 것은, 술잔을 가지고 바닷물을 퍼내고, 붓대(管)를
눈에 대고 하늘을 엿보려는 것과 같을 뿐이다.(p.169); 한글대장경 역
(1996 2쇄): 그런데 천태지자는 선정과 지혜에[禪慧]에 다 통하여 온 세

이로써 4종설이나 5시설은 마치 바닷물을 소라로 길으려는 것과
같고 마치 하늘을 대롱으로 보려는 것과 같다고 하여 어느 교상판석
론을 세우거나 취사선택하고 한정하여 그것이 부처의 뜻[佛意]이라
고 보고 경의 뜻[經旨]이라고 보는 것을 경계하는 것이다. 이는 한
맛[一味], 하늘, 바다로 비유되는 무분별의 열반을 맛보고 체험하라

상이 소중히 여기고 범부와 성인이 헤아리기 어려운 스님이다. <u>그러므
로 이로써 부처님의 뜻은 깊고 멀어 무한함을 알 수 있다</u>. 그런데도 그
는 네 가지 종으로서 경의 뜻을 분류하고 5시(時)의 교(教)로써 부처님
의 뜻을 한정하려 하였으니, 그것은 마치 술잔으로 바닷물을 되려고 하
고 대통으로 하늘을 엿보는 것과 같을 뿐이다.(p.471); 울만 인용 한 역
(1997): 그러나 天台智者는 선정과 지혜에 통하여 온 세상이 소중히 여
기고 범부와 성인이 헤아리기 어렵다. 그러나 <u>佛意가 깊고 멀어 무한함
을 알면서도</u> 경전의 종지를 四宗으로 分科하고 또한 五時의 教로써 佛
意를 한정하려고 하는 것은, 그것은 마치 술잔으로 바닷물을 되려고 하
고 대롱으로 하늘을 엿보는 것과 같을 뿐이다.(p.32); 울만 영역(1997):
But Tientai [Master] Zhi Zhe is thoroughly conversant in meditation and
wisdom, all the world respects him, and ordinary people and sages can
hardly fathom [his thoughts]. <u>[But while] knowing this that the meaning
of the Buddha is profound and unfathomable and limitless,</u> to intend to
classify the essential meaning of the sutras into four tenets or into five
periods is to limit the meaning of the Buddha. This is rather nothing but
like drawing the seawater in top shell [or] peeping the sky through a
[bamboo－]tube.(p.268)

67) 원효, 『열반종요』, 한불전1, p.547a14－2, "如{隨}[隋]＊時天台智者, 問神
人言, '北立四宗會經意不?' 神人答言, '失多得少.' 又問, '成實論師立
五教稱佛意不?' 神人答曰, '小勝四宗猶多過失.' 然天台智者, 禪{惠}
[慧]俱通, 擧世所重, 凡聖難測, 是＊＊知佛意深遠無限, 而欲以四宗科於
經旨, 亦以五時限於佛意 是猶以螺酌海用管闚天者耳." ＊ 울만 영역 안
바꿈. ＊ 가은 역주, '是'를 '他'로 고침.

고 하는 것이라고 볼 수 있다. 원효는 부처의 뜻은 심원무한(深遠無限)하고, 부처의 가르침은 광대심심(廣大甚深)하니, 남방이나 북방에서 말하는 교상판석(敎相判釋)을 고집하지 않으면 둘 다 얻는 바가 있다고 화쟁하는 것이다. 부처 가르침의 광대심심(廣大甚深)함과 부처 뜻의 심원무한(深遠無限)함을 맛보면, 화쟁(和諍)은 따라 나오는 것이라고 할 수 있다.

논자의 인용에서, '是知……'의 '知'가 받는 부분이 각주의 번역 소개에서 알 수 있듯이, 기존의 번역 및 해석과 차이가 난다. 이 부분의 번역을 어떻게 하느냐에 따라, 천태지자에 대한 원효의 평가와 원효의 교판론을 이해하는 데 차이가 생길 수 있다. 위에서 소개한 기존 번역으로는 원효가 천태를 낮게 평가하고 심지어 조롱하는 듯한 인상을 준다. 이러한 번역은 원효가 광대심심(廣大甚深) 심원무한(深遠無限)한 부처의 뜻을 교상판석으로 제한하는 것의 문제를 제기하는데도 잘 어울리지 않고, 『열반경종요』 전체에 일관되는 화쟁에도 어울리지 않는 해석이다.

김호귀는 이 부분이 소위 남삼북칠(南三北七)의 견해에 대한 천태대사의 비판적인 입장을 대변하는 말이라고 하면서도, '是知'를 '그러므로'로 번역하여서 이와 같은 설명의 말을 확인하는 번역이 되어야 하는데, 그렇지는 못하다. 어쨌든 김호귀는 원효의 뜻이 천태지자를 비난하는 것이 아니라는 논자의 입장과 일치하는 점을 밝히고 있다.[68]

'천태지자가 선정과 지혜에 모두 통달하고 세상 사람들이 모두 존중하는 분이며 범부 성인 모두가 헤아려 알기 어려운 분'이라는 점

---

68) 김호귀, 『원효 열반경종요』, 석란, 2005, p.205 참조.

은 일치한다. 그래서 천태지자가 '부처의 뜻의 심원무한함을 안다'고 하는 것까지 일치한다. 그런데 여기서 '안다'는 말이 여기까지 받는 것보다, 그 아래 전체를 다 받는 것이 문맥에 잘 맞는다고 생각된다. 우선 그다음 구절이 '경의 뜻을 네 가지로 나누고 부처의 뜻을 오시로써 한정하려는 것'의 주체가 '유규'와 '북방사(北方師)'이지 천태지자가 아니다. 그 앞에서[69] 이미 2교(敎) 오시설(五時說)은 남방의 유규(劉虬)로 대표되는 교판론이고, 사종설은 지자라 하지 않고 북방사(北方師)의 설로 소개하고 있다.

그리고 지자대사가 신인에게 북방과 남방의 교판설이 부처의 뜻에 부합하는지 묻고, 북방의 사종설에 대해서는 잃는 것이 많고 얻는 것이 적다는 대답을 듣고, 남방의 오시설은 북방의 사종설보다 약간 낮지만 그래도 과실이 많다는 대답을 듣고 있음을 원효가 소개하고 있는 것이다. 이는 원효가 지자대사는 남방의 사종설이 잃는 것이 많고 북방의 오시설이 과실이 많다는 점을 이미 알고 있다고 소개하는 것이다. 기존 번역대로 하면 사종설과 오시설의 주체를 지자대사로 해석하는 것이 된다. 유규로 대표되는 4종설과 북방사의 5시설이 불의(佛意)를 한정하려는 것이 '마치 소라로 바닷물을 뜨거나 대롱으로 하늘을 엿보는 것과 같을 뿐임'을 천태지자가 '안다'고 해석하고 있다. 이는 불의(佛意)가 한정될 수 없는 것을 놓치면 안 된다는 것을 강조하는 것이며, 천태지자를 존경하는 이유를 천태지자가 아는 부처 뜻의 세계로 부드럽게 유도하면서 뜻을 강조해서 드러낸 것이라고 해석할 수 있다.

---

69) 원효, 『열반종요』, 한불전1, p.546b13, "武都山　隱士　劉虬" p.546c02 "南方　諸師" "北方師" 참조.

　결론적으로 『열반경』의 위치에 대한 견해는 물론이고 다른 여러 경전들의 위치에 대한 평가보다 원효는 부처의 가르침 자체에 귀 기울이라고 말하는 것이라고 볼 수 있다. 부처의 가르침은 광대심심 심원무한하며 열반을 가리키는 것이라고 할 수 있다. 원효는 열반을 설한 인연이든 『열반경』의 본뜻이든 『열반경』의 위치든 모두 부처의 본뜻이자 부처의 가르침인 열반에 귀 기울이라고 요구하고 있다. 이와 같은 열반의 체험이 모든 차별을 평등무이(平等無二)하게 볼 수 있도록 해 주며, 그때 비로소 모든 것이 조화롭게 어울리는 것임을 스스로 깨우치게 되는 것이다.

Ⅲ. 열반 자체

앞 장에서 우리는 열반은 길 없는 길이며 원효가 『열반경』을 설한 인연에 관한 설명들이건 『열반경』의 본뜻에 대한 설명들이건 『열반경』의 위치에 대한 설명들이건 부처의 뜻이자 가르침인 열반에 기준을 두고 열반으로부터 이설들을 조화롭게 하고 있음을 살펴보았다. 본 장에서는 이와 같은 설명을 이어받아 '열반'에 대한 세부적인 논의와 설명들을 좀 더 살펴볼 것이다. 열반에 대한 세부적인 논의 속에도 다양한 설명이 가능하며 설명들이 때론 다르게 보여 다툼으로 비춰지기도 한다. 원효가 이 이설(異說)들을 어떻게 조화롭게 하는지 살펴볼 것이다.

제1절에서는 열반의 이름과 뜻에 대한 설명을 하고, 제2절에서는 열반 체(體)의 성(性)·상(相) 논의, 그리고 제3절에서는 두 가지 열반의 설명을 차례대로 살필 것이다.

제1절 열반의 이름과 뜻에 대한 설명에서는 '니르바나'라는 말의 '번역가능성과 번역불가능성'에 대한 설명과 그 이설들을 어떻게 조화롭게 하는지와 '열반'의 보임—말 대멸도(大滅度)의 뜻풀이와 이에 대한 이설들을 어떻게 조화롭게 하는지를 살펴볼 것이다. 제2절 열반의 체(體)의 성(性)·상(相) 논의에서는 '열반은 허(虛)한가, 실(實)한가? 실유(實有)인가, 무(無)인가? 공(空)인가, 불공(不空)인가?'를 다룬다. 그리고 제3절 두 가지 열반의 설명에서는 성정열반(性淨涅槃)과 방편괴열반(方便壞涅槃)을 밝히고, 나중은 유여열반(有餘涅槃)과 무여열반(無餘涅槃)의 뜻을 새긴 후, 이 여러 다른 열반이 어떻게 부처의 한 뜻의 다른 표현들이라고 화쟁되는지 새길 것이다.

1. 열반의 이름과 뜻[1)]

　‘열반’에 대한 다음의 설명은 현대의 ‘알기 쉬운 불교’ 시리즈의 『열반경』[2)]에 나온 설명을 정리한 것이다. 이와 같은 설명을 통해 우선 ‘열반’에 대한 개략적인 이해를 할 수 있다. 이 개략적인 설명을 보고 난 다음, 원효의 자세한 설명을 이해하며 그 의미를 살펴보고자 한다.

　『열반경』의 정식 이름은 『대반열반경』이다. 이 이름은 산스크리트의 ‘마하 파리니르바나 수트라(Mahā‒parinirvāna‒sūtra)’, 팔리어의 ‘마하 파리닙바나 스탄타’를 번역한 것이다. ‘마하’(mahā)는 ‘크다’는 뜻으로 ‘대(大)’로 의역되고, ‘파리’(pari)는 ‘완전’의 뜻으로 ‘반(槃)’으로 음역되거나, ‘원(圓)’으로 의역된다. ‘니르바나’(nirvāṇa)의 ‘니르’는 부정사이고, ‘바나’는 ‘불다’의 뜻이다. 그래서 ‘니르바나’는 ‘불어서 없앤다[끈다]’는 뜻이다. 그래서 ‘니르바나’의 음역이 ‘열반(涅槃)’·‘니원(泥洹)’·‘니왈(泥曰)’·열반나(涅槃那)·열례반나(涅隸槃那)·니박남(抳縛南)·목닉박구남(目匿縛口男)이고, ‘니르바나’의 의역이 ‘멸(滅)’ ‘적(寂)’ ‘적멸(寂滅)’ ‘멸도(滅度)’ ‘무생(無生)’ 등이다. ‘수트라(sūtra)’의 의역은 ‘경(經)’이다. ‘마하 파리니르바나’는 ‘대반열반’이라 하는데 우리말로 의역하면, 즉 ‘크고 두루두루 고요함’으로 해석할 수 있으며, ‘(타오르는 번뇌를) 불어 없애 고요함이 크고

---

1) 이 부분은 졸고 「元曉의 涅槃論 小考 ― 元曉의 『涅槃宗要』에서 열반의 이름과 의미를 중심으로 ―」(『인문학 연구』 제9집, 한국외국어대학교 인문과학연구소, 2005)를 수정·보완한 것이다.

2) 다무라 요시로 지음, 『열반경』, 이원섭 옮김, 현암사, 2001 개정2판.

두루 두루함'을 뜻한다고 할 수 있다. 이는 궁극적으로 고요한 깨달음의 경지를 나타낸다. 그러므로 불교의 근원적 특색인 삼법인[諸行無常·諸法無我·涅槃寂靜] 또는 사법인[諸行無常·諸法無我·涅槃寂靜·一切皆苦]에 열반적정(涅槃寂靜)이 들어간다.3)

1) '니르바나'라는 말의 번역가능성과 번역불가능성

원효는 '니르바나'를 번역할 때 같지 않은 여러 가지 주장들이 있음을 전제하고, 크게 두 가지로 나누어 설명한다. 첫째, '니르바나'라는 말은 그 뜻을 '번역할 수 없다'와 둘째, '니르바나'라는 말은 그 뜻을 '번역할 수 있다'로 나누어 설명한다. 그 내용들을 살펴보면 아래와 같다.

'니르바나'를 '열반'이라 번역하는 것은 가능한가? '니르바나'의 번역가능성에 대해 두 가지 답이 가능하다. 하나는 '니르바나'를 번역할 수 있다는 입장이고, 다른 하나는 '니르바나'를 번역할 수 없다는 입장이다. 두 입장은 양립불가능한 것처럼 보인다. 번역 가능하지 않다면 번역 가능하다고 주장하는 것은 옳지 않다. 원효는 이러한 문제를 어떻게 풀어나가는지를 살펴볼 것이다.

(1) '니르바나'를 번역할 수 있음

다음은 '니르바나'를 '번역할 수 있다'는 주장을 살펴볼 것이다. 원효는 '니르바나'의 번역어 중 하나인 '멸도(滅度)'를 중심으로 '번

---

3) 같은 책, pp.13－14. 참조.

역할 수 있다’는 주장을 설명한다. 원효는 『법화경』에서 ‘니르바나’의 상황을 아래의 게송에서 ‘멸도’라 하고 있고, 『열반경』의 두 번역본에서 각각 ‘열반(涅槃)’[원효 당시 ‘니르바나’를 음사한 말로, 지금 ‘니르바나’라고 쓰는 것과 같다]과 ‘멸도’를 같은 상황에 대한 번역어로 각각 사용하고 있음을 제시하여 확인한다.

원효는 『법화경』에 “여래께서 오늘 밤에 ‘무여열반(無餘涅槃)’에 드실 것이다”4)와 이 문구에서 얼마 안 가 이어지는 게송 “부처님은 오늘 밤에 ‘멸도(滅度)’하실 것이니, 섶이 다해 불이 꺼지는[滅] 것과 같다”5)를 인용해 비교하면서, ‘무여열반’이라는 말과 ‘멸도’라는 말이 동일한 사태를 지칭하는 말로 쓰이고 있음을 확인한다.

두 번째로 원효는 36권짜리 남본(南本) 혹은 40권짜리 『대반열반경(大般涅槃經)』의 처음에 “그 무리의 소리에 따라 널리 중생들에게 알리기를, ‘오늘 여래께서 열반에 들려하신다’”6)와 동진(東晉) 때 법

---

4) 원효, 『열반종요』, 한불전1, p.526a11－12, “如來於今日中夜{入}當[入]無餘涅槃.”; 구마라집 역, 『묘법연화경(妙法蓮華經)』, 대정장9, p.04b01－02, “如來於今日中夜. 當入無餘涅槃.”

5) 원효, 『열반종요』, 한불전1, p.526a12－13, “佛此夜滅度, 如薪盡火滅.”; 『묘법연화경』, 대정장9, p.05a21.

6) 원효, 『열반종요』, 한불전1, p.526a13－14, “隨其類音普告衆生, 今日如來將欲涅槃.”; 혜엄 역, 『대반열반경』(36권), 대정장12, p.605a11－14에는 “隨其類音普告衆生. 今日如來應供正遍知. 憐愍衆生覆護衆生. 等視衆生. 如羅睺羅. 爲作歸依爲世間舍. 大覺世尊將欲涅槃.”라고 되어 있음. 원효는 “應供正遍知. 憐愍衆生覆護衆生. 等視衆生. 如羅睺羅. 爲作歸依爲世間舍. 大覺世尊”을 생략하여 인용함. 담무참 역, 『대반열반경』(40권), 대정장12, p.365c10－13, “隨其類音普告衆生. 今日如來應正遍知. 憐愍衆生覆護衆生. 等視衆生如羅羅. 爲作歸依屋舍室宅. 大覺世尊將欲涅槃.” 참조.

현(法顯)이 번역한 6권짜리 첫 한역 『열반경』인 『대반니원경(大般泥洹經)』에서 이곳에 해당하는 글인 "크게 깨쳐 고요하고 위대하신 석가모니 존귀한 분께서 중생들에게 알리되 '이제 마땅히 멸도(滅度)하실 것이다'"[7]를 인용하여 비교한다. 여기서 '열반'과 '멸도'라는 말이 동일한 사태를 가리키고 있음을 확인한다. 그리하여 경전을 근거로 '멸도'가 '니르바나'를 번역한 말임을 확인한다.

이와 같이 원효는 『법화경』과 법현의 6권 『열반경』에서 '멸도(滅度)'라고 한 것이 바로 남본 36권 『열반경』의 '니르바나[열반]'의 번역어이며, 『법화경』의 '무여열반'의 번역어임을 알 수 있다는 것을 보여주었다.

(2) '니르바나'를 번역할 수 없음

다음으로 '번역할 수 없다'는 주장을 살펴볼 것이다. 번역을 할 때 보통 한 가지 번역어만을 골라서 번역하게 되는데, '니르바나'라는 원어에는 여러 의미들이 있다. 그런데 한자말로 번역하게 되면 한자말에 맞는 의미로 치우치게 되어 '니르바나'라는 말과는 딱 맞을 수가 없다. 이 때문에 한 가지 이름만으로는 번역할 수 없게 되고, 그렇기 때문에 '번역할 수 없다.'[8]

원효는 이 설명의 논거로 『열반경』 제22품 '덕왕보살품' 제7공덕

---

7) 원효, 『열반종요』, 한불전1, p.526a15-16, "{悟悷}[恬淡]寂滅大牟尼尊告諸衆生, 今當滅度."; 법현 역, 『대반니원경(大般泥洹經)』, 대정장12, p.853a12-13, "恬淡寂滅大牟尼尊. 告諸衆生今當滅度."

8) 같은 책, p.526a-b 참조.

문 구절을 인용한다.9)

> "①열(涅)은 불(不)이다. 반(槃)은 사라짐[滅]이다. 사라지지 않는
> 다[不滅]는 뜻으로 열반이라 이름하는 것이다."10)

여기서 『열반종요』의 원문은 '멸(滅)'을 '식(識)'이라 했고, 『열반경』의 원문은 '멸(滅)'이라 했다. 원효가 멸을 식으로 일부러 바꾼 것인지, 아니면 실수를 한 것인지, 아니면 전해지는 과정에서 오기(誤記)가 된 것인지 확정적으로 알기는 어렵지만, 문맥에 맞추어 추론해 볼 수 있을 것이다.11) 어느 경우든 각각의 경우 그 뜻이 무엇인지를 생각해 볼 수 있을 것이다. 의미상으로 불식은 '알지 못한다', 불멸은 '사라지지 않는다'는 뜻이다. 그런데 번뇌의 불꽃이 사라지고 '지혜가 사라지지 않는 것'이 열반이다. 그러나 열반 자체를 대상화해서 알 수 있는 것이 아니다. 그래서 '알지 못한다'고 해석해서 바꾸어 쓴 것이라고 생각할 수 있다. 따라서 각각의 입장이 그 나름대로 열반의 뜻을 담고 있다고 할 수 있다.

---

9) 같은 책, p.526a20-b02; 혜엄 역, 『대반열반경』, 대정장12, p.758c18-23, "涅者言不. 槃者言滅. 不滅之義名爲涅槃. 槃又言覆. 不覆之義乃名涅槃. 槃言去來. 不去不來乃名涅槃. 槃者言取. 不取之義乃名涅槃. 槃言不定. 定無不定乃名涅槃. 槃言新故. 無新故義乃名涅槃. 槃言障礙. 無障礙義乃名涅槃."

10) 원효, 『열반종요』, 한불전1, p.526a20-21, "涅者<言>不, 槃者<言>{識}[滅], 不{識}[滅]之義名爲涅槃"

11) 가은 역주(p.43), 이영무 역(p.42), '識'을 '滅'로 바꿈. 한글대장경(p.467), 울만 영역(p.133) '滅'로 해석함. 황산덕 역(p.28) '識'으로 해석함. 김호귀 역(p.22), '滅'로 의심함.

　　"②반(槃)은 무너짐[覆]이다. 뒤집히지 않는다[不覆]는 뜻으로 이
에 열반이라 이름하는 것이다."12)

　　여기서는 복(覆)을 부(覆)로도 읽을 수 있고, 이때 뜻이 달라진다.
그래서 이 점을 짚어보면, 무너지거나 뒤집히는 것은 복(覆)이고, 가
려 덮는 것은 부(覆)이다. 번뇌는 무너지거나 뒤집히고, 열반의 지혜
는 무너지거나 뒤집히지 않으니 열반은 뒤집히지 않는 의미의 불복
(不覆)이요, 번뇌로 가려 덮이지 않으니, 불부(不覆)가 된다. 그래서
불복(不覆)으로 읽어도, 불부(不覆)로 읽어도 그 뜻이 각각 얻는 바
가 있다고 할 수 있다. 이와 같이 다른 것 같지만 각각 열반의 뜻을
나타낸다고 할 수 있다. 다르면서도 서로 통하여 다르지 않다고 할
수 있다.

　　"③반(槃)은 가고 옴[去來]을 말한다. 가지도 않고 오지도 않는다
[不去不來]는 뜻으로 열반이라 이름하는 것이다. ④반(槃)은 취(取)
를 말한다. 취하지 않는다[不取]는 뜻으로 이에 열반이라 이름한다.
⑤반(槃)은 결정되지 않음[不定]이다. 결정코[定] 결정되지 않음이
없다[無不定]는 뜻으로 이에 열반이라 이름한다. ⑥반(槃)은 새로움
과 오래됨[新故]을 말한다. 새로움과 오래됨이 없다[無新故]는 뜻으
로 이에 열반이라 이름한다. ⑦반(槃)은 장애(障碍)를 말한다. 장애
가 없다[無障碍]는 뜻으로 이에 열반이라 이름한다."13)

---

12) 원효, 『열반종요』, 한불전1, p.526a21−22, "槃〈又〉言覆, 不覆之義乃名
涅槃"

13) 같은 책, p.526a22−b02, "槃言去來, 不去不來乃名涅槃, 槃者言取, 不
取之義乃名涅槃, 槃{者}[言]不定, 〈定〉無不定{義}乃名涅槃, 槃言新故.
無新故義乃名涅槃, 槃言障礙, 無障礙義乃名涅槃."

원효는 또 아래의 글을 인용한다.

"선남자여, ⑧반(槃)은 있음[有]을 말한다. 있음이 없다[無有]는 뜻으로 이에 열반이라 이름한다. ⑨반(槃)은 화합(和合)을 이름한다. 화합이 없다[無和合]는 뜻으로 이에 열반이라 이름한다. ⑩반(槃)은 고(苦)를 말한다. 고가 없다[無苦]는 뜻으로 이에 열반이라 이름한다."14)

원효는 이렇게 열반을 괴로움이 없고[無苦], 화합이 없고[無和合], 있음이 없고[無有], 장애가 없고[無障礙], 새로움과 오래됨이 없고[無新故], 결정되지 않음이 없고[無不定], 취하지 않고[不取], 가지도 않고 오지도 않으며[不去不來], 뒤집히지 않고[不覆], 사라지지도 않는다[不滅]는 10가지를 인용하면서 "위 아래로 그 수가 많으니, 한 가지 말로 번역해서는 안 됨을 알아야 한다"15)고 하여 '니르바나'를 번역할 수 없다는 설명을 소개한다.

(3) '니르바나'의 번역가능과 번역불가능 모두 얻을 게 있고 잘 통함

앞에서 본 것처럼 원효는 '번역할 수 있다'는 주장의 근거를 『법화경』 그리고 『열반경』의 구역과 신역에서 인용하여 제시하고, '번

---

14) 같은 책, p.526b02−05, "善男子, 槃者言有, 無有之義乃名涅槃, 槃{者}名{爲}和合, 無和合義乃名涅槃, 槃者言苦, 無苦之義乃名涅槃."; 혜엄 역, 『대반열반경』, 대정장12, p.758c25−27, "善男子. 槃者言有. 無有之義乃名涅槃. 槃名和合. 無和合義乃名涅槃. 槃者言苦. 無苦之義乃名涅槃."

15) 원효, 『열반종요』, 한불전1, p.256b05−07.

역할 수 없다'는 주장에 대해서도 『열반경』에서 그 근거를 제시한다. 그런데 이와 같이 상반되는 두 주장이 모두 동일한 경전에 근거를 가지고 있으므로 이 문제를 해결하지 않을 수 없다. 다음에서 이에 대해 원효가 스스로 문제를 제시하고 어떻게 해결하는지 살펴볼 것이다.

(가) 번역할 수 없다는 주장에 대한 설명: 통(通)

'번역할 수 없다'는 주장을 하면, 위에서 인용하였듯이 경에 '니르바나'의 뜻을 번역한 것이 있는데, 어째서 번역할 수 없다고 하는가의 문제가 생긴다. 이 문제를 어떻게 해결[通]할 수 있는가? 즉 『대반열반경(大般涅槃經)』 권1에 "그 무리의 소리에 따라 널리 중생들에게 알리기를, 오늘 여래께서 열반에 들려하신다"라고 하였다. 원효는 경전의 이 말에 근거해 "벌이나 개미는 물론이고 이 세상 모든 존재자의 양태의 소리[六道之音]에 따라, '열반'이라는 이름을 번역할 수 있는데, 어째서 '이 나라 말'[此國語: 漢文을 말함]만 유독 번역할 수 없다고 하는가"16)라고 반문한다. 또 법현이 같은 곳을 "이미 '멸도'라고 번역하고 있는데, 어째서 번역할 수 없다고 하는가"17)라고 원효는 반문한다.18)

이에 대해 니르바나를 '번역할 수 없다'는 주장은 '한 가지 말로 대체될 수 없으므로 번역될 수 없다'는 것으로 보고 이에 대해서,

---

16) 원효, 『열반종요』, 한불전1, p.526b09-11, "豈隨蜂蟻六道之音, 得翻涅槃之名, 而獨不得此國語翻?"

17) 같은 책, p.526b011-12, "旣翻云之滅度, 豈可得云不能翻耶?"

18) 같은 책, p.526b7-12 참조.

자신의 근기에 따라서 니르바나를 알아듣고 이해하는 중생의 여러 가지 말로 번역할 수 있다고 한다. 다시 말해 일대일 대응의 번역은 아니더라도 알아듣는 만큼 알아듣는 말로 번역될 수 있다고 하면 통할 수 있다는 방식으로 해결한다. 예를 들어 '멸도'는 당시 한자를 사용하는 중생들이 자신의 근기에 따라 알아듣는 소리라고 할 수 있는 것이다. 그래서 원효는 "열반이란 이름의 여러 뜻 가운데 한 가지만을 들어서 '멸도'라고 한 것이고, 이러한 뜻에 의해서 널리 중생들에게 일러 준 것이다. 열반의 이름이 단지 '멸도'로만 번역되는 것은 아니다"[19]라고 이해하면, 이 어려운 문제는 잘 해결[通]될 것이라고 하는 것이다.[20]

(나) 번역할 수 있다는 주장에 대한 설명: 불상위(不相違)

'번역할 수 있다'는 주장은 『열반경』 제22품 '덕왕보살품'의 다음과 같은 구절에서 생길 수 있다고 한다. 즉 "만일 '멸도'가 '열반'이 아니라고 하면, 어찌하여 여래께서 스스로 3개월을 정하여 마땅히 열반에 들 것이라고 하였습니까?"[21]라는 구절과 또 제23품 '사자후품'에서 "모든 번뇌의 불이 꺼졌다. 그러기에 멸도라 이름하는 것이요, 각관(覺觀)을 여의었기 때문에 그러므로 열반이라 이름한다."[22]

---

19) 같은 책, p.526b12-15, "涅槃之名, 多訓之內, 且取一義. 翻爲滅度, 卽依此訓, 普告衆生, 非謂其名只翻滅度."

20) 같은 책, p.526b12-15 참조.

21) 같은 책, p.526b16-18, "若使滅度非涅槃者, 何故如來自期三月當般涅槃."; 혜엄 역, 『대반열반경』, 대정장12, p.757c06-07.

22) 같은 책, p.526b18-19, "諸結火滅, 故名滅度, 離覺觀故, 故名涅槃"; 혜

에서 "만일 멸도가 열반이 아니라 하면, ……"과 같이 멸도와 열반을 각각 쓰고 있는데, 이는 일대일로 대체되어 쓰인 직접적 번역은 아니라고 할 수 있다. 그래서 멸도와 열반이 서로 다른 의미가 아닌가 하는 문제가 생길 수 있다. 또 두 번째 글에서도 마찬가지다. 즉 멸도는 번뇌의 불이 꺼진 것이고, 열반은 거칠든 세밀하든 모든 분별심을 여의었음을 의미하여 미세한 차이가 있지 않느냐 하는 문제이다. 그러나 이에 대해 원효는, 번역가가 혼돈되지 않도록 하기 위해, 한자의 '멸도(滅度)'와 범어 니르바나의 음사인 '열반(涅槃)'을 각각 쓴 것이라고 설명한다. 그렇기에 '서로 어긋나지 않는다'[不相違]라고 설명한다.23)

(다) 두 설명의 옳고 그름: 실득(悉得) − 선통(善通)

앞에서 원효는 니르바나가 일대일 대응되는 말로 번역될 수는 없으나 중생의 근기에 따라 알아듣고 여러 가지 말로 번역되고 '통'할 수 있다고 하는 것이다. 또 열반과 이에 대한 번역어인 멸도의 뜻이 다소 차이가 있지만 이는 번역가가 스스로 의식하고 번역해서 쓰고 있는 것이기 때문에 '서로 어긋나지 않는다'고 하였다. 그런 뒤에 다시 '어느 것이 옳고 어느 것이 그른가?'라고 문제를 제기한다. 원효는 어떤 사람을 내세워 '두 설명이 모두 옳다'고 한다. 그 이유는 경전의 문구를 그 근거로 삼았기 때문이라고 한다.

원효는 말에 대해 깊은 통찰력을 보여준다. 니르바나를 예로 들어,

엄 역, 『대반열반경』, 대정장12, p.794b27−28.
23) 같은 책, p.526b15−c02 참조.

말에는 말이 담는 뜻과 다 담지 못하는 뜻이 있다고 본다. 즉 '니르바나'에는 두 가지 측면이 있는데, 하나는 숨김-말, 밀어(密語)요, 하나는 보임-말, 현료어(顯了語)이다. '밀어(密語)'는 비밀의 뜻이 담긴 말로서 그 말 안에는 진리를 표상하기 위하여 언어를 사용하기는 하지만 언어로 다 표현할 수 없는 '숨겨진' 많은 뜻이 들어 있다. '현료어(顯了語)'는 어떤 일의 모양을 통하여 그 속에 있는 진리를 표상하는 말로서, 예를 들면 석가모니 부처님이 성도(成道)한 일의 모양을 통해 열반을 '보이는' 말이다. 그래서 보임-말, 현료어의 뜻으로 보면, '열반'을 '멸도'라고 바로 번역할 수 있다. 그리고 숨김-말, 밀어의 뜻으로 보면 '열반'에는 여러 가지 뜻이 있다. 따라서 번역할 수 없다. 이런 도리로 원효는 '두 설명이 모두 얻는 것이 있다'고 한다.24)

위의 해결 방식으로 니르바나의 번역 가능과 불가능의 문제들을 다시 풀어보면, "그 무리의 소리에 따라 널리 중생에게 알린다"25)처럼 그 속의 진리를 드러내는 보임-말, 현료어의 뜻으로 열반을 올바로 번역할 수 있다. 즉 중생의 근기에 따라 각각이 각각 알아듣도록 할 수 있는 것이다. 또 숨김-말, 밀어의 뜻으로 보면, 열반은 여러 가지의 뜻을 담고 있다. 가령 '멸도'를 현료어의 뜻으로 보면, '죽음[死]'이 '멸도'이지만, '열반이 아니다'를 밀어의 뜻으로 보면, '사라지지 않는다[不{識}[滅]26)]'의 뜻이 포함되는 것이다.27)

---

24) 같은 책, p.526c03－07 참조.

25) 같은 책, p.526c08－09, "隨其類音普告衆生."

26) 이영무 역(p.47), 가은 역주(p.47), 한글대장경(p.409), 울만 영역(p.138) '識'을 '滅'로 바꾸고 해석함. 황산덕 역(p.30) '識'으로 해석함.

원효는 만일 '죽어서 멸한다는 멸도'28)의 뜻이 '멸하지 않는다는 열반'29)의 뜻이 아니라고 한다면, 무엇 때문에 '불멸의 이름'으로 스스로 3개월의 기한을 정해 열반에 들리라 하였겠는가라고 반문한다. 이는 먼저 보리수 아래에서 도를 이루었을 때에 이미 '불멸의 열반'을 얻었지만, "번뇌가 있어야 비로소 생사를 멸하기"30)때문이라고 한다. 원효는 '사자후보살품'에서 "모든 번뇌의 불이 꺼졌기 때문에 멸도라고 이름한다"31)라고 하는 것은 현료어(顯了語)로서의 멸도이고, "각관을 여의었기 때문에 열반이라고 이름한다"32)는 것은 밀어(密語)로서의 고통이 없다는 뜻을 취한 것이라고 한다. 고통이 없는 까닭은 "부처가 무여열반에 들었을 때에 고통의 과보가 다 없어져서 비로소 각관의 분별심을 여의기 때문"33)이라고 한다. 원효는 이런 뜻으로 여러 좋은 설명이 '통'하는 것이라고 한다.34)

이처럼 원효는 대립되는 설명들이 '통(通)'하도록 하고 있다. 그 '통'함은 설명들 간의 표면적 양보를 통해서 이루어지는 것이 아니

---

27) 원효, 『열반종요』, 한불전1, p.526c10−12, "若使滅度者, 擧顯了語, 死滅度也. 非涅槃者, 取密語內不識義也." 참조.

28) 같은 책, p.526c12, "死滅之滅度"

29) 같은 책, p.526c12−13, "不滅之涅槃"

30) 원효, 『열반종요』, 한불전1, p.526c10−11. "要有煩惱乃{識}[滅]生死."

31) 원효, 『열반종요』, 한불전1, p.526b18−19, "諸結火滅故名滅度."; 혜엄 역, 『대반열반경』(36), 대정장12, p.794b27.

32) 원효, 『열반종요』, 한불전1, p.526b19, "離覺<觀>故, 故名涅槃"; 혜엄 역, 『대반열반경』(36), 대정장12, p.794b27−28, **離覺觀故, 故名涅槃**

33) 원효, 『열반종요』, 한불전1, p.526c18−19, "入無餘時, 苦報滅已, 方離覺{覺}[觀]分別心故"

34) 같은 책, p.526c12−20 참조.

라, 설명들 각각이 나타내는 바의 본래 목적과 의도의 일치, 동일성을 꿰뚫어 봄으로써 이루어진다는 데 그 특징이 있다고 할 수 있다.

또한 화쟁(和諍)을 원효 철학의 축이자 특성인 일심이문(一心二門)과 관련지어 생각해 볼 수 있다. 일심과 심진여문 심생멸문이 서로가 서로를 총섭하듯이, 화(和)·쟁(諍)·화쟁(和諍)은 각각 서로 총섭한다고 할 수 있다. 왜냐하면 화(和)는 이미 화(和)할 전제로 쟁(諍)이 있어야 하며, 쟁(諍)은 다툴 만한 동일성의 전제로 화(和)를 요구하기 때문이다. 화(和)에는 쟁(諍)이 전제되어 있으며, 따라서 저절로 화쟁(和諍)도 함께 속해 있게 된다. 그리하여 화(和)가 쟁(諍)·화쟁(和諍)을 총섭하고 있는 것이며, 각각 다른 것도 마찬가지라고 할 수 있다.

또 '니르바나'라는 말의 '숨김[密]'의 뜻과 '보임[顯]'의 뜻도 마찬가지로 대응해서 생각할 수 있을 것이다. 니르바나는 일심(一心)에, 숨김은 심진여문(心眞如門)에, 보임은 심생멸문(心生滅門)에 각각 대응하면서 서로 각각 총섭한다고 할 수 있을 것이다.

이쟁(異諍) 간의 통(通)이 화쟁을 가능하게 한다고 할 수 있다. 원효는 『열반경종요』의 이 부분에서 아직은 '회통(會通)'35)의 용어를 사용하지 않고 있으나, '통'이 '회통'의 의미와 통함을 감지할 수 있다.

그는 니르바나 번역문제의 갈등을 니르바나가 갖는 두 가지 뜻으로 해결한다. 즉 숨김[密]의 측면과 보임[顯]의 측면이 있는데, 밀어

---

35) 원효, 『열반종요』, 한불전1, p.537c23, p.543c15, p.543c21, p.544a09, p.544b03에 모두 다섯 번 '회통(會通)' 용어가 나온다. 원효는 『열반종요』의 뒷부분의 '불성문'에서 불성의 뜻을 여섯 가지로 나누어 밝히는데, 그 가운데 여섯 번째가 회통문이다.

(密語)의 측면으로는 니르바나를 번역할 수 없다고 할 수 있고, 현료어(顯了語)의 측면으로는 니르바나를 번역할 수 있다고 할 수 있다. 두 주장이 모두 얻는 바가 있어[二說悉得]36) 통한다[通]37)는 것이다. 이를 특징적으로 표현하자면 실득(悉得) - 통(通) - 화쟁(和諍)이라 할 수 있지 않을까.

2) 대멸도(大滅度)

원효는 '열반'이 보임 - 말, 현료어(顯了語)로서의 뜻으로 풀면 '대멸도(大滅度)'라 하고 대(大)와 멸(滅)과 도(度)의 뜻을 각각 설명한다. 원효는 대(大)에는 여섯 가지 뜻이 있고 '멸(滅)'에는 네 가지 뜻이 있으며 '도(度)'에 대략 두 가지 뜻이 있다고 한다. 대(大)는 넓음[廣], 길음[長], 깊음[深], 높음[高], 많음[多], 훌륭함[勝] 등 여섯 가지로 예를 들어 설명되고 멸(滅)은 사물이 멸하는 사멸(事滅), 이치가 멸하는 이멸(理滅), 공덕이 멸하는 덕멸(德滅), 선택이 멸하는 택멸(擇滅)로 나누어 설명된다. 그리고 도(度)를 '끝까지 다함'[究竟]과 '언덕에 이름'[到岸]이라는 뜻으로 설명한다. 그런데 이렇게 열반의 보임말인 대멸도(大滅度)의 뜻풀이를 살펴보면, 열반의 보임말을 설명

---

36) 같은 책, p.526c07.

37) 원효는 다른 곳에서 '善通'이라는 표현도 쓴다.(같은 책, p.526c10) 가은 역주의 이곳에 해당하는 원문을 아무 설명 없이 "諸說善通也"로 바꾸어 표기하고 있다. 이영무 역은 글의 흐름에 따라 "諸說善通也"로 정정한다고 하고 있다. 한불전이나 대정장, 필사본 모두 "諸善說通也"이다. 필사본, p.14b19 - c01 참조; 대정장38, p.241a11 참조; 한불전1, p.526c20 참조; 가은 역주 p.48 참조. 이영무 역, p.48 참조.

하고 있으나 숨김말의 측면이 완전히 제거될 수 없음을 알 수 있다.

 (1) '대(大)'의 '앞서는 것이 없다'는 뜻

 원효는 '대(大)'는 '앞서는 것이 없다[莫先]'고 말하면서, 그 출처를 밝히지 않은 어떤 옛 사람[38]의 해석을 먼저 인용한다. 즉 "앞서

---

38) 여기서 '옛 사람'은, 『열반경집해(涅槃經集解)』(대정장37, p.377b15)를 들어 축도생(竺道生, 355-434)을 가리킨다고 지적하는 일본 학자가 있다. 그러나 그 자신도 원효가 축도생의 설을 따르는 것은 아니라고 하였듯이, 그 앞뒤 문맥과 여기 원효의 문맥은 많은 부분 같지 않다. 원효의 이 부분 글과 『열반경집해(涅槃經集解)』(대정장37, p.377b15)의 첫 쪽인 377쪽을 중간 단까지만 읽고 비교하면 둘의 연관성이 없다고 할 수 있다. 논자는 木村宣彰이 옛 사람을 '막선'이라는 용어를 원효가 같이 쓴다는 이유 하나만으로 축도생이라고 단정한 것은 성급하다고 생각한다. 원효의 다른 부분에서도 인용되고 있는지 검토해야 할 것이다. 그리고 원효가 책이름이나 사람이름을 인용하지 않고, '어떤 사람이 말하기를' 혹은 '옛 사람이 말하기를'이라고 하면서 문장을 인용할 때, 원효 말 그대로 받아들이면, 전해져 오는 옛 사람의 이야기나 잘 알려지지 않은 지혜로운 은자(隱者)의 이야기를 가리키는 것이거나, 또 자기 생각을 들어 말하는 경우가 많다. 원효 말 그대로를 따르든, 두 책의 그 앞뒤 문맥의 차이를 보든, 여기서의 옛 사람이 축도생이라고 단정하기에는 논거가 충분하지 않다. 가은 역주에서는 '옛 사람'이 『대반열반경현의(大般涅槃經玄義)』(대정장38, p.01c15-19)를 들어, 대량(大亮)이고, 그가 곧 승량(僧亮)이라고 한다. 가은 역주, 『교정국역 열반경종요』, 혜봉상영 감수, 원효사상실천승가회, 불기2548년(2004), p.48 각주 109) 참조; 木村宣彰, 「원효대사의 열반사상」, 장휘옥 譯, 『元曉의 佛敎思想 Ⅰ ─ 唯識·涅槃思想·敎判觀 ─』, 元曉硏究論選集 13, 中央僧伽大學 佛敎史學硏究所, p.234 주15), p.211 주17) 참조.; 寶亮, 『涅槃經集解』, 대정장37, 377b10-16, "道生曰. 夫眞理自然. 悟亦冥符. 眞則無差. 悟 豈容易. 不易之體. 爲湛然常照. 但從迷乖之. 事未在我耳. 苟能涉求. 便

는 것이 없다는 뜻은 훌륭함을 해석할 때에 이보다 앞서는 것이 없다는 뜻이지, 시간적으로 앞서는 것이 없다는 것은 아니다"39)라고 한다. 다음으로 원효는 경에서 인용하는 것처럼 말하면서 앞서는 것이 없는 것을 넓음[廣], 길음[長], 깊음[深], 높음[高], 많음[多], 훌륭함[勝] 등 여섯 가지 예를 들어 설명한다.40) 그런데 원효는 『열반경』을 직접 인용하는 것이 아니라, 『대승의장』에서 재인용하였다.

첫째로, "'크다'는 것은 그 성품이 넓고 두루하여 마치 허공과 같아 이르지 않는 바가 없다. 열반이 이와 같아서 '크다' 이름하는 것이다"41) 이 설명 중 『열반경』에는 없는데 '마치 허공과 같아서 이르지 못하는 바가 없다'는 문구는 『대승의장』 문구이다. 이 부분은 넓

反迷歸極. 歸極得本. 而似始起. 始則必終. 常以之昧. 若尋其趣. 乃是我始會之. 非照今有. 有不在今. 則是莫先爲大. 旣云大矣. 所以爲常. 常必滅累. 復曰般泥洹也."; 灌頂, 『大般涅槃經玄義』(2권), 대정장38, p.01c16－19, "一廣州大亮云. 一名含衆名. 譯家所以不翻. 正在此也. 名下之義. 可作異釋. 如言大者. 莫先爲義. 一切諸法莫先於此. 又大常也. 又大是神通之極號. 常樂之都名. 故不可翻也."

39) 원효, 『열반종요』, 한불전1, p.526c22－23, "莫先爲義, 謂釋勝之時, 莫是爲先, 非約時前後, 言無先也."

40) 같은 책, pp.526c20－527a15 참조. 아래 주석에서 각각 원문을 인용한다.

41) 같은 책, p.527a01－02, "大者其性廣博猶如虛空無所不至, 涅槃如是故名爲大."; 혜원, 『대승의장』, 대정장44, p.813c18－22, "大義有六. 一者常義. 故涅槃云. 所言大者名之爲常. 譬如有人壽命無量名大丈夫. 二者廣義. 故涅槃云. 所言大者其性廣博. 猶如虛空無所不至. 涅槃如是. 故名爲廣."; 관정, 『대반열반경현의』(2권), 대정장38, p.01b04－06, "故此經云. 所言大者其性廣博猶若虛空. 其性卽法性法性卽法身也."; 혜엄역, 『대반열반경』, 대정장12, p.631c13－15, "所言大者其性廣博猶如有人壽命無量名大丈夫." 참조. 위 글들을 비교하면, 원효가 『대승의장』에서 재인용하고 있다.

고 두루한 성품에 대한 해석이라 할 수 있다. 두 번째로, "크다는 것은 길다는 것을 이름하는 것이다. 비유하건대, 수명이 무량한 어떤 사람을 대장부(大丈夫)라고 이름하는 것과 같다."42) 『대승의장』, 『열반경』 원문과 필사본43)을 참고해 '대세부'를 '대장부'라 고쳤다. 다음 세 번째로, "크다는 것은 불가사의(不可思議)함을 이름하는 것이다. 일체 세간의 성문 연각이 열반의 뜻을 헤아릴 수 없어서 '크다' 이름한다."44) 네 번째로, "비유해서 말하면, 큰 산은 모든 세상 사람이 오를 수 없기 때문에 '크다'고 하는 것처럼, 열반도 그와 같아서 범부나 이승 및 여러 보살이 거기에 이르기까지 도달할 수 없기에 '크다'고 이름한다."45) 다섯 번째로, "비유해서 말하면, 큰 창고에 온

---

42) 원효, 『열반종요』, 한불전1, p.527a03－04, "大者, 名之爲長, 譬如有人 壽命無量, 名大{歲}[丈]夫."; 필사본, p.15a1*13, '才'로 되어 있음. 필사 자가 '丈'을 '才'로 잘못 쓴 것으로 의심할 수 있다.; 혜원, 『대승의장』, 대정장44, p.813c18－20, "大義有六. 一者常義. 故涅槃云. 所言大者名 之爲常. **譬如有人壽命無量名大丈夫.**" 참조; 혜엄 역, 『대반열반경』, 대 정장12, p.631c13－15, "所言大者其性廣博猶如有人壽命無量名大丈夫." 참조.; 법현, 『대반니원경』, 대정장12, p.872c09－10, "所謂大者有爲數 名. 若有一人壽命無量. 名爲大人." 참조.

43) 필사본, p.15a*13, '才'로 되어 있다. '丈'을 '才'로 필사자가 잘못 쓴 게 아닌가 의심된다.

44) 원효, 『열반종요』, 한불전1, p.527a05－07, "大者名爲不可思議, 一切世 間聲聞緣覺不能測量. 涅槃之義故名爲大."; 혜원, 『대승의장』, 대정장44, p.813c25－27, "故涅槃云. 大者名爲不可思議. 一切世間聲聞緣覺不能 測量涅槃之義. 故名爲大."; 혜엄 역, 『대반열반경』, 대정장12, p.747b21 －23, "善男子. 譬如有法不可稱量不可思議. 故名爲大. 涅槃亦爾. 不可 稱量不可思議, 故得名爲大般涅槃."

45) 원효, 『열반종요』, 한불전1, p.527a08－10, "譬如大山一切世人不能得上, 故名爲大, 涅槃如是, 凡夫二乘及諸菩薩, 不能窮到, 故名爲大."; 혜원,

갖 보배가 많이 있는 것처럼, 열반도 그와 같아서, 여러 가지 묘한 법의 보배가 많이 있기 때문에 '크다'라고 이름한다."46) 여섯 번째로, "세상에서 훌륭한 사람을 대인이라 하는 것처럼, 열반도 이와 같아서 모든 법 가운데서 훌륭하기 때문에 '크다'라고 한다."47)

원효는 '대'를 설명하면서 『대승의장』에서 재인용하면서도 『대승의장』을 그대로 인용하지 않고 있다. 그리고 훌륭함에 있어 앞섬이 없다는 대의 전체적인 설명 자체는 훌륭함의 무한성과 관련된 밀어적 측면으로 볼 수 있으며 이 자체는 원효가 설명하고 있지 않다. 다음으로 '멸(滅)'의 의미를 살펴보자.

『대승의장』, 대정장44, p.813c27－814a01, "故涅槃云. 譬如大山一切世人不能得上. 故名爲大. 涅槃如是. 凡夫二乘及諸菩薩不能窮到. 故名爲大." 참조.;『대반니원경』이나 『대반열반경』에 원효 인용 그대로의 구절은 안 보인다. 혜엄 역,『대반열반경』, 대정장12, p.746b05－09, "若摩訶那伽及鉢犍陀大力士等. 經歷多時所不能上乃名大山. 聲聞緣覺及諸菩薩摩訶那伽大力士等所不能見. 如是乃名大涅槃也." 참조.

46) 원효,『열반종요』, 한불전1, p.527a11－13, "譬如大藏多諸珍{實}[異], 涅槃如是, 多有種種妙法珍{實}[寶], 故名[爲]大.";혜원,『대승의장』, 대정장44, p.813c23－24, "故涅槃云. 譬如大藏多諸珍異. 涅槃如是. 多有種種妙法珍寶. 故名爲大."『대반니원경』이나 『대반열반경』에 원효 인용 그대로의 구절은 안 보인다. 혜엄 역,『대반열반경』, 대정장12, p.747a06－07, "譬如寶藏多諸珍異百種具足故名大藏." 참조.

47) 원효,『열반종요』, 한불전1, p.527a14－15, "如世間中, 勝上{主}[之]人, 名爲大人, 涅槃如是, 諸法中勝, 故名爲大.";혜원,『대승의장』, 대정장44, p.814a01－02, "如世間中勝上之人名爲大人. 涅槃如是. 諸法中勝. 故名爲大." 참조.;『대반열반경』에 이와 같은 구절은 보이지 않는다. 혜엄 역,『대반열반경』, 대정장12, p.612a26, "人中最勝尊. 今當入涅槃." 참조.

(2) '멸(滅)'의 뜻과 비멸(非滅)

'멸(滅)'의 뜻을 살펴보면 '비멸(非滅)'도 함께 생각된다. 우선 멸에는 네 가지 뜻이 있다. 사물이 멸하는 사멸(事滅), 이치가 멸하는 이멸(理滅), 공덕이 멸하는 덕멸(德滅), 선택이 멸하는 택멸(擇滅)이다. 이 뜻들을 살펴보면 멸의 뜻은 곧 비멸의 뜻을 만나게 된다. 이네 가지 뜻을 차례대로 살펴보면서 그 자체로 다시 비멸의 뜻을 갖게되지만 그럼에도 열반이 멸의 이름을 갖게 되는 까닭을 곳 원인 결과로 말미암아 멸이라는 이름을 갖는다. 이들을 차례로 살펴보겠다.

(가) 사멸(事滅): 무(無)로 되돌아감

원효는 사물이 멸한다는 사멸(事滅)이란, '무(無)로 돌아간다[還無]'는 뜻이라고 한다. 이어서 원효는 "이 뜻은 응화신에 해당하며, 바른 지혜 또한 없어지기 때문에 '멸(滅)'이라고 이름한다"48)라고 말한다.49) 이런 의미는 앞에서도 인용된 바 있는 다음의 문구와 같다

---

48) 원효, 『열반종요』, 한불전1, p.257a17-18, "義當應化身, 正智亦亡, 故名爲滅."

49) 이 부분을 논자는 이전의 논문에서 기존의 이영무, 황산덕, 한글대장경의 번역을 참고하여 풀었다. 그러나 이제 다시 앞뒤의 문맥을 생각해보고, 이영무, 황산덕, 한글대장경의 번역과 다르게 풀어 바꾸었다. '(억지로) 함이 없음'인 '무위(無爲)'로 돌아간다는 뜻이라고 한다. 여기서 원효가 '무위'라는 도가(道家)에서도 자주 사용하는 용어를 쓰고 있음이 주목된다. 도가 용어로서가 아니라, '작용이 없다'로 쓴 것으로 볼 수도 있을 것이다. 그래도 이어서 원효는 "그 뜻이 응신(應身)과 화신(化身)에 해당하며, 바른 지혜 또한 없어지기 때문에 멸(滅)이라고 이름한다"라고 말한다. "무위(無爲)로 돌아간다는 뜻[還無爲義]이니, 이는 응신(應

는 것이다. 즉 "부처님께서 오늘 밤에 멸도하리니, 그것은 섶이 다해 불이 꺼지는 것과 같다."[50] 원효는 "이와 같은 사멸은 체에 해당하는 이름을 세운 것"이라고 한다.[51] 모든 것이 무로 되돌아가 고요하게 된다는 것이다.

일반적인 설명은 원효와 차이가 난다. 이를 소개하면 다음과 같다. 멸이 열반의 뜻 번역이고, 사는 나타나는 사상(事相)을 통하여 이것이 열반임을 표상하는 것이다. 즉 석가모니가 보리수 아래에서 도를 이루었던 사상(事相)이나 또는 바라쌍수 사이에서 열반에 드셨던 사상(事相)들이 열반인 것이다. 이러한 사멸은 화신불(化身佛)을 말한 것이다. 원효의 설명과는 많이 다름을 알 수 있다.

다음은 이멸에 대해 살펴보자.

身)과 화신(化身)에 해당하며, 바른 지혜 또한 없어지기 때문에 '멸(滅)'이라고 이름한다"[當應化身正智亦亡, 故名爲滅.]는 부분을 특히 더 깊이 숙고해야 한다. '무위로 돌아가는 것'이 아니라, '무로 돌아가는 것'으로 바꾸어 해석하고, 그다음을 '장차 응화신의 바른 지혜도 또한 없어지니'로 해석해야 앞뒤 문맥상 그 의미가 잘 어울린다. 가은 역주도 "무로 되돌아간다"로 하였다. 가은 역주, p.52*08 참조; 김원명, 「元曉의 涅槃論 小考 — 元曉의 『涅槃宗要』에서 열반의 이름과 의미를 중심으로 —」, 『인문학연구』9집, 한국외국어대학교 인문과학연구소, 2005, p.148. 논자는 이 논문을 2004년에 써서 2005년 초에 논문집이 나왔는데, 이 논문을 쓸 때는 가은 역주를 보지 못했다. 이후에 논자의 해석이 바뀌었고, 가은 역주 출간 후 이를 확인하니, 논자와 같았다.

50) 원효, 『열반종요』, 한불전1, p.527a18−19, "佛此夜滅度, 如薪盡火滅."; 혜엄 역, 『대반열반경』, 대정장12, p.647c26, "入於涅槃如薪盡火滅." 참조.

51) 원효, 『열반종요』, 한불전1, p.527a16−19 참조.

(나) 이멸(理滅): 애초에 적막함

원효는 이치가 멸한다는 이멸(理滅)이란, '적막(寂漠)하다는 뜻으로, 본래부터 움직임도 없고 일어남도 없기 때문에 멸이라고 하는 것'이라고 한다. 여기서 원효는 적막(寂寞)이 아니라 적막(寂漠)이라고 표현하고 있다. 즉 고요하되[寂] 쓸쓸하지[寞] 않고 마음이 편안한 모양[漠]이다. 바로 경에 "모든 법이 나지도 않고 없어지지도 않으며 본래부터 고요한 자성이 열반이다"52)라고 하는 것과 같다는 뜻이라고 설명한다. 그리고 "이와 같은 이멸(理滅)은 온전한 소리[全音]에 의지한다"고 부연한다.53)

이멸의 일반적 설명은 원효의 설명과는 다르다. 증득하는 이치를 열반으로 보는데, 이 이치는 생멸과 변화하는 모습이 없는 부동(不動)의 이치이다. 이 이멸은 법신불(法身佛)을 일컫는 것이다. 이와 같은 일반적 설명에 보다 생기를 불어넣었다. 일반적으로 말하는 설명에서 부동(不動)의 이치는 고요하여 쓸쓸하다[寂寞]면 원효의 이치는 고요하되 편안하다[寂漠]. 그리고 전음(全音), 즉 편안하고 온전한 소리와 함께한다. 그런데 여기에서 '온전한 소리'란 무엇일까? 간

---

52) 원효, 『열반종요』, 한불전1, p.527a21−22, "一切諸法不生不滅本來寂靜自性涅槃."; 보리류지 역, 『입능가경』, 대정장16, p.544a01−02, "一切諸法不生不滅. 自性本來入於涅槃."; 혜엄 역, 『대반열반경』, 대정장12, p.754a20, "一切諸法本無相故" p.760a17, "一切諸法無自性故." p.764c05, "一切諸法常無所說." p.765a13, "一切諸法性自空耶." p.765a28, "一切諸法性本自空." p.770a13−14, "一切法無常無我無樂無淨. 非一切法見常樂我淨." p.785a10, "一切諸法皆悉無常." p.787c03−04, "一切諸法無常無我. 涅槃寂靜離諸過患." 참조.

53) 원효, 『열반종요』, 한불전1, p.527a19−22 참조.

략하게만 말하면, 부처의 소리는 다른 부류들이 각각의 근기에 따라 두루두루 알아듣게 하는 소리여서 '둥근 소리'[圓音]이며, 부처의 편에서는 적멸한 경지에 있어 적멸하니 아무 소리도 하지 않는다는 뜻의 '소리 없음'[無音]이다. 부처의 소리 없음을 중생 편에서 각각 알아듣고 이해하는 말이어서 중음(衆音)이고, 중생이 각각 자기 근기에 따라 하나로 알아들으니, 일음(一音)이다. 논자는 일음(一音)을 중생의 편에서 각각 알아듣는 한 소리와 그 각각의 한 소리를 두루 아우르는 부처의 편에서의 흔 소리로 나누어 해석해 보았다.54) 전음(全音)은 차별이 없고 평등무이(平等無二)한 열반 경지의 소리이다. 이치 또한 멸한 경지이다.

다음은 덕멸에 대해 살펴보자.

---

54) 이영무 역에 '音'자를 '名'자로 정정함. 가은 역주, '音'을 '立名'으로 바꿈. 전음(全音): 원음(圓音). 일음(一音): 부처의 음성을 이른다. 대개 중생은 근기의 예리함과 둔함의 차이가 있고, 인연도 깊고 얕음이 있다. 그래서 일음으로 같이 들어도 다르게 들린다. 만약 인천(人天)의 근기(根器)라면, 부처님이 말씀하신 5계(戒) 10선(善)의 법을 듣고; 만약에 성문(聲聞)의 근기(根器)라면, 부처님이 말씀하신 4제(諦)의 법을 듣고; 만약에 연각(緣覺)의 근기(根器)라면, 부처님이 말씀하신 12인연(因緣)의 법을 듣고; 만약에 보살의 근기라면, 6도(度) 등의 법을 들어 각각 알아듣고 이해한다. 『유마경(維摩經)』에 이르기를, "부처님이 일음으로 설법을 하니 중생이 부류에 따라 각각 이해한다"(『유마경』 권상 불국품, 『대비바사론(大毘婆沙論)』 권79)라고 하였다. 김원명, 「붇다의 말씀, 圓音 一考 ―『대승기신론소』에서의 원효의 '원음'에 대한 사색을 바탕으로 ―」한국불교학결집대회논집 제1집 상권, 한국불교학결집대회 조직위원회, 2002, pp.205－216 참조; 은정희 역주, 『원효의 대승기신로소·별기』, pp.67－74 참조.

(다) 덕멸(德滅): 영원히 벗어남

원효는 공덕이 멸한다는 덕멸(德滅)이란, '영영 여읜다는 뜻으로, 모든 공덕이 모양[相]을 여의고 성품을 여의어, 자성(自性)을 지키지 않고 서로 일미(一味)가 됨을 이른다'는 것이다. '그렇기 때문에 멸이라고 이름한다'는 것이다. 이어서 '아래 글에 "안락을 누리는 것이 곧 참 해탈이고, 참 해탈이 곧 여래이며, 여래는 곧 열반이다"[55] 등등을 널리 말한 것과 같다'라고 말한다. 그리고 '이 덕멸은 뜻을 따라 이름을 받은 것'이라고 한다.[56]

덕멸의 일반적 설명은 원효의 설명과는 다르다. 즉 다음의 세 가지 덕이 완성되는 열반을 이른다. 멸을 열반으로 보고 세 가지 덕이 있는 열반이란 설명이다. 그러면 세 가지 덕이란 무엇인가? 즉 중생을 제도하는 것을 은덕(恩德), 번뇌를 끊어 없애는 것을 단덕(斷德), 법문을 다 배우는 것을 수덕(修德)이다. 이 세 덕(德)이 완성되는 것을 열반이라 한다. 이 덕멸은 보신불(報身佛)을 일컫는 것이다.

원효는 이와는 다른 설명이다. 즉 공덕이 멸하고, 개성이 멸해서 한편으로는 자아가 사라지고 한맛이 드러나는데, 이때 편안함, 그 편안함과 함께 즐거움이 솟아난다는 것이다. 또한 '자신'이라는 미망이 사라져 해탈을 하는 것이고, 이것이 있는 그대로 여래이며, 열반이라

---

55) 원효, 『열반종요』, 한불전1, p.527b01－02, "受安樂者卽＜眞＞解脫, 眞解脫者卽是如來, 如來＜者＞卽＜是＞涅槃"; 혜엄 역, 『대반열반경』(36권), 대정장12, p.636a12－15, "受安樂者卽眞解脫. 眞解脫者卽是如來. 如來者卽是涅槃. 涅槃者卽是無盡. 無盡者卽是佛性. 佛性者卽是決定. 決定者卽是阿耨多羅三藐三菩提." 참조.

56) 같은 책, p.527a22－b03 참조.

는 것이다. 이때는 '작은 나[小我]'가 사라지고 '큰 나[大我]'가 된다. '작은 나'가 없어 '큰 나'라고 하지만, 여기 '나'라는 것은 없다. 그래서 '나 없음[無我]'으로 표현되기도 한다.

이상에서 멸을 세 가지 측면으로 설명하였다. 즉 사멸과 이멸이 보이는 것을 잠재우는[시각적] 고요하고 편안한[청각적] 측면이 있다면, 덕멸은 그러한 고요한 가운데 온갖 것이 하나하나 한맛으로[미각적] 되살아나 편안함과 즐거움[심리적]이 드러나는 측면이 있다고 할 수 있다. 다음으로 택멸을 살펴보자.

(라) 택멸(擇滅): 끊어서 제거함

택은 일반적으로는 지혜로써 간택(簡擇)하고 판정하는 힘에 의하여 번뇌를 끊는 것을 말한다. 이리하여야 열반을 이루므로 이를 택멸이라 하니, 이 열반은 보신불(報身佛)에 해당한다.

원효의 설명에 따르면 선택이 멸한다는 택멸(擇滅)이란, "끊어 없앰을 뜻으로 삼으니, 부처님의 지혜가 능히 일체 번뇌를 끊기 때문에 멸(滅)이라고 이름한다"57)고 한다. 그런데 이 열반 자체가 사라진다면 번뇌를 택해 끊어 없애는 것 또한 사라지니, 열반 자체는 사라지지 않는다[涅槃非滅].

열반은 번뇌를 끊어 사라지게 하니, 멸(滅)이라 부르기도 하지만 열반 자체는 사라지지 않아 비멸(非滅)을 함께 생각하게 된다. 원효는 열반이 멸이라는 이름을 갖게 된 이유를 곳, 원인, 결과 이 세 가지로 나누어 아래와 같이 자세히 설명한다.

---

57) 같은 책, p.527b03－04, "斷除爲義, 佛智能斷一切煩惱, 故名爲滅"

㉠첫째는 그 '곳[處]'에 따른 이름이다. 원효는, 부처가 결국에는 '머무름이 없는 근원[無住之原]'에 이르는 것이라고 한다. 이 경에서는 능히 모든 번뇌를 끊으니, 번뇌를 끊은 곳이므로 멸이라고 이름한 것이라고 한다. "열반도 또한 그와 같아서, 머무르는 곳이 없으니, 모든 부처가 '번뇌를 끊은 곳[斷煩惱處]'이므로 열반이라 하는 것이다"[58]라고 한 것과 같다는 것이다.[59]

여기서 『열반경』의 '머무르는 곳이 없음'[無有住處]에 해당하는 원효의 '머무름이 없는 근원'[無住之原]이란 표현으로 바꾼 것은 '머무르는 곳이 없음'에서 생길 수 있는 문제를 다소 해소하기 위한 것이라고 생각된다. '머무르는 곳이 없음'이 부처의 자리라고 여기게 되면 다시 '머무름 없는 자리'라는 '처(處)'를 상정하게 되고 '무유주처(無有住處)'에 머무는 것이 되고 만다. 그런데, 원효가 『열반종요』 첫 부분인 '대의문'의 첫 문장 "원래 대저 열반의 길은 길이 없으면서 길 아닌 것이 없고, 머무름이 없으면서 머물지 않음이 없다"[60]고 한 부분을 상기할 필요가 있다. 열반의 '무유주처(無有住處)'가 말하는 바는 오고 가고 머물고 하는 상대적인 세계가 아니다. 그런데

---

58) 원효, 『열반종요』, 한불전1, p.527a07－09, "涅槃{亦爾}[之體亦復如是], 無有住處, {宜}[直]是諸佛, 斷煩惱處, 故名涅槃."; 혜엄 역, 『대반열반경』(36권), 대정장12, p.757b13－14, "涅槃之體亦復如是. 無有住處. 直是諸佛斷煩惱處. 故名涅槃." 참조.; 담무참 역, 『대반열반경』(40권), 대정장12, p.513b10－12, "涅槃之體亦復如是無有住處. 直是諸佛斷煩惱處故名涅槃." 참조.

59) 원효, 『열반종요』, 한불전1, p.527b5－9 참조.

60) 원효, 『열반종요』, 한불전1, p.524a "原夫涅槃之爲道也, 無道而無非道, 無住而無非住."

‘무유주처(無有住處)’라고 표현하면 자칫 ‘머무름이 없는 곳에 머무름’과 같이 생각할 오해의 여지가 있다. 열반은 머물다가 언젠가는 떠나야 하는 그런 머무름과는 상관도 없다. 옴이 없이 머물고 감이 없이 머무니, 실로 머문다고 할 것도 머무는 곳이 있는 것도 아니다. ‘머무름이 없는 근원[無住之原]’이란 표현을 통해 이처럼 상대적이고 차별적인 세계를 벗어나는 뜻을 설명하는 밀어의(密語義)를 드러내려는 것이다.

『열반경』의 ‘머무는 곳이 없음[無有住處]’을 원효는 ‘머무름이 없는 근원[無住之原]’61)으로 풀이했다. 즉 머무는 곳이 없어 아무것도 없다고 생각할 수 있는 경지를, 물줄기가 끊임없이 솟아오르는 샘물을 나타내는 원(源)으로 옮김으로써, ‘대의문’에서 열반에 관한 설명인 ‘머무름이 없으면서 머물지 않음이 없다’라고 한 설명에 맞-같게 한다고 할 수 있다. 머무를 곳이 없어 공허하여 아무것도 나올 것이 없다고 느끼기에는 열반의 공능이 있기 때문에, 고요한 가운데 움직임이 있고[靜中動] 움직임이 있는 가운데 고요함이 있는[動中靜] ‘원천’으로 풀이한 것이라고 할 수 있다.

ⓒ둘째는 그 ‘원인’[因]에 따른 이름이다. 즉 “지혜가 멸하면 혹 이치를 나타낼 수 있는데, (이때에) 이치가 나타나는 것은 결과가 되고, 지혜가 멸하는 것은 원인이 된다. 원인을 따라 이름을 세우니, 멸이라 이름한 것이다.”62) 원효는, “번뇌는 섶이 되고 지혜는 불이 되며, 이 인연으로 열반이라는 밥을 지으니, 일러 상(常)·낙(樂)·아

---

61) 같은 책, p.527b06.

62) 원효, 『열반종요』, 한불전1, p.527b09-11, “智滅, 或能顯於理, 理顯是果, 智滅爲因. 從因立名, 名{智}[理]*爲滅.” *앞뒤 문맥상 ‘理’를 넣음.

(我)이다. 여러 제자들로 하여금 모두 다 맛있게 먹게 한다"63)라는 것과 같다고 『열반경』을 인용한다.

이때 지혜는 번뇌를 사라지게 하는 지혜인데, 역설적이게도 번뇌가 있어 번뇌를 사라지게 하는 지혜가 있고, 이 지혜가 번뇌를 끊어 사라지게 하지만, 번뇌가 사라지면 (번뇌를 사라지게 하는) 지혜도 함께 사라진다. 그런데 지혜가 사라지면 이제 이치가 나타난다. 그래서 지혜가 멸하는 것이 원인이 되어 이치가 나타나므로 이치가 나타나는 원인에 따라 이름을 지어 멸이라고 한다는 것이다. 이 근거로 『열반경』에서, 번뇌가 바로 지혜라는 불의 불쏘시개가 되고 불과 불쏘시개로 열반이라는 밥을 지어서 부처로 하여금 좋아하게 하고, 부처의 제자들로 하여금 맛있게 먹게 한다는 구절을 인용한다. 불은 늘 불쏘시개가 있을 때 불로 탈 수 있다. 불쏘시개[번뇌]가 없으면 불[지혜] 또한 없다. 불쏘시개[번뇌]가 다 타버리면, 불[지혜]도 다하는 것이다.

ⓒ셋째는 그 '결과[果]'에 따른 이름이다. 즉 "지혜는 이치에 의거해서 능히 번뇌를 멸할 수 있는데, 이때에 이치는 멸의 원인이 되고 지혜는 곧 멸의 결과이다. 결과에 따라 이름을 세워 이치를 멸이라 이름한 것이다."64) 원효는 『불성론』의 "도(道)는 열반에 의해 능히

---

63) 같은 책, p.527b11-13, "煩惱爲薪智{惠}[慧]爲火, 以是因緣成涅槃食, <謂常樂我>, 令{我}諸弟子皆悉甘嗜." 고문에서 '慧'와 '惠'를 바꿔 쓰기도 하지만, '慧'를 '惠'로 원효가 바꾼 것이 '은혜'의 의도를 넣어 의도적으로 바꾼 것이 아닌가 의심이 가기도 한다. 더 연구할 필요가 있다고 생각한다.; 혜엄 역, 『대반열반경』(36권), 대정장12, p.625c09-11, "煩惱爲薪智慧爲火. 以是因緣成涅槃食. 謂常樂我. 令諸弟子悉皆甘嗜."

64) 원효, 『열반종요』, 한불전1, p.527b13-15, "智依理, 能滅煩惱, 理爲滅

번뇌로 하여금 미래에 나타나지 않게 한다는 것은, 멸의 원인 가운데 결과를 말하기 때문에 열반이라 이름하니 낳고 사라짐이 없어지기 때문이다"65)를 인용하여 설명한다.

이상에서 '멸(滅)'에는 네 가지 뜻이 있음을 살펴보았다. 즉 사물이 멸하는 사멸(事滅), 이치가 멸하는 이멸(理滅), 공덕이 멸하는 덕멸(德滅), 선택이 멸하는 택멸(擇滅)이다. 이 뜻 자체는 곧 비멸이 된다. 그럼에도 불구하고 열반이 멸의 이름을 갖게 되니 곳, 원인 그리고 결과로 말미암아 멸이라는 이름을 갖는다는 설명을 살펴보았다.

(3) '도(度)'의 뜻과 불일불이(不一不異)

원효는 '도(度)'에 대략 두 가지 뜻이 있다고 한다. 즉 '끝까지 다함'[究竟]과 '언덕에 이름'[到岸]이라는 뜻이다.

(가) '도(度)'의 두 가지 뜻: 도피안(到彼岸) · 구경(究竟)

원효는 '언덕에 이름'이라는 뜻은 '끊어졌다'[斷]는 뜻을 나타낸 것이라고 한다. 번뇌가 끊어졌다는 뜻이다. 번뇌가 끊어졌다는 것은 번뇌가 멸했다, 즉 사라졌다는 것이다. 그런데 번뇌가 사라지면, 늘 그러함[常]을 잃게 되어 '비상(非常)'이 된다. 그래서 원효는 "번뇌가

因, 智是滅果. 從果立名, 名理爲滅"

65) 원효, 『열반종요』, 한불전1, p.525b15-17, "如佛性論云, 道依涅槃, 能使煩惱未來不生現在{不}[者], 滅因中說果, 故名涅槃爲無生滅[盡]." "未來不生現在不滅"도 원효가 그 뜻을 분명히 하기 위해 의도적으로 바꾼 것이 아닌가 의심된다.; 『불성론(佛性論)』(4권), 대정장15, p.805a27-29, "道依涅槃能使煩惱未來不生現在者. 滅因中說果故. 名涅槃爲無生滅盡."

사라지면 비상(非常)의 뜻이 명백해진다"[66]고 하였다. 또 원효는 '번뇌를 여의어 사라지게 하면[離滅] 중생이 구제된다[得度]'고 하였다. 즉 번뇌가 사라짐으로써 중생이 제도된다는 것이다.

종합해 풀이하면, 번뇌를 사라지게 하니 늘 그러함도 아니고[非常], 중생을 제도하여 이어 살리니 끊음도 아니다[非斷]. 그렇기 때문에, 번뇌는 사라지고[滅] 중생을 제도한다[度]는 뜻으로 멸도(滅度)인 것이라고 한다.

끝까지 다한다는 구경(究竟)의 뜻은, 번뇌를 끊음으로써 중생이 제도되는 공덕도 끊어 끝까지 다한다는 것이다. 그러므로 멸도(滅度)라고 하는 것이다.[67]

(나) 하나도 아니고 다르지도 않음

위의 여러 설명들을 살펴보면, 열반의 역설의 문제를 만나게 된다. 앞의 설명들을 통해서, '열반은 번뇌를 끊는 것이다'라는 일반적인 설명과 같은 결론에 도달하게 되면서도, '번뇌를 끊는 것이 열반은 아니다'와 같은 결론에도 동시에 도달하게 된다. 그래서 원효는 이와 같은 역설을 해결하여 모순되어 보이는 명제를 회통하고 있다고 할 수 있다.

'덕왕보살품'에 "만일 번뇌가 멸한 곳을 열반이라고 말한다면, 모든 보살들은 한없는 겁 동안 이미 번뇌를 끊었는데, 무슨 까닭으로 열반이라고 불리지 않는가? 모두 끊은 곳인데 어떤 인연으로 부처에

---

66) 원효, 『열반종요』, 한불전1, p.527b19, "煩惱滅者明非常義."
67) 같은 책, p.527b17−21 참조.

게만 그것이 있고 보살에게는 그것이 없다고 하는가?"68)라고 덕왕보
살이 어려운 물음을 던진다.

원효는 이에 대해 "불성을 보지 못해도 번뇌만 끊으면 그것을 열
반이라 하고, 불성을 보면 그것을 대열반이라 하며, 늘 그러하고[常]
즐겁고[樂] 나이고[我] 깨끗하기[淨] 때문에 번뇌를 끊은 것도 대반
열반이라고 한다"69)라는 구절을 인용해, '번뇌만 끊으면 열반'임을
설명하는 논거가 있음을 보여준다. 동시에 "번뇌를 끊은 것을 열반
이라고 하지 않고 번뇌하지 않는 것을 열반이라고 한다. 선남자여,
모든 부처님은 번뇌가 일어나지 않나니 그것을 열반이라 한다"70)는
구절을 인용함으로써, '번뇌를 끊은 것이 열반이 아님'을 설명하는
논거도 있음을 제시한다.

이 구절들을 음미해 보면, 앞의 인용 구절은 '열반과 대열반의 다
름'을 보여주기 위해 제시한 것이다. 또한 열반과 대열반의 차이를

---

68) 원효, 『열반종요』, 한불전1, p.527c10-13, "若言煩惱滅之處是涅槃者, 諸
    菩薩等於無量劫已斷煩惱, 何故不得稱爲涅槃, 俱是斷處何緣獨稱諸佛有
    之菩薩無耶."

69) 같은 책, p.527b-c1, "不見佛性而斷煩惱是名涅槃, 大涅槃以見佛性故得
    名爲常樂我淨, 故斷煩惱亦得稱爲大般涅槃."; 혜엄 역, 『대반열반경』(36
    권), 대정장12, p.758c12-18, "云何涅槃非大涅槃. 不見佛性而斷煩惱.
    是名涅槃非大涅槃. 以不見佛性故無常無我唯有樂淨. 以是義故. 雖斷煩
    惱不得名爲大般涅槃也. 若見佛性能斷煩惱. 是則名爲大般涅槃. 以見佛
    性故得名爲常樂我淨. 以是義故. 斷除煩惱. 亦得稱爲大般涅槃." 참조.

70) 원효, 『열반종요』, 한불전1, p.527c2-4, "斷煩惱者不名涅槃, 不[生]煩惱
    乃名涅槃, 善男子諸佛如來煩惱不起是名涅槃."; 혜엄 역, 『대반열반경』
    (36권), 대정장12, pp.758c28-759a01, "斷煩惱者不名涅槃. 不生煩惱
    乃名涅槃. 善男子. 諸佛如來煩惱不起. 是名涅槃."

드러내기 위해 두 가지의 끊는 곳[斷處]을 나타낸 것이지, 끊는 주체[能斷]를 가지고 열반이라고 이름한 것은 아니라고 한다. 다음 인용 구절은 '부처와 보살의 다름'을 보여주기 위해서 제시한 것이라고 한다. 보살이 번뇌를 끊어 없앤 곳에서는 미혹이 남아 있고 그래서 열반이라 할 수 없다는 것이다. 그리고 부처가 번뇌를 끊어 없앤 곳에서는 끝내 아무것도 생겨나지 않기 때문에 열반이라 할 수 있다는 것이다. 그래서 『열반경』에서 끊음[斷]과 생겨나지 않음[不生]으로 덕왕보살의 위와 같은 어려운 질문에 대해 분별하여 답한 것이라고 한다.

　원효는 이에 덧붙여서 '공통되는 것으로 말하는 것[通而言之]'과 '구분되는 것으로 말하는 것[別門而言]'을 구별하여 설명한다. 통해서 말을 하면, 부처나 보살이나 '(번뇌가) 생기지 않고'[不生], '(번뇌를) 끊음'[斷]도 있다는 것이다. 그러나 문을 갈라서 말을 하면, '끊어 없앤다'[斷除]는 말은 '이미 생긴 것을 보낸다'는 말이기도 하고, '일어나기 전에 그것을 막는다'는 말이기도 하다고 한다. '이미 생긴 것을 보낸다'는 말은 지난 일에 관련된 뜻이며, 그 뜻이 부족한 데가 있어 보살을 말한 것이고, '일어나기 전에 막는다'는 것은 앞으로의 일에 관련된다는 뜻이며, 그 뜻에 끝이 있기 때문에 부처의 일이라고 말하는 것이라 한다. 이러한 도리에 의하여 자세히 분별해서 말을 하면, "번뇌를 끊는 것을 열반이라 이름하지 않고, 번뇌가 생겨나지 않는 것을 곧 열반이라 이름한다"71)는 것이다. 그러나 이와 같은 설명에서 본다면, 두 주장은 서로 어긋나는 듯하면서도 통하고,

---

71) 원효, 『열반종요』, 한불전1, p.527c19−20, "斷煩惱者不名涅槃, 不生煩惱乃名涅槃."

통하면서도 차이가 있다. 즉 서로 상반되어 달라 보이는 설명들이 사실은 겹쳐져 있는 설명이라고 할 수 있다. 통(通)으로 볼 때의 동일성과 별문(別門)을 세워 볼 때의 차이라 할 수 있다. 이는 원효의 '하나도 아니고 다르지도 않은' '불일불이(不一不異)'의 일심[72]과도 잘 통하는 것이라 할 수 있다.

이상을 정리하면 다음과 같다. 원효는 니르바나의 번역가능성과 불가능성을 통해 열반의 뜻을 접근하면서 니르바나가 두 가지 뜻이 있다고 하는 것을 살펴보았다. 즉 숨김말[密語]의 측면과 보임말[顯了語]의 측면이 있다는 것이다. 밀어(密語) 측면의 번역불가능성과 현료어(顯了語) 측면의 번역가능성이 있어 두 주장이 모두 얻는 바가 있어[二說悉得] 통한다[通]는 것이다. 논자는 이를 특징적으로 표현해서 실득(悉得)－통(通)－화쟁(和諍)이라 할 수 있다고 하였다. 또 현료어(顯了語)로서의 뜻으로 풀어보면 '대멸도(大滅度)'라 하고 대(大)와 멸(滅)과 도(度)의 뜻을 각각 설명하였다. 즉 대(大)에는 여섯 가지 뜻이 있고 '멸(滅)'에는 네 가지 뜻이 있으며 '도(度)'에 대략 두 가지 뜻이 있음을 살펴보았다. 대(大)는 넓음[廣], 길음[長], 깊음[深], 높음[高], 많음[多], 훌륭함[勝] 등 여섯 가지로 예를 들어 설명되면서도 훌륭함에 있어 이보다 앞서는 것이 없다는 대(大)에 대한 설명은 훌륭함 자체의 무한성과 같은 밀어적 측면이 있다. 그리고 멸(滅)은 사물이 멸하는 사멸(事滅), 이치가 멸하는 이멸(理滅), 공덕이 멸하는 덕멸(德滅), 선택이 멸하는 택멸(擇滅)로 나누어 설명되는데, 다시 비멸(非滅)의 측면으로서 밀어적 측면이 함께 생각됨을 알

---

72) 김원명, 「원효의 일심사상 ― '하나도 아니고 다르지도 않음'을 중심으로 ―」, 『인물로 보는 한국의 불교사상』, 예문서원, 2004, pp.98－122 참조.

수 있다. 그리고 도(度)를 '끝까지 다함'[究竟]과 '언덕에 이름'[到岸]
이라는 뜻으로 설명되는데 여기서도 번뇌를 끊는 것이지만 열반 자
체는 생멸이 아니다. 이렇게 열반에 대해 보임말 대멸도(大滅度)의
뜻풀이를 살펴보면서 열반의 보임말의 측면에서도 밀어적 측면이 완
전히 제거될 수 없었다. 열반의 숨김의 성격과 보임의 성격을 나누
어서 볼 수 있지만, 또 전체적으로 서로 어긋나지 않고[不相違] 잘
통[善通]하고 있음을 알 수 있다.

2. 열반 체(體)의 성(性)·상(相)

두 번째로 열반의 체(體)를 나타내는 가운데, 원효는 체성(體性)과
체상(體相)을 나누어 설명한다. 앞에서는 열반의 체가 무엇인지를 밝
히고, 뒤에서는 열반의 모양을 밝히는데, 즉 '열반은 허(虛)한가, 실
(實)한가? 실유(實有)인가, 무(無)인가? 공(空)인가, 불공(不空)인가?'
를 살펴볼 것이다.

그렇다면 열반의 체(體)는 무엇인가? 이 물음에 대해 무구진여(無
垢眞如)가 열반의 체라 할 수 있고 과지만덕(果地萬德)이 열반의 체
라 할 수 있다고 두 가지로 나누어 볼 수 있는데 그 내용을 살펴볼
것이다. 원효가 이 두 설명['무구진여가 열반의 체이다'와 '과지만덕
이 열반의 체이다']을 어떻게 화쟁하는지, 또 그 화쟁의 근거가 무엇
인지 살펴볼 것이다.

열반의 모양, 즉 열반의 체상(體相)에는 두 가지 입장이 있음을 살
필 것이다. 처음의 입장은 '생사가 허망하나 열반은 공하지 않다'는

것이고, 다음의 입장은 '생사나 열반이나 모두 공하다'는 것이다. 원효는 이 두 주장 간의 대립에 대해, 어떻게 화쟁하는지 살필 것이다. 또한 이러한 설명들과 그 설명들을 화쟁하며 가리키는 것이 무엇인지 살필 것이다. 열반이 무엇이고 열반의 모양이 어떠한가를 밝힘으로써 화쟁의 근거인 열반에 대한 보다 깊은 이해를 할 수 있을 것이다.

1) 체성(體性)

(1) 상반된 설명

체성을 나타내는 여러 설명들이 같지 않다. 원효는 이에 대해 두 가지로 나누어 설명한다. 즉 무구진여(無垢眞如)가 열반의 체라는 설명과 과지만덕(果地萬德)이 열반의 체라는 설명이다. 이 두 설명을 살펴보자.

(가) 무구진여(無垢眞如)가 열반의 체임

첫째는 "무구진여(無垢眞如)가 열반의 체이며, 비로소 일어나는 공덕은 열반이 아니니, 곧 열반 증득의 주체인 지혜가 보리이기 때문이다"[73]라는 설명이다. 이 설명의 논거로 원효는 몇 개의 글을 제시한다. 차례로 살펴보면, 다음과 같다.

"열반의 뜻은 모든 부처의 법성이다"[74]

---

73) 같은 책, p.527c24−528a01, "無垢眞如是涅槃體, 始起功德非是涅槃, 卽能證智是菩提故."

"열반의 체는 본래 스스로 있는 것이지 지금에 이르러 (있게 되는
것은) 아니다."75)

"모든 법의 성품이 공한 것이 곧 열반이다"76)

"번뇌생사는 끝내 체가 없어 구해도 얻을 수 없고, 본래 나지 않아 참
으로 다시 멸하는 것이 없으며, 그 자성이 고요하니 곧 열반이다"77)

---

74) 같은 책, p.528a01－02, "涅槃義者, 即是諸佛之法性也"; 曇曇無讖 역, 『대
반열반경』(40권), 대정장12, p.382b13－14.; 慧嚴 역, 『대반열반경』(36권
본), 대정장12, p.622a28－29.

75) 원효, 『열반종요』, 한불전1, p.528a02－03, "涅槃之體, 本自有之, 非適今
也."; 曇無讖 역, 『대반열반경』(40권본), 대정장12, p.492a16, p.492a24－
25.; 慧嚴 역, 『대반열반경』(36권본), 대정장12, p.735b08, "涅槃之體, 非
本無今有." p.735b17, "涅槃亦爾本自有之非適今也."; 그 밖에 열반의 체
를 언급하는 곳은 아래와 같다. 曇無讖 역, 『대반열반경』(40권본), 대정
장12, p.492a29－492b01. /(36권본), p.735b22. "涅槃之體, 非生非出非實
非虛."; 曇無讖 역, 『대반열반경』(40권본), 대정장12, p.492c01－02./ (36
권본), 735c25－26. "涅槃之體, 非是如是五因所成."; 曇無讖 역, 『대반열
반경』(40권본), 대정장12, p.530a11. /(36권본), p.774c17 "涅槃之體, 畢竟
無因."; "涅槃之體, 無因無果." 이 구절은 『대반열반경』(40권본), 대정장
12, p.538c27, (36권본), p.784a04, (36권본), p.784a12에 나온다, 즉 40권
본에서 한 번 36권본에서 두 번 나온다. 다음 두 구절은 36권본에만 나
온다.: (36권본), p.749a02－03, "涅槃之體, 無定無果."; (36권본), p.757b13
－14, "涅槃之體, 亦復如是. 無有住處."

76) 원효 『열반종요』, 한불전1, p.528a04, "諸法{性}[畢竟]空, 即是涅槃"; 구
마라집 역, 『마하반야바라밀경』(27권), 대정장8, p.401b10, "諸法畢竟空
即是涅槃."

77) 같은 책, p.528a04－06, "煩惱生死, 畢竟無體, 求不可得, 本來不生, 實更
{不}[無]滅, 自性寂靜, 即是涅槃."; 보리등 역, 『점찰선악업보경(占察善
惡業報經)』, 대정장17, p.909c17－18, "煩惱生死畢竟無體求不可得. 本
來不生實更無滅. 自性寂靜即是涅槃." 이 책 제목을 대정장 38의 『열
반종요』(p.241c23)에서, 『占密經』이라 하였는데, '密'을 '察'로 바꾸어야

이와 같은 논거의 글들은 다 나열할 수 없다. 원효는 이를 종합하여 '진여의 바른 앎 그것이 곧 열반임[眞如正知其是涅槃]'을 알아야 한다고 한다. 번뇌를 끊어 없애는 뜻으로 말해 수멸(數滅)이 곧 무구진여(無垢眞如)라고 한다.78) 무구진여는 그야말로 모든 것이 고요하여 아무것도 일어나지 않는 것으로 법성(法性)이어서 본체라 할 수 있다. 여기에는 상(相)이 없다고 할 수 있다. 본체는 시간에 따라 일어나는 것이 아니다. 열반은 시간이나 사건이나 공간을 초월하여 그 자체로서 있는 근본의 면이다. 그래서 이는 상(相)보다는 성(性)의 측면이 강조되는 본체라 할 수 있다.

원효가 "열반의 체는 본래 스스로 있다[本自有之]"고 해석해 인용할 때 이 말은 무슨 말인가? 원효가 "본래 있다"고 할 때, 이 말은 『열반경』본문의 "열반의 체가 본래 없다 지금에 있는 것이 아니다[非本無今有]"란 말을 해석한 말처럼 보인다. 여기에서 있음은 없음을 전제로 하는 있음이 아니다. 『열반경』의 구절에서는 '본래 없다 지금 있는 것이 아니다[非本無今有]'로 '열반의 체'를 말하고 원효는 이에 대해 '열반'이 '본래 스스로 있다[本自有之]'고 한다. 이는 원효가 열반의 체를 '본래 스스로 있다[本自有之]'고 해 옮기는 것이라 할 수 있다. 이 구절을 원효가 실수로 잘못 인용한 것이 아니고 혹 의도한 것이라 본다면, 원효는 '열반'과 '열반의 체'를 동일하게 읽

할 것이다. 한불전1 『열반종요』(p.528 주 ①)에서, '察'로 의심하였고, 가은 역주, 이영무 역은 '察'로 고쳤다. 필사본(p.18b2*19)에는 [(察－示)＋/山]로 되어 있어, 필사자의 오류로 의심된다고 할 수 있다. 이것을 대정장38에서 '密'로 읽고 판본을 만든 것으로 볼 수 있다.

78) 원효, 『열반종요』, 한불전1, p.528a06－09 참조.

는다고 할 수 있다. 시간을 통해 생기거나 없어지는 것을 말하는 것
이 아니기 때문이다. 원효는 그다음 구절에서 "지금에 이르러 있게
되는 것은 아니"라고 말하는데 여기서 원효는 열반의 체에 있어서
있음과 없음이 상대적 개념이 아니라고 본다고 할 수 있다. 열반의
체는 여기서 가름이 없는 있음이다. 다른 무엇에 의존해서, 가름 지
어져서 있는 것이 아니라, "본래 스스로 있는" 것이다. 그런데 가름
이 없는 '본래적으로 스스로 있음'이므로 인식론적으로 그걸 대자화
해서 알아보거나 알아듣거나 하는 인식이 불가능하다고 할 수 있다.
또 존재론적으로 다른 무엇과의 가름이 허용되지 않는다고 할 수 있
다. '본래적으로 스스로 있음'이므로 가름되어 그것을 그것으로 가름
할 수 없기 때문이다. 따라서 없다고도 할 수 없고 있다고도 할 수
없게 된다. 그래서 없다고도 할 수 있고 있다고도 할 수 있다. 여기
서 있음은 없음과 겹쳐져 분리되지 않는 것이 된다.

(나) 과지만덕(果地萬德)이 열반의 체임

두 번째는, "과지의 온갖 덕은 본(本)과 시(始)를 따져 묻지 않고
전체적으로 묶어 하나의 큰 열반체(涅槃體)라고 한다"[79]는 설명이다.
이는 성(性)과 상(相)을 포함하는 측면의 본체론을 이르는 것이라 할
수 있다. 원효는 이에 대한 논거로 다음을 제시한다.

"세 가지 일[三事: 법신]은 곧 열반이다."[80]

---

79) 원효, 『열반종요』, 한불전1, p.528a09─10, "果地萬德, 不問本始, 總束
爲一大涅槃體."

80) 같은 책, p.528a11, "三事卽{爲}[是]涅槃.";혜엄 역, 『열반대반경』(36권

원효는 이어서 "여덟 가지 자재[八自在]"와 이에 대한 총결로 "이와 같은 대아를 대열반이라고 한다"[81]는 『열반경』 구절을 요약해서 제시한다. 그리고 이어서 다음을 제시한다.

"오직 여래가 있어 큰 보리를 증득하여 마침내 모든 지혜를 만족하였으니 대열반이라고 이름한다"[82]

본), 대정장12, p.651a02, "三事卽是涅槃"

81) 원효, 『열반종요』, 한불전1, p.528a12-13, "如是大我, 名大涅槃."; 혜엄 역, 『열반대반경』(36권본), 대정장12, pp.746b28-747a09, "有大我故名大涅槃. 涅槃無我大自在故. 名爲大我. 云何名爲大自在耶. 有八自在則名爲我. 何等爲八. 一者能示一身以爲多身. 身數大小猶如微塵. 充滿十方無量世界. 如來之身實非微塵. 以自在故現微塵身. 如是自在則爲大我. 二者示一塵身滿於三千大千世界. 如來之身實不滿於三千大千世界. 何以故. 以無礙故. 直以自在故滿三千大千世界. 如是自在名爲大我. 三者能以滿此三千大千世界之身. 輕擧飛空過於二十恒河沙等諸佛世界. 而無障礙. 如來之身實無輕重. 以自在故能爲輕重如是自在名爲大我. 四者以自在故而得自在. 云何自在. 如來一心安住不動. 所可示化無量形類各令有心. 如來有時或造一事. 而令衆生各各成辦. 如來之身常住一土. 而令他土一切悉見. 如是自在名爲大我. 五者根自在故. 云何名爲根自在耶. 如來一根亦能見色聞聲嗅香別味覺觸知法. 如來六根亦不見色聞聲嗅香別味覺觸知法. 以自在故令根自在. 如是自在名爲大我. 六者以自在故得一切法. 如來之心亦無得想. 何以故. 無所得故. 若是有者可名爲得. 實無所有. 云何名得. 若使如來計有得想. 是則諸佛不得涅槃. 以無得故名得涅槃. 以自在故得一切法. 得諸法故名爲大我. 七者說自在故如來演說一偈之義. 經無量劫義亦不盡. 所謂若戒若定若施若慧. 如來爾時都不生念我說彼聽. 亦復不生一偈之想. 世間之人四句爲偈. 隨世俗故說名爲偈. 一切法性亦無有說. 以自在故如來演說. 以演說故名爲大我. 八者如來遍滿一切諸處猶如虛空. 虛空之性不可得見. 如來亦爾實不可見. 以自在故令一切見. 如是自在名爲大我. **如是大我名大涅槃.** 以是義故名大涅槃." 참조.

82) 같은 책, p.528a12-14, "唯{佛}[有]如來, 證大菩提, 究竟滿足, 一切智

"삼신(三身)이 나타난 것이 위없는 보리이다"[83]

그리고 원효는 위 인용에서 "이미 삼신이 다 보리라고 하였으니, 모두 대열반체(大涅槃體)임을 마땅히 알아야 한다"[84]고 한다. 이는 성상(性相) 본시(本始) 삼신(三身)의 체용무이(體用無二)의 총체적 일원론의 관점에서 본 본체론이라 할 수 있다.

(2) 설명의 근거: 열반(涅槃)·보리(菩提)의 경우와 사생(死生)의 예

원효는 위의 두 설명['무구진여가 열반의 체이다'와 '과지만덕이 열반의 체이다']이 다 도리가 있다고 한다. 그 이유는, 열반과 보리에는 공통되는[通門] 점과 구별되는[別門] 점이 있기 때문이라고 한다. 구별되는 점은, 보리는 과(果)이고, 증득하는 주체로서의 덕이며 도제(道諦)에 속하고, 열반의 과는 증득되는 대상으로서의 법이며 멸제(滅諦)에 속한다고 한다. 한편 공통되는 점은, 과의 지위가 도제로

{惠}[慧], 名大涅槃."; 바수반두, 『묘법연화경론우파제사(妙法蓮華經論憂波提舍)』(1권본), 늑나마리·승랑 등 역, 대정장26, p.17a04-05, "唯佛如來證大菩提. 究竟滿足一切智慧. 名大涅槃."; 世親 저, 『妙法蓮華經憂波提舍』(2권), 菩提流支·曇林 등 역, 대정장26, p.7b27-28, "唯有如來證大菩提. 究竟滿足一切智慧名大涅槃."; 『법화경(法華經)』이나 『화엄경(華嚴經)』의 화(華)자가 화(花)로 표기된 것은, 측천무후(則天武后)의 아버지 이름이 무사화(武士華)였기 때문에 쓸 수 없는 정치적 시대상의 반영이다. 가은 역주, p.11 참조.

83) 같은 책, p.528a15, "三身所顯無上菩提."; 무착, 『섭대승론석(攝大乘論釋)』(15권), 대정장31, p.216b27-28, "無等者. 謂三身所顯無上菩提"

84) 같은 책, p.528a14-15, "旣說三身皆是菩提, 當知皆爲大涅槃體."

서 열반이며, 증득되는 진여도 보리라는 것이다.85)

그리고 원효는 이에 대한 예를 사망과 탄생을 들어 말한다. 죽음과 삶에 공통되는 점과 구별되는 점이 있는 것과 같으니, 구별되는 점으로 말하면 육근(六根)의 시작과 마침[始終]을 생사(生死)라 이름한다는 것이다.86) 육근이 일어나면 삶[生]이고, 육근이 무너지면 죽음[死]이라는 것이다. 원효는 이에 대한 논거로 『승만경』의 다음 글을 제시한다.

> "태어난다는 것은 새롭게 모든 감관이 일어나는 것이요, 죽는다는
> 것은 감관이 무너지는 것을 이른다."87)

원효는 공통되는 점으로 말하면, "모든 잡되고 더러운 법이 다 생사이다"88)라고 한다. 이에 대한 논거로 다음 글을 제시한다. "공은 일체생사요, 널리 말하면 무아에 이르기까지 일체생사이다."89) 그런데 원효가 인용한 이 글의 원문은 "공은 일체생사요, 불공은 대열반이라 하고, 내지 나 없음[無我]이 곧 생사(生死)이고, 나[我]라는 것은 대열반을 이른다"90)이다.

---

85) 같은 책, p.528a16-20 참조.

86) 같은 책, p.528a22 참조.

87) 같은 책, p.528a22-23, "<u>生者新諸根起</u>*, 死者{諸}[謂]根{滅盡}[壞]." * 원문에는 뒤로 가 있으나, 생사란 말에 맞추어 생을 설명하는 말을 앞에 쓴 것으로 생각할 수 있어 바꾸지 않음.; 求那跋陀羅 역, 『승만사자후일승대방편방광경』(1권), 대정장12, p.222b09-10, "死者謂根壞. 生者新諸根起."

88) 원효, 『열반종요』, 한불전1, p.528a23-24, "諸雜染法皆是生死"

89) 같은 책, p.528a24-b01, "空者一切生死, 廣說乃至無我一切生死."

90) 같은 책, p.528a24-b01, "空者一切生死, {廣說}[不空者謂大涅槃], 乃至無我{一切}[者即是]生死. <我者謂大涅槃>"; 혜엄 역, 『열반대반경』(36

이 부분은 원효의 해석이 들어간 것으로 읽을 수 있을 것이다. 여기서 원효가 인용한 원문은 공(空)−생사(生死), 불공(不空)−대열반(大涅槃), 무아(無我)−생사(生死), 아(我)−대열반(大涅槃)으로 배대할 수 있다. 따라서 원효가 "모든 잡되고 더러운 법[諸雜染法]이 다 생사"라고 한 말의 논거로는 잘 맞지 않는다.

어쨌든 원효가 말하는 것은 생사에 대해 열반을 말하고, 열반에도 공통되는 점과 구별되는 점이 있음을 알아야 한다는 것으로 볼 수 있다. 구별되는 점이나 공통되는 점으로 나누어 해석하고 있어, 구별되는 점에나 공통되는 점에 고집해서는 안 됨을 암시하고 있으며, 고집을 하지 않는 상태의 깨어 있음을 요구한다고 할 수 있다. 그러면 공통되는 문이나 구별되는 문마저 사라져 화쟁이 열린다고 할 수 있다.

(3) 서로 어긋나지 않음

원효는 "만약 비로소 있는 공덕[始有功德]이 또한 열반이라면, 이는 곧 열반에도 또한 생인(生因: 내는 인)이 있을 것이다"[91]고 한다. 그리고 나서 원효는 만약 그렇다면 어째서 『열반경』 '가섭품'의 여러 글에서 "모두 단지 요인이 있는 것만 말하고, 또한 생인이 있음은 진작 말하지 않았는가?"[92]라고 문제를 제기한다.

　　권본), 대정장12, p.767c21−23, "空者一切生死. 不空者謂大涅槃. 乃至無我者卽是生死. 我者謂大涅槃." 참조.

91) 원효, 『열반종요』, 한불전1, p.528b02−03, "若始有功德, 亦是涅槃, {是}[如]*是卽涅槃, 亦有生因." * 가은 역주, '是'를 '如'로 바꿈. 한불전, '是'를 '剩'으로 의심함. 이영무 역, '是'를 뺌.

92) 같은 책, p.528b08−09, "皆說唯有了因, 未曾言亦有生因?"

"3해탈문(解脫門, 해탈하여 열반에 이르는 세 가지 법문: 空門·無相門·無願門)과 37조도품(助道品, 열반의 이상경(理想境)에 나아가기 위하여 닦는 도행(道行)의 종류. 4념처·4정근·4여의족·5근·5력·7각분·8정분)은 모든 번뇌를 위해서는 나지 않는 생인(生因)을 짓고, 열반을 위해서는 요인(了因: 나타내는 인)을 짓는다. 선남자여, 번뇌를 멀리 여의면 곧 분명하게 열반을 볼 수 있다. 그러므로 열반에는 오직 요인만이 있고 생인은 없다"93)

이에 대해, 원효는 요인(了因)과 생인(生因)이 모두 있다는 설명도 가능하게 된다고 하는 것이다. 비로소 있는 공덕이 비록 열반이라고 하더라도, 열반의 뜻은 적멸에 있고[涅槃之義存於寂滅], 적멸의 덕은 요달한 것에 합한다[寂滅之德合於所了]고 한다. 이 때문에 오직 요인만이 있다고 『열반경』 '가섭품'에서 말하는 것이라고 해석한다. 그러나 원효는 만일 보리가 생인이 낳은 것[生因所生]이라고 하고 또한 요인이 요달된 것[了因所了]이라고도 말한다면, 곧 이런 뜻으로 보면 마땅히 열반은 요인이 나타낸 것[了因所顯]이기도 하며, 생

---

93) 원효, 『열반종요』, 한불전1, p.528b04−08, "三{十七}解脫門, 三十七品, 能爲{涅槃作生因作}[一切煩惱作不生]生因亦爲涅槃, 而作了因, 善男子, 遠離煩惱, {卽}[則]得了了, 見於涅槃, 是故, 涅槃唯有了因, 無有生因.";
혜엄 역, 『열반대반경』(36권본), 대정장12, p.827b02−06, "善男子. 三解脫門三十七品. 能爲一切煩惱作不生生因. 亦爲涅槃而作了因. 善男子. 遠離煩惱則得了了見於涅槃.　是故涅槃唯有了因無有生因."(선남자여, 삼해탈문과 삼십칠품은 모든 번뇌를 위해서는 일어나지 않는 일으키는 인[生因]이 되고, 열반을 위해서는 요인(了因: 나타나는 인)이 되느니라. 선남자여, 번뇌를 멀리 여의면 분명하게 열반을 보게 되나니, 그러므로 열반에는 요인(了因)만 있고 일으키는 인[生因]은 없느니라.)(한글대장경 열반경2, p.158 번역 참조)

인이 일으킨 것[生因所起]이라고 말할 수 있게 된다. 이 때문에 『열반경』에서 말하는 요인이 있고 생인이 없다고 하는 뜻을 알고 받아들인다고 해도, 요인이 있으면서 동시에 또한 생인이 있는 것이 서로 어긋나지 않는다[不相違]고 설명한다.[94] 이렇게 하여 '열반에 오직 요인만 있고 생인은 없다[涅槃唯有了因, 無有生因]'는 『열반경』의 설명과 이에 대립되는 '생인이 있다'는 주장을 화쟁한다.

2) 체상(體相)

(1) 열반 체상(體相)의 허실(虛實)에 대한 설명

생사의 법은 허망하며 공하다. 한편 열반의 과는 진여를 체로 삼는데, 그렇다면 그 체는 공(空)한가 불공(不空)한가 하는 문제와 허(虛)한가 실(實)한가 하는 의문이 생긴다.[95] 처음의 입장은 '생사가 허망하나 열반은 공하지 않다'는 것이고, 다음의 입장은 '생사나 열반이나 모두 공하다'는 것이다. 두 입장을 살펴보고 이 두 주장 간의 대립에 대해, 어떻게 설명되는지 자세히 살펴볼 것이다.

(가) 생사는 허망하나 열반은 참됨

원효는 '열반의 체성은 참으로 결정코 공이 아니다'라는 설명을 소개하며, 이에 대한 논거로 『열반경』과 『승만경』의 글을 제시한다.

---

94) 원효, 『열반종요』, 한불전1, p.528b09－14 참조.
95) 같은 책, p.528b16－19 참조.

　　“참으로 해탈한 이는 곧 여래이고, 여래는 바로 열반이고, 열반은 곧 다함없음이고, 다함없음은 곧 불성이고, 불성은 곧 결정이다.”96)

　　“공이란 일체 생사이고, 불공(不空)은 대열반을 말한다”97)

　　“삼제(三諦: 고제·집제·도제)는 유위(有爲)이고 허망하며, 고멸제(苦滅諦) 하나만이 참되다.”98)

　　원효는 이와 같은 글은 이루 다 나열할 수 없을 정도로 많으니 ‘열반은 참으로 공(空)하지 않다[涅槃是實不空]’라고 말한다. 그는 이어서 다른 데서 ‘생사·열반이 모두 다 공하다[皆悉空]’라고 말하고 있는 것 또한 언급하는데, ‘다 공하다고 하는 것은 망령된 마음으로 취한 열반을 버리고[是遣妄心所取涅槃], 참 지혜로 증득한 열반을 말하는 것[說眞智所證涅槃]’이라고 한다. 왜냐하면 만일 열반 또한 공하다고 하면, 여래 불성이 모두 공하게 된다. 그렇게 되면

---

96) 같은 책, p.528b19−20, “眞解脫者, 卽是如來. 如來者<卽是涅槃, 涅槃者卽是無盡, 無盡者卽是佛性, 佛性者>卽是決定.”; 혜엄 역, 『열반대반경』(36권본), 대정장12, p.836a12−15, “**眞解脫者卽是如來. 如來者**卽是涅槃. 涅槃者卽是無盡. 無盡者卽是佛性. 佛性**者卽是決定.** 決定者卽是阿耨多羅三藐三菩提.”

97) 원효, 『열반종요』, 한불전1, p.528b21.; 혜엄 역, 『열반대반경』(36권본), 대정장12, p.767c21−23, “空者一切生死. 不空者謂大涅槃. 乃至無我者卽是生死. 我者謂大涅槃.”

98) 원효, 『열반종요』, 한불전1, p.528b22−23, “三諦是有爲是虛妄, 一苦滅諦是實”; 求那跋陀羅 역, 『승만사자후일승대방편방광경』(1권), 대정장12, pp.221c25−222a03, “世尊. 此四聖諦. 三是無常一是常. 何以故. 三諦入有爲相. 入有爲相者. 是無常. 無常者是虛妄法. 虛妄法者. 非諦非常非依. 是故苦諦集諦道諦. 非第一義諦. 非常非依一依章第十一一苦滅諦. 離有爲相. 離有爲相者是常. 常者非虛妄法. 非虛妄法者. 是諦是常是依. 是故滅諦. 是第一義.” 참조. 이 부분은 원효가 아주 간략하게 요약하고 있다.

열반이 열한 가지 공, 즉 내공(內空)·외공(外空)·내외공(內外空)·
유위공(有爲空)·무위공(無爲空)·무시공(無始空)·성공(性空)·무소
유공(無所有空)·제일의공(第一義空)·공공(空空)·대공(大空) 가운
데 어느 공에 들겠는가라고 반문한다. 이어서 이미 어느 공에도 포
함되지 않으니 '공하지 않다[不空]'라고 설명한다.99)

(나) 생사와 열반은 모두 허망하며 공함

다음으로 원효는 '생사와 열반이 모두 허망하여 공이어서 얻을 것
이 없으니, 불법의 뜻에는 한 법도 공 아닌 것이 없다'고 한 설명을
소개하고,100) 이에 대한 논거로 『열반경』 '덕왕품' 글을 인용한다.

"반야바라밀 또한 공이요, 선바라밀 또한 공이요, 비리야바라밀
또한 공이요, 찬제바라밀 또한 공이요, 시바라밀 또한 공이요, 단바
라밀 또한 공이요, 색 또한 공이요, 눈 또한 공이요, 앎 또한 공이
요, 여래 또한 공이니 대반열반 또한 공이다. 이 때문에 보살은 모
든 법이 모두 다 공이라고 본다"101)

---

99) 원효, 『열반종요』, 한불전1, p.528b22 – c03 참조.

100) 같은 책, p.528c03 – 05.

101) 같은 책, p.528c05 – 09, "般若波羅蜜亦空, {乃至}<禪波羅蜜亦空, 毘梨
耶波羅蜜亦空, 羼提波羅蜜亦空, 尸波羅蜜亦空,> 檀波羅蜜亦空, <色
亦空, 眼亦空 識亦空,> 如來亦空, 大般涅槃亦空, 是故菩薩見一切法皆
悉是空."; 혜엄 역, 『열반대반경』(36권본), 대정장12, p.765c16 – 21, "般
若波羅蜜亦空. 禪波羅蜜亦空. 毘梨耶波羅蜜亦空. 羼提波羅蜜亦空.
尸波羅蜜亦空. 檀波羅蜜亦空. 色亦空眼亦空識亦空. 如來亦空. 大般
涅槃亦空. 是故菩薩見一切法皆悉是空." 참조.

그리고『화엄경』글을 인용한다.

  "생사와 열반 이 둘 다 허망하며, 어리석음과 지혜도 또한 이와
같아, 둘이 함께 진실(眞實)이 없다."102)

  원효는, 위 예와 같은 '생사 열반 모두가 허망하며 공하다'는 설명
이 모두 나열할 수 없을 정도로 많다고 한다.103) 그리고 이에 대해
원효는 다음과 같이 말한다. "다 공이어야 평등하다 이름한다. 그런
데 다른 곳(앞)에서 생사는 허망하나 열반은 공하지 않다는 등을 말
한 것은, 지식이 옅은 새로 뜻을 낸 사람을 보호하기 위해서이니, 놀
라고 두려워하는 마음을 내기 때문에 방편으로 말을 한 것이다."104)

  그리고 이에 대한 논거로『대품경』의 '여화품'의 글을 인용한다.

  "'만일 어떤 법에 생멸하는 모양이 있으면, (그것은) 모두 변화하
는 것이다.' 수보리가 말하기를, '세존이시여, 어떤 법들이 변화하지
않습니까?'라고 물으니, 부처가 말하기를, '만약 법이 생겨나지도 않
고 사라지지도 않으면 변화하지 않는 것이다'라고 하자, 수보리가
'어떤 것들이 생겨나지도 않고 사라지지도 않아 변화하지 않는 것입

---

102) 원효,『열반종요』, 한불전1, 528c09－10, "生死及涅槃, {是}[此]二悉虛
    妄, 愚智亦如是, 二{皆}[俱]無眞實."; 佛馱跋陀羅 역,『대방광불화엄경
    (大方廣佛華嚴經)』, 대정장9, p.464c23－24, "生死及涅槃, 此二悉虛妄,
    愚智亦如是, 二俱無眞實."
103) 원효,『열반종요』, 한불전1, p.528c10－11 참조.
104) 같은 책, p.528c11－13, "悉空乃名平等. 而餘處說生死虛妄涅槃不空等
    者, 爲護淺識新發意者, 生驚怖故作方便說."

니까?' 하자, 부처가, '속이지 않는 모양인 열반 이 법은 변화되지 않는다'라고 하였다. (수보리가) '세존이시여! 부처가 스스로의 말씀과 같이 모든 법이 평등함은 성문이 지은 것도 아니며, 벽지불이 지은 것도 아니며, 모든 보살마하살이 지은 것도 아니며, 모든 부처가 지은 것도 아니어서, 부처가 있거나 부처가 없거나 모든 법의 성품이 항상 공이라면 성품의 공한 것은 곧 열반인데, 어떻게 열반의 한 법만이 허깨비와 같지 않다고 합니까?'라고 하였다. 부처가 수보리에게 '그래, 그래. 모든 법은 평등하다. 성문이 지은 것도 아니고, 내지 성품이 공한 것이 곧 열반이다. 만일 새로 발심한 보살이, 일체법이 모두 끝내는 성품이 공하며, 내지 열반도 또한 모두 허깨비와 같다는 말을 들으면, 마음은 곧 두려워할 것이다. (그러므로) 새로 발심한 보살을 위해, (그것을) 분별하여 생멸하는 것은 허깨비와 같고, 생기지도 않고 사라지지도 않는 것은 허깨비와 같지 않다'고 말하는 것이다. 수보리가 부처에게 말하기를, '세존이시여, 어떻게 새로 발심한 보살로 하여금, (모든 법의) 성품이 공한 것을 알도록 할 수 있습니까?'라고 하자, 부처가 수보리에게 일러주기를 '모든 법이 먼저는 있었는데, 지금은 없는가?'라고 하였다."105)

---

105) 원효, 『열반종요』, 한불전1, pp.528c14－529a01, "'若{法}有[法]生滅相者, 皆是變化.' <須菩提言, '世尊, 何等法非變化?' 佛言,> '若法無生無滅是非變化.' <須菩提言, '何等是不生不滅非變化?' 佛言,> '{所謂}{無}[不]誑相涅槃是法非變化.' {須菩提言}[世尊]如佛自說諸法平等, 非聲聞作, {乃至}[非辟支佛作, 非諸菩薩摩訶薩作] 非諸佛作, 有佛無佛, 諸法性常空, 性空卽是涅槃, 云何言涅槃一法{不}[非]如化?' 佛{言}[告須菩提] '如是如是, 諸法平等<非聲聞所作>, 乃至性空卽是涅槃. 若新發意菩薩聞<是>一切<法>皆畢竟<性>空, 乃至涅槃亦皆如化, 心卽驚怖. 爲是新發意菩薩故, 分別生滅者如化, 不生<不>滅者不如化.' 須菩提<白佛>言, '世尊, 云何{令}[敎]新發意菩薩<令>知是性空?' 佛告須菩提, '諸法先有今無耶?'; 구마라집 역, 『마하반야바라밀경(摩訶般若波羅蜜經)』(27권) 권26, 대정장8, p.416a02－16, "若有法生滅相者. 皆是變化. 須

이런 논거로, 원효는 '공하지 않다[不空]'라고 말한 것은 '다 방편으로 말한 것[皆是方便語]'이라 하고, "이 열반의 공과 불성의 공은 열한 가지 공(空)중에 공공(空空)에 속한 것이기 때문에 공이라 말한 것이고, 오직 부처만이 궁구하는 것이며, 열여덟 가지 공[106] 가운데에는 필경공(畢竟空)"[107]이라고 한다.

원효는 뒤의 설명 '열반은 공하다'에 해당하는 "만약 여러 경에서 '열반은 다 공하다'라고 한 것"이 "허망한 마음으로 취하는 상을 버리는

菩提言. 世尊. 何等法非變化. 佛言. 若法無生無滅是非變化. 須菩提言. 何等是不生不滅非變化. 佛言. 不誑相涅槃是法非變化. 世尊. 如佛自說諸法平等. 非聲聞作非辟支佛作. 非諸菩薩摩訶薩作非諸佛作. 有佛無佛諸法性常空. 性空卽是涅槃. 云何言涅槃一法非如化. 佛告須菩提. 如是如是. 諸法平等非聲聞所作. 乃至性空卽是涅槃. 若新發意菩薩聞是一切法畢竟性空. 乃至涅槃亦皆如化心則驚怖. 爲是新發意菩薩故. 分別生滅者如化不生不滅者不如化. 須菩提白佛言. 世尊. 云何教新發意菩薩令知性空. 佛告須菩提. 諸法本有今無耶"

106) 십팔공(十八空): 범어 aṣṭādaśa śūnyatāḥ. 공을 본체와 작용으로 관찰한 것. (1)내공(內空, 범adhyātma－śūnyatā) (2)외공(外空, 범bahirdha－śūnyatā) (3)내외공(內外空, 범adhyātma－bahirdhā－śūnyatā) (4)공공(空空, 범śūnyatā－śūnyatā) (5)대공(大空, 범mahā－śūnyatā) (6)제일의공(第一義空, 범paramārtha－śūnyatā) (7)유위공(有爲空) (梵saṃskṛta－śūnyatā) (8)무위공(無爲空) (梵asaṃskṛta－śūnyatā) (9)필경공(畢竟空) (梵atyanta－śūnyatā) (10)무시공(無始空) (梵anavarāgra－śūnyatā) (11)산공(散空, 범anavakāra－śūnyatā) (12)성공(性空, 범prakṛti－śūnyatā) (13)자상공(自相空, 범svalakśaṇa－śūnyatā) (14)제법공(諸法空, 범sarva－dharma－śūnyatā) (15)불가득공(不可得空, 범anupalambha－āūyatā) (16)무법공(無法空, 범abhāva－śūnyatā) (17)유법공(有法空, 범svabhāva－śūnyatā) (18)무법유법공(無法有法空, 범abhāva－svabhāva－śūnyatā)

107) 원효, 『열반종요』, 한불전1, p.529a03－05, "是涅槃空及佛性空, 十一空內, 何所攝者? 空空所攝, 故說是空, 唯佛所窮, 十八空中畢竟空故."

것"이라면, 이는 "여러 경에서 말한 '생사의 법이 공하다'라고 한 것"은 "변계소집(遍計所執)의 생사를 버리는 것"이라고 한 바로 그것이니, '만일 뒤의 말이 맞지 않으면 앞의 말도 맞지 않을 것'이라고 한다.108)

또 앞의 설명 '열반은 참으로 공하지 않다'에 해당하는 뜻인 "만일 열반이 참으로 있다"고 한다면, 그것은 곧 '참으로 있다'는 말을 떠나지 못할 것이고, 그것이 '참으로 있다'는 말을 떠날 수 있다면, 그것은 곧 '참으로 있음'은 허망한 말이 되는 것이라고 한다. 원효는 '참으로 있다'고 말한 것은, 오직 제 마음의 허망함이 경계를 취한 것을 말한 것에 지나지 않는다고 한다.109)

원효는 두 주장에 대해 하나를 선택해 결정적 고집을 부리지 않으면 두 가지 모두 얻는 것이 있다는 방식으로 해결을 한다. 집착하지 않으면 법문이 걸림이 없고 방해가 되지 않기 때문이라는 것이다. 이와 같은 해결이 가능한 것은 법문이 열반의 경지를 담고 있기 때문이다.

(2) 두 설명이 말에 집착하면 모두 잃는 것이 있지만 고집을 버리면 모두가 얻는 것이 있음

원효는 앞의 두 설명에 대해, 말 그대로 취하면 두 설명이 다 잃

---

108) 원효, 『열반종요』, 한불전1, p.529a06－09, "若使諸經所說, 涅槃皆空是 遣妄心所取相者, 是卽諸經所說, 生死法空是, 遣遍計所執生死, 若此不 爾, 彼亦不然."

109) 같은 책, p.529a09－12, "又若涅槃是實有者, 卽不能離實有之言, 其能 離實有言者, 卽謂實有宜是妄語. 是故當知彼說實有, 唯說自心妄{耶} [取]*境界耳." *'耶'를 '取'로 바꿈. 이영무 역, 가은 역주, 한불전 모 두 고침.

는 것이 있다고 한다. 왜냐하면 말 그대로라면, 서로 다른 설명으로 보이고 그래서 다툼이 생기는데, 이때 부처의 본래 뜻을 잃는다는 것이다. 그런데 원효는 만일 꼭 그렇다고 하는 결정적인 고집[定執]을 부리지 않으면, 두 설명 모두에서 얻는 것이 있다고 한다. 집착하지 않으면 법문은 걸림이 없어[無礙] 서로 방해하지 않기[不相妨] 때문이다.110) 원효는 이에 대한 근거로 아래 세 가지를 제시한다.

첫 번째로, 원효는 공덕과 근심이 서로 마주하는[相對] 관점에서 생사(生死)는 공(空)이고 무아(無我)이며, 열반(涅槃)은 공이 아니고 [不空] 대아(大我)라고 한다. 허망한 마음으로 취한 것의 대상 경계가 없는 것임을 알기 때문에 공(空)이라고 하고, 공을 취하는 주체인 허망한 마음은 자재하지 못하기 때문에 무아(無我)라는 것이다. 참지혜로 증득된 도리는 마음이라 부르기 때문에 불공(不空)이라고 말하고, 불공을 증득하는 주체인 참지혜는 걸림이 없어 자재하기 때문에 대아(大我)라고 이름한다는 것이다. 이와 같은 상대되는 관점에 의하면, 앞 설명이 옳다. 그리고 인용된 글은 요의설(了義說)이라는 것이다.111)

두 번째로, 원효는 서로 대우하는[相待] 무자상(無自相)의 관점에

---

110) 원효, 『열반종요』, 한불전1, p.529a13 – 15, "{故}*若如言取, 二說皆失, 互相異諍失佛意, 若非定執二說俱得, 法門無礙不相妨故" * '故'를 뺌. 이영무 역, 가은 역주 '故'가 없고 아무 설명 없음. 한불전에 잘못 삽입된 것임. 『열반종요』, 한불전1, p.529a13*01에 있고; 『열반종요』, 대정장38, p.242c06*07에 없고; 필사본, p.22b2*08에 없음.

111) 같은 책, p.529a14 – 19, "若就德患相對之門, 即生死是空涅槃不空. 以妄心所取無境當知, 故說爲空, 能取妄心不得自在, 故說無我. 眞智所證道理稱心, 故說不空, 能證眞智無礙自在, 故名大我. 依如是門, 前師爲得, 彼所引文是了義說"

서 생사와 열반은 모두 무자성(無自性)이라 한다. 생사와 열반이 똑같이 자기성품[自性]이 없는 이유는 공이 아닌 것으로 공을 대우하고 '나'로써 '나 없음'을 대우하며, '대우함 없음'으로 '대우함 있음'을 대우하기 때문이라는 것이다.112) 이에 대한 논거는『기신론』에서 다음과 같이 말한 것과 같다고 한다.

> "또 구경에 망녕된 집착을 벗어난다는 것은 일체의 더러운 법과 깨끗한 법은 모두 다 서로 대우하는 것으로서, 말할 만한 자상이 없음을 알아야 한다."113)

이 글[相待無自相門]에 의하면 뒷사람의 설명이 옳고 그가 인용한 글도 불요의설(不了義說)이 아니라고 한다. 자상(自相)은 서로가 서로에 의존해 생기는 것이어서 따지고 보면 자상이라고 할 만한 게 없다. 열반이나 생사의 자상도 이와 같고, 자상(自相)이 없으니 말할 만한 자성(自性)도 없다. 곧 요약하면 자상(自相)이 사라지니 자성

---

112) 같은 책, p.529a20－23, "若就相待無自相門, 則生死涅槃等無自性, 以不空待空我待無我, 乃至無待待於有待故." 참조.

113) 같은 책, p.529a23－24, "復次<究竟離妄執者, 當知>{一切}染法淨法皆{是}[悉]相待, 無有自相可說."; 마명,『대승기신론(大乘起信論)』(1권), 진제 역, 대정장32, p.580b08－11, "復次究竟離妄執者. 當知染法淨法皆悉相待. 無有自相可說. 是故一切法從本已來. 非色非心. 非智非識. 非有非無. 畢竟不可說相." 참조.; 마명,『대승기신론(大乘起信論)』(2권), 실차난타 역, 대정장32, p.588c19－22, "若究竟離分別執著. 則知一切染法淨法皆相待立. 是故當知. 一切諸法從本已來. 非色非心非智非識非無非有. 畢竟皆是不可說相." 참조. 두 본의 문장을 비교하면, 원효가 1권본을 읽었다고 할 수 있다.

(自性)도 사라진다는 것이다.

세 번째로, 원효는 자성과 모양에서 벗어난 여래비장(如來秘藏)을 말하여 그 속에서 다툴 것이 없다고 한다. 즉 화쟁이 가능하다는 것이다. 대열반은 모양을 떠나고 성품을 떠났으며, 공도 아니요 공 아닌 것도 아니며, '나'도 아니며 '나－없음'[無我]도 아니라고 한다. 어떤 이유로 공이 아닌가 하면 성품 없음을 떠났기 때문이며, 왜 공이 아닌 것이 아닌가 하면, 성품 있음을 떠났기 때문이라는 것이다. 또 모양 있음을 여의었기 때문에 '나'가 아니라고 말하고, 모양 없음을 떠났기 때문에 '나－없음'도 아니라고 말하며, '나－없음'[無我]이 아니기 때문에 '큰－나'[大我]라고 말하며, 나가 아니기 때문에 '나－없음'이라고도 한다는 것이다. 또 공이 아니기 때문에 '참으로 있다'고 말하고, 공이 아닌 것이 아니기 때문에 허망하다고도 한다는 것이다. 여래가 비밀스럽게 간직하신 그 뜻이 이와 같으니, 그 사이에서 달리 다툴 수가 없다는 것이다.114)

열반의 체성(體性)과 체상(體相) 그리고 그 성상(性相)을 벗어난 관점을 살펴보았다. 성상을 벗어나니 비밀의 문이 열리고, 고집할 설명이 사라진다는 것이다. 이것을 열반 본체의 성상(性相)을 떠난 여

---

114) 원효, 『열반종요』, 한불전1, p.529b01－08, "又大涅槃離相離性, 非空{不}非[不]空, 非*我非無我. 何故非空, 離無性故. 何非不空, 離有性故. 又離有相故說非我, 離無相故說非無我, 非無我故得說大我, 而非我故亦說無我. 又非空故得言實有, 非不空故得說虛妄. 如來秘藏其義如是, 何{蜜}[密]**異諍於其間哉." 참조. * 필사본에 '非'가 빠짐. 대정장, 한불전에 교정됨. 필사 오류로 보임. 필사본, 23a5*07.; 한불전1, p.529b02*10. ; 대정장38, p.242c18.; ** 이영무 역, '蜜'을 '密'로 바꿈. 가은 역주, '須'로 고침. 이기영 이에 대해 '재미있는 숙제'로 남김.

래비장(如來秘藏)의 화쟁이라고 할 수 있을 것이다.

　이상을 정리하면, 열반의 체(體)를 나타내는 가운데, 체성(體性)과 체상(體相)을 나누어 설명하였다. 앞에서는 체와 열반의 체가 무엇인지를 밝히고, 뒤에서는 열반의 모양을 밝혔는데, 즉 '열반은 허(虛)한가, 실(實)한가? 실유(實有)인가, 무(無)인가? 공(空)인가, 불공(不空)인가?'를 살펴보았다.

　열반의 체는 무구진여(無垢眞如)와 과지만덕(果地萬德)이라는 두 가지로 나누어 볼 수 있는데, 이 두 설명이 다 도리가 있다[皆有道理]고 화쟁하였고, 또 이렇게 화쟁되는 까닭이 열반과 보리에는 공통되는 점[通門]과 구별되는 점[別門]이 있기 때문이라는 점을 살펴보았다.

　열반의 모양, 즉 열반의 체상(體相)에는 두 입장이 있는데, 처음의 입장은 '생사가 허망하나 열반은 공하지 않다'는 것이고, 다음의 입장은 '생사나 열반이나 모두 공하다'는 것이다. 원효는 두 주장 간의 대립에 대해, 말에 집착하면 모두 잃는 것이 있지[皆失]만, 고집을 버리고 그 말 너머를 본다면 그 말 모두 얻을 만한 것이 있다[悉得]고 화쟁하는 것을 살펴보았다.

　원효는 이러한 설명들과 그 설명들을 화쟁하며 성상(性相)을 초월하는 여래의 비밀스러운 갈무리[如來秘藏]를 가리킨다. 그리하여 이곳에서는 다툴 것이 없음을 보여준다. 열반이 무엇이고 열반의 모양이 어떠한가를 밝힘으로써 화쟁의 근거인 열반에 대한 보다 깊은 이해가 가능하도록 한다. 화쟁을 통해 여래비장(如來秘藏)에로 도약을 하지만, 동시에 다시 여래비장(如來秘藏)에의 도약은 화쟁을 가능하게 하여 서로 의존적이다. 이와 같은 화쟁을 성상(性相)을 벗어난 여래비장(如來秘藏) − 화쟁이라 불러본다.

3. 두 가지 열반

다음으로 두 가지 열반을 밝히는데, 이 가운데 또 각각 두 가지가 있다. 먼저는 성정열반(性淨涅槃)과 방편괴열반(方便壞涅槃)을 밝히고, 나중은 유여열반과 무여열반을 나타낼 것이다.

우선 성정열반(性淨涅槃)과 방편괴열반(方便壞涅槃)이 무엇인지 살펴보고 이 두 열반이 동일한 진여의 다른 표현임을 살펴볼 것이다. 다음으로 두 열반은 섞이어 어지러움도 없고 구별되지도 않는다[無雜亂而非簡別]는 것이 어떻게 설명될 수 있는지 살펴볼 것이다. 그러나 이 두 열반이 같다고 할 수 없는데 어떻게 같다고 할 수 없는지, 같다고 할 때 생기는 문제는 무엇이고 이 문제를 어떻게 풀 수 있는지 살펴볼 것이다.

다음으로 유여열반(有餘涅槃)과 무여열반(無餘涅槃)에 관해서 부파의 서로 다른 설명과 대승의 네 가지 설명을 살피고 각각에 제기된 문제가 무엇인지, 그리고 이 문제를 어떻게 풀 수 있는지 살펴볼 것이다.

1) 성정열반(性淨涅槃)과 방편괴열반(方便壞涅槃)

처음에 성정열반(性淨涅槃)과 방편괴열반(方便壞涅槃)을 정의하고, 결국 두 열반이 다르지 않다고 설명하는데 어떻게 이것이 가능한지 살펴볼 것이다. 그리고 경에 따라 다르게 설명하는 이유는 무엇인지 살펴볼 것이다.

(1) 성정열반(性淨涅槃)과 방편괴열반(方便壞涅槃)의 뜻

성정열반(性淨涅槃)은 만법(萬法)의 참성품인 진여를 말하는데, 본래 나지도 않고 멸하지도 않으며[不生不滅], 더럽지도 않고 깨끗하지도 않은[不垢不淨] 것이다. 그래서 자성청정열반(自性淸淨涅槃)이라고 한다. 이 열반은 범부와 성인이 평등하여 일미(一味)이기에, 동상열반(同相涅槃)이라고도 한다.115)

방편괴열반(方便壞涅槃)은 부처와 보살이 '지혜'와 '자비'의 좋고 교묘한 방편(方便)을 써, 범부들이 성정열반(性淨涅槃)을 누구라도 가지고 있음을 모르고, 있음과 없음, 큼과 작음, 성인과 범부 등의 두 변견에 집착되는 생각을 무너뜨려[壞] 준다. 좋고 교묘한[善巧] 교화의 방편을 써서 그 집착을 부숨으로써 성정열반의 자리를 깨달아 마음을 바꾸면 이제 '있는 그대로'가 나타난다고 할 수 있다. 이렇게 원인으로 그 이름을 지어 방편괴열반(方便壞涅槃)이라고 한다. 또 두 변견에 집착하는 것에서 마음을 돌려먹어, 두 변견에 머물지 아니하여, 무주처열반(無住處涅槃)이라고도 한다. 이 열반은 오직 보신불(報身佛)만이 가지게 되므로 부동상열반(不同相涅槃)이라 한다.116)

원효는 이에 대한 논거로 『섭론(攝論)』의 글을 인용한다.

"모든 보살들에게 미혹이 없어지는 것은 곧 무주처열반(無住處涅槃)이다"117)

---

115) 같은 책, p.529c15－17 참조.

116) 같은 책, p.529c17－20 참조.

117) 같은 책, p.529c20－21, "諸{煩惱}[菩薩]惑滅, {名}[卽是]無住處涅槃.";

그러므로 곧 이 방편괴열반은 범부의 지위에서는 통하지 아니한다
고 할 수 있다. 그러므로 또한 부동상열반(不同相涅槃)이라고도 한
다. 원효는 『지론(地論)』(『화엄경(華嚴經)』 ‘십지품(十地品)’을 주석
한 『십지경론(十地經論)』의 준말)의 글을 논거로 제시한다.

> “정(定)은 동상열반(同相涅槃)을 이루는데, 자성이 적멸하기 때문
> 이다. 멸(滅)은 부동상열반(不同相涅槃)인 방편괴열반(方便壞涅槃)을
> 이루는데, 지혜 방편을 나타내어 인연이 없어지기 때문이다”118)

원효는 “이 두 열반은 동일한 진여이지만, 다만 뜻의 문을 따라
두 가지 문으로 세운 것일 뿐이다”119)라고 하였다. 그리하여 말은
다르지만 동일한 진여의 다른 표현일 뿐이다. 그렇기 때문에 이제
다툴 필요가 없이 동일한 면과 다른 면으로 드러난 표현의 차이가
있다는 것을 알게 되는 것이다.

아승가, 『섭대승론』(3권), 현장 역, 대정장 31, p.129a27, “諸菩薩惑滅
即是無住處涅槃”; 무착, 『섭대승론석』(15권), 대정장31, p.247a27, “論
曰. 諸菩薩惑滅. 即是無住處涅槃.”; 세친, 『섭대승론석론』(10권), 笈多
共行矩等 역, 대정장31, p.311c13, “諸菩薩寂滅即是無住處涅槃”

118) 원효, 『열반종요』, 한불전1, p.530a01－03, “定者 成同相涅槃, 自性寂
滅故. 滅者, 成不同相方便壞涅槃. {爾}[示]現智緣滅故”; 『십지경론』,
대정장26, p.133b16－18, “定者成同相涅槃自性寂滅故. 滅者成不同
相方便壞涅槃. 示現智緣滅故.”

119) 원효, 『열반종요』, 한불전1, p.530a03－04, “是二涅槃同一眞如 但依義
門建立二種門耳”

(2) 두 열반이 같을 때 생기는 문제

(가) 범부(凡夫)와 성인(聖人)의 열반

그런데 이와 같이 두 열반이 동일하다고 하면 다음과 같은 문제가 있다. 즉 성정열반을 열반이라고 부를 때, 범부의 지위에 있으면서 또한 열반이라 하는가, 성인이 열반을 증득하기 때문에 열반이라 하는가? 다시 말해, 만일 성인이 증득한 것이 열반이라 한다면, 이는 방편으로 증득하는 것이니, 곧 방편괴열반의 뜻과 같다. 그러니 성정열반이라 할 수 없게 된다. 또 만일 범부로 있으면서 얻은 열반이라 한다면, 이는 수증(修證)을 아니하고서도 저절로 얻은 것이니, 모든 범부들이 이미 열반에 든 것이라고 할 수 있다. 또 만일 범부들이 이미 열반에 든 것이라면, 곧 마땅히 성인이 구태여 수증을 하여 열반에 들어가지 아니할 것이라고 한다. 이와 같은 착란을 어떻게 가려서 구분할 것인가의 문제가 생긴다.120)

(나) 생사와 열반은 서로 섞이어 어지럽지 않음

성정열반이 열반이라는 이름을 얻는 데는 두 가지가 있으니, 구별해서 말하는[別門而說] 것과 공통되는 모습으로 말하는[通相而言] 것이라고 한다.

먼저 구별해서 말해 보면, 위에서 '성인이 열반을 증득하기 때문에 열반이라 하는가'라는 질문의 뜻에서처럼, 열반은 성인이 증득한 것에 있으니, 증득한 것에는 두 가지의 뜻이 있다는 것이다. 즉 하

---

120) 같은 책, p.530a04－09 참조.

나는 분별성(分別性)을 대치하여서 본래 고요함을 증득하는 것이고, 또 하나는 의타성(依他性)을 대치해서 전의(轉依)된 고요함을 증득하는 것이라고 한다. 이런 이치로 말미암아 같이 증득하는 것이 열반이어서 두 가지의 구별되는 뜻이 서로 섞여 어지럽지 않다[不相雜亂]고 할 수 있다.121)

통하는 모양으로 말하면, 범부의 지위에 있으면서도 또한 열반이라 이름하는 것과 같아서, 또한 범부의 지위에도 열반이 있어, 만일 이런 뜻을 근거로 하여 보면 범부들이 이미 열반에 들어갔다고 말하겠으며, 또는 성인은 구태여 열반에 들어가지 않아도 된다고 말할 수 있다.122) 이에 대해 원효는 『정명경(淨名經)』과 『기신론(起信論)』, 그리고 『능가경(楞伽經)』을 차례로 인용하여 다음과 같이 논거를 제시한다.

　　"모든 중생들이 끝내는 적멸하니 곧 열반의 모습이 다시 없어지지 아니한다"123)
　　"일체중생이 본래 상주하여 열반에 들어 있으니, 보리의 법은 닦을 만한 상(相)이 아니며 지을만한 상이 아니다"124)

---

121) 원효, 『열반종요』, 한불전1, p.530a10－13 참조.

122) 같은 책, p.530a13－15.

123) 같은 책, p.530a16, "一切衆生{同}[畢竟寂滅卽]涅槃相, 不復更滅."; 鳩摩羅什 譯, 『유마힐소설경(維摩詰所說經)』(3권), 대정장14, p.542b18－19, "諸佛知一切衆生畢竟寂滅卽涅槃相不復更滅."; 『유마힐경(維摩詰經)』(吳月氏優婆塞支謙譯), 대정장14에서는 찾지 못함.

124) 같은 책, p.530a17－18, "一切衆生, {從本已來}[本來常住], 入於涅槃, 菩提之法, 非可修相, 非可作相."; 마명, 『대승기신론(大乘起信論)』(1권), 진제 역, 대정장32, p.577a26－27, "一切衆生本來常住入於涅槃. 菩提

"부처님이 대혜보살마하살에게 이르기를, 보살일천제[125]는 늘 열
반에 들어가지 아니한다. 어째서인가? 이는 일체의 모든 법이 본래
열반임을 잘 알기 때문이다"[126]

之法非可修相非可作相." 마명, 『대승기신론(大乘起信論)』(2권), 실차
난타 역, 대정장32, p.585c17－19, "一切衆生無始已來常入涅槃. 菩提
非可修相. 非可生相." 참조.

125) 이영무 역에는 '보살과 일천제'(1984)라 하고, 뒤에 수정하여 '보살은
일천제이어서'(1987)라 하고, 한글대장경(김달진 옮김)에도 '보살과 일
천제'라 하고, 황산덕 역에도 '보살과 이챤티카'라고 하였으나, 가은
역주에서는 '보살마하살일천제'(2004)라 하였다. 여기서는 '보살일천제'
로 읽어야 할 것이다. 일천제(一闡提, icchantica 혹은 ecchantica)는 음
역(音譯)으로 일천저가(一闡底迦), 일전가(一顚迦), 일천제가(一闡提
迦), 천제(闡提) 등이 있다. 이 말의 원뜻은 '바로 욕구가 있는 사람'
이어서 의역(意譯)으로 단선근(斷善根), 신불구족(信不具足), 극욕(極
欲), 대탐(大貪), 무종성(無種性), 소종(燒種)이니, 곧 일체 선근이 끊어
져 성불할 수 없는 사람을 가리키나, 『능가경』 이곳에서의 일천제는
두 부류가 있다. 일체 선근을 버린 일천제와 일체중생을 구하여 제도
하겠다는 비원으로 일부러 열반에 들지 않는 '보살일천제'가 있다. '보
살일천제'는 '일천제가 아닌 일천제'라 할 수 있다. 보리류지 역, 『입
능가경(入楞伽經)』(16권), 대정장16, p.527b02－20 참조.; 求那跋陀羅
역, 『능가아발다라보경(楞伽阿跋多羅寶經)』(4권), 대정장16, p.487b19
－c03, "大慧. 彼一闡提非一闡提. 世間解脫誰轉. 大慧. 一闡提有二種.
一者捨一切善根. 及於無始衆生發願. 云何捨一切善根. 謂謗菩薩藏及
作惡言. 此非隨順修多羅毘尼解脫之說. 捨一切善根故不般涅槃. 二者
菩薩本自願方便故. 非不般涅槃. 一切衆生而般涅槃. 大慧. 彼般涅槃.
是名不般涅槃法相. 此亦到一闡提趣. 大慧白佛言. 世尊. 此中云何畢竟
不般涅槃. 佛告大慧. 菩薩一闡提者. 知一切法本來般涅槃已. 畢竟不般
涅槃. 而非捨一切善根一闡提也. 大慧. 捨一切善根一闡提者. 復以如來
神力故. 或時善根生所以者何. 謂如來不捨一切衆生故. 以是故. 菩薩一
闡提不般涅槃" 참조.

126) 원효, 『열반종요』, 한불전1, p.530a19－20, "<佛告大慧>菩薩<摩訶薩>,

원효는 그러므로 "모든 부처님의 법문은 하나가 아니어서 그 말씀한 바에 따라 걸림이 없고 어지럽지 않다"127)고 하여 화쟁을 한다. 법문이 여러 가지로 다양하게 드러나는데, 여래가 비밀스럽게 간직한 뜻 하나로부터 여러 가지로 법문이 다양하게 나오기 때문에 서로 걸림이 없고 섞이지도 않고 어지럽지도 않다고 볼 수 있다.

그 이유를 원효는 다음과 같이 말한다. 즉 보살이 열반에 들어가지 않은 것은 범부들이 이미 열반에 들어간 것보다 더 훌륭한 것이다. 왜냐하면 보살은 본래가 열반[本來涅槃]임을 잘 알기 때문이다. 그리고 범부들이 열반에 들어간 것은 성인이 열반에 들어가지 아니한 것보다 못하다. 그 이유는 범부는 아직 스스로 열반에 들어가 있음을 잘 알지 못하기 때문이다. 이러한 이치로 "조금도 섞여 어지럽지 않다[無雜亂]"고 한다.128)

비록 착란이나 혼란이 없지만 가려서 구별되지도 않는다. 그 까닭은 보살들이 열반에 들어가지 아니한 것은 도리어 범부들이 이미 열반에 들어간 것과 같고, 범부들이 이미 열반에 들어간 것은 보살들이 열반에 들어가지 아니한 것과 다르지 아니하다는 것이다. 왜냐하

一闡提常不入涅槃, <何以故?> 以能善知, 一切諸法, 本來涅槃."; 보리류지 역, 『입능가경』(16권), 대정장16, p.527b13−15, "佛告大慧菩薩摩訶薩. 一闡提常不入涅槃. 何以故. 以能善知一切諸法本來涅槃."; 求那跋陀羅 역, 『능가아발다라보경(楞伽阿跋多羅寶經)』(4권), 대정장16, p.487b27−29, "菩薩一闡提者. 知一切法本來般涅槃已. 畢竟不般涅槃. 而非捨一切善根一闡提也." 참조.

127) 원효, 『열반종요』, 한불전1, p.530a20−21, "諸佛法門非一, 隨其所說, 而無障礙, 而不錯亂"

128) 같은 책, p.530a22−b01.

면 명과 무명을 어리석은 자는 둘이라 하지만, 지혜 있는 사람은 그 성품에 둘이 없음을 분명히 요달(了達)하기 때문이라는 것이다. 비록 다시 범부와 성인은 그 성품에 둘이 없지만 범부와 성인이 한 성품이 되는 것도 아니라고 한다. 그 이유는 "어리석은 자는 둘이라 하고 지혜 있는 사람은 둘이 없음을 깨달아 알기" 때문이다.129)

그러므로 "범부와 성인, 생사와 열반은 하나도 아니요 다른 것도 아니며, 있는 것도 아니고 없는 것도 아니며 열반에 들어가는 것도 아니고 들어가지 아니한 것도 아니며, 열반을 벗어나는 것도 아니며 벗어나지 아니하는 것도 아니다"130)라고 말하고 있다. 모든 부처의 뜻은 오직 여기에 있지만, "다만 (중생들의) 얕은 앎에 따라 저러한 말씀으로 나타낸 것뿐이다"131)라고 하였다.

---

129) 같은 책, p.530b05－06, "愚者謂二, 智者了達<無二>*" 한불전, 김호귀 역은 '一'을 넣어야 하지 않을까 의심하고, 가은 역주, 이영무 역, 울만 영역 '一'을 넣음. 김호귀 역은 '一'을 넣어야 하지 않을까 의심하면서도 '다르지 않음'으로 해석하고 있음. 필자는 글의 흐름상 '無二'를 넣어야 한다고 본다. 아니면 '無一'을 넣어야 한다. 원효가 여기서는 '불일불이(不一不異)'를 설명하고 있고 전체적으로 열반의 무이실성(無二實性)을 설명하기 때문이다. '하나'와 '둘 없음'은 큰 차이가 없이 보일 수 있다. 그러나 앞에서 지혜로운 사람은 범부와 성인이 그 성품이 둘이 없음을 요달하였다고 하였기 때문이다. 또 그 앞에 하나도 아니라고 하였다. 가은 역주, p.81 주석 264); 이영무 역, p.87; 울만 영역, p.164; 김호귀 역 pp.52－53 참조; 한글대장경과 황산덕 역은 원문 그대로 해석하여 이 문제가 나타나지 않는다. 그 번역을 소개하면 다음과 같다. "어리석은 사람은 둘이라고 할지라도 지혜로운 사람은 그것을 깨달아 알기 때문이다"(한글대장경, p.420) "어리석은 자는 둘이라고 하지만, 지혜로운 자는 그것을 잘 알기 때문이다"(황산덕 역, p.55)

130) 같은 책, p.530b06－07, "凡聖生死涅槃不一不異, 非有非無非入非不入, 非出非不出"

원효는 여기서 부처의 한 뜻의 다른 여러 설명은 대기설법(對機說法)에 의한 것임을 밝혀 화쟁하고 있다. 따라서 화쟁의 가능성은 바로 한 뜻에 있고, 그 한 뜻의 요달이 화쟁의 가능토대가 되는 것이라 할 수 있다. 그 한 뜻은 생사와 열반이 하나도 아니고 다르지도 않고[不一不異], 있는 것도 아니고 없는 것도 아니고[非有非無], 들어가는 것도 아니고 들어가지 않는 것도 아니고[非入非不入], 나오는 것도 아니고 나오지 않는 것도 아니[非出非不出]라고 할 수 있다. 성인이 열반에 들지 않는 것과 범부가 열반에 드는 것은 서로 그 말에 집착하면 잃는 것이 있어 모순되는 듯 보이지만 거기에 머물지 않아 불의(佛儀)로 본다면 얻음이 있다고 하여 화쟁한다.

2) 유여열반(有餘涅槃)과 무여열반(無餘涅槃)

다음으로 원효는 유여열반과 무여열반을 뜻새김 한다. 먼저 소승에서는 열반의 본체는 하나이지만, 신체가 죽는 죽음을 기준으로 해서 유여열반과 무여열반으로 나누고 있음을 소개한다. 대승에서는 소승의 설일체유부와 성실론종에서 말하는 유여와 무여는 열반의 실의(實意)가 아니라 열반이 드러난 화현(化現)이라고 본다. 원효는 유여열반과 무여열반 모두 진여의 전의(轉依)로 간주하고, 진여를 본체로 삼을 때 실의(實義)가 된다고 화쟁한다. 이에 대한 자세한 설명을 살펴볼 것이다.

---

131) 같은 책, p.530b08, "但隨淺識, 顯設彼說耳"

(1) 부파의 서로 다른 설명

(가) 설일체유부(說一切有部)의 설명과 그에 대한 문제제기

만약 살바다종(薩婆多部: 說一切有部)의 뜻에 의하면, 열반의 체는 하나이지만, 몸에 의하여 범부의 번뇌의 몸[煩惱身]과 아라한의 번뇌가 사라진 난 몸[生身]이 둘임을 말한 것이라고 한다.[132] 그리고 이에 대한 논거로 『지도론(智度論)』을 말하였지만, 『지도론』에는 이와 같은 말을 찾을 수가 없었다. 이는 『아비담비바사론(阿毘曇毘婆沙論)』에서 인용한 것이라 할 수 있다. 원효가 인용한 말을 보면 아래와 같다.

"유여신열반계(有餘身涅槃界)는 무엇인가? 답하기를, 다시 어떤 사람이 말하기를, 몸은 두 가지가 있으니, 하나는 번뇌의 몸[煩惱身]이요, 또 하나는 난 몸[生身]이다. 아라한은 번뇌가 없는 몸이지만, 난 몸이 있어, 이 난 몸에 의해 열반을 증득하기 때문에 유여신열반계라 한다. 무여신열반계(無餘身涅槃界)는 무엇인가? (답하기를) 만약 아라한은 이미 열반에 들어가 4대[地水火風]가 없어져, 모든 감관이 다하여 열반에 들어간다."[133]

---

132) 원효, 『열반종요』, 한불전1, p.530b09－10 참조.

133) 같은 책, p.530b10－16, "云何有餘身{界}涅槃[界]? 答＜曰＞: {或}[復]有說者, 身有二種, 一{者有}煩惱身, 二{者}生身. 阿羅漢無煩惱身, 而有{餘}生身, 依此生身 得涅槃, 故名有餘身{界}涅槃[界]. 云何無餘身{界}涅槃[界]? {答}: ＜若＞阿羅漢已＜入涅槃＞{滅}四大[滅], 諸根盡而入涅槃."; 浮陀跋摩・道泰 역, 『아비담비바사론』(60권), 대정장28, p.126a22－b11, **"云何有餘身涅槃界. 答曰. 阿羅漢住壽. 四大未滅. 乃至廣說. 四大者卽四大是也. 諸根者造色是也. 相續心者是心心數法也. 若此四大造色.**

원효는 이 글은 그 뜻이 분명하지 못하다고 하고, 아래의 글을 경문의 바로 아래에서 다시 인용한다.

"묻기를, 이 글은 마땅히 '몸과 모든 감관과 지각하는 성품이 없어진 것을 무여신열반계(無餘身涅槃界)이다'라고 설명해서는 안 되고, 마땅히 '아라한은 일체의 번뇌를 끊어 없애고 열반에 드니, 이것을 무여신열반계라 한다'라고 설명해야 하나, (이렇게) 말하지 않는 것은 어떤 뜻이 있어서인가?' 하고, 답하기를, '저 존자는 세속의 말에 의지하여 경을 믿게 하기 때문에 이렇게 설명한 것이다'라고 하였다."134)

心心數法未滅. 是有餘身涅槃界. 復有說者. 四大是四大身. 諸根卽諸根. 相續心是覺性. 若身諸根. 覺性未滅. 是有餘身涅槃界. 如是等諸有餘故. 名有餘身涅槃界. 身有二種. 一煩惱身. 二生身. 雖無煩惱身. 而有生身. 復有說者. 身有二種. 有染汚不染汚. 染汚已盡唯有不染汚. 是故說四大等. 有餘故言有餘. 四大爲生何法. 謂生造色. 依造色能生心心數法. 乃至廣說. 彼斷一切結得作證. 是名有餘身涅槃界. 云何無餘身涅槃界. 若阿羅漢. 已入涅槃四大滅. 乃至廣說. 四大者卽四大. 諸根者是造色. 相續心者是心心數法. 若此四大諸根心心數法滅. 是名無餘身涅槃界. 復有說者. 四大身. 諸根卽諸根. 相續心是覺性. 若身諸根覺性滅. 是名無餘身涅槃界." 이 부분에 대한 요약이어서 생략된 부분은 교정하지 아니하고, 생략되지 않은 부분 가운데에서 원문에 맞추어 교정하였다. 원효가 앞에서도 『대지도론』으로 잘못 인용한 적이 있는 『아비담비바사론』(60권)을 인용한 것이다. 『팔건도론』(대정장26, p.777c15-22), 『발지론』(대정장26, p.0923b13-19), 『대바사론』(대정장26, pp.0167c29-0168a09) 부분도 참조. 가은 역주만 이 부분을 찾고, 울만 영역, 이영무 역 찾지 못함.

134) 원효, 『열반종요』, 한불전1, p.530b16-21, "問曰, 此文不應作是說, '身諸根覺性滅, 名無餘身{界}涅槃[界].' 應作是說, '阿羅漢斷一切結盡, 入於涅槃, 是名無餘身涅槃界.' {此}[而]不說者, 有何意耶? 答<曰>: '彼尊者依世俗言<說>, 信經故而作是說'"; 浮陀跋摩·道泰 역, 『아비담비

그리고 원효는 『잡심론(雜心論)』 가운데도 역시 이와 같이 설명한다고 하였으나, 그 전거의 글을 인용하지는 않았다. 아무튼 설일체유부의 설명에 따르면, 무여신열반은 번뇌가 없는 것이지, 몸과 몸 안의 감각지각이 없는 것이 아니라는 것이다. 그런데 위 인용문에서처럼 감관이 사라진 것을 무여신열반이라고 하는 것은 앞에서와 같이 대기설법(對機說法)을 한 것이라 한다.

그런데 "몸과 지각작용이 없어진 곳이 어째서 열반이 아닌가"[135] 하는 문제가 일어난다. 오늘날 한국 사회에서도 고승이 가셨을 때, '열반하셨다'는 말을 흔하게 쓰고 있지 않은가.

이에 대해, 원효는 이 살바다종[설일체유부]에 의하면 수멸(數滅: 번뇌를 없애는 것)인 무위(無爲)의 본체는 곧 선(善)임을 밝혔고, 그러므로 열반이라 한다고 한다. 그리고 몸과 지각작용이 현재에 없어지는 것은 무상(無常)의 멸인 유위(有爲)이기 때문에 열반이 아니라는 것이다. 현재 인(因)을 끊어 미래에 난[未來生] 후의 과보의 법이 일어나지 않는 것은 수멸(數滅)이 아니고, 무기(無記: 선도 악도 아닌 성질)라는 것이다. 그러기에 몸과 지각작용이 없어지는 것은 열반이 아니라고 한다.[136]

즉 유여열반과 무여열반을 구분할 때 신체의 유무가 아닌 번뇌의 유무에 따라 구분되어야 한다는 것이다. 몸과 모든 감각기관이 멸한

바사론』(60권), 대정장28, p.126b11-15, "問曰. 此文不應作是說. 身諸根覺性滅. 名無餘身涅槃界. 應作是說. 阿羅漢斷一切結盡入於涅槃. 是名無餘身涅槃界. 而不說者有何意耶. 答曰. 彼尊者依世俗言. 說信經故而作是說."

135) 원효, 『열반종요』, 한불전1, p.530b21-22.
136) 같은 책, p.530b22-c01.

것을 무여열반이라고 하는 것은 세속의 언어로 규정한 것이고, 일체
의 번뇌를 여의고 열반에 드는 것이 무여열반이라는 것이다.

(나) 성실론종(成實論宗)의 설명과 그에 대한 문제제기

원효는 성실론종(成實論宗)의 입장을 요약해서 설명하고 그에 대한
문제를 제기한다. 성실론종은 하리발마(訶梨跋摩, 범 Harivarman)가 살
바다부[설일체유부]학자인 구마라타(鳩摩羅馱, 범 Kumāralabdha)의 『발
지론(發智論)』을 청문(聽聞)하고는 그 논지가 비천(卑賤)하여 부처의
교화의 본원이 아님을 깨닫고 나서, 대·소승의 여러 부를 연구하고
지은 『성실론』을 소의경전으로 하고 있다. 원효는 성실론종을 소개
하는데, 성실론종에서는 '가명(假名)과 실법(實法)의 두 가지 마음이
없는 것은 유여열반이고, 마음이 공하고 몸도 공하여 미래에 다시
일어나지 않는 것은 무여열반이다. 그러나 몸과 지각작용이 현재에
멸하여 없는 것은 열반이 아니다'라고 한다.[137] 그리고 이에 대한
논거로 『성실론(成實論)』의 다음 글을 제시한다. 그리고 이에 대한
문제를 제기하고 이를 화쟁한다.

"두 가지의 공한 마음[空心]이 멸진정(滅盡定) 및 무여열반이다"[138]

---

137) 원효, 『열반종요』, 한불전1, p.530c02－05 참조.

138) 원효, 『열반종요』, 한불전1, p.530c05－06, "二空心處, 滅定及無餘泥洹";
　　　『성실론』(대정장32)에 이 인용문 그대로는 찾지 못함. 다만, 다음 내용
　　　가운데 공심(空心)에 관한 부분과 관련하여 인용하는 것으로 보인다.
　　　그런데 『성실론』의 내용은 공심을 어떻게 멸하는지, 또 어느 곳에서
　　　멸하는지를 말한다. 즉 멸진정(滅盡定: 모든 것이 사라진 삼매)에 들
　　　때 그리고 무여열반(無餘涅槃)에 들어 상속(相續)이 끊길 때에 멸한다

그러면 이와 같은 문제가 제기된다. 즉 이 성실론종이 말하는 무여열반이 수멸(數滅: 번뇌가 없어지는 것)인가, 수멸이 아닌가?

이에 대해, 성실론종에서는 "집인(集因: 괴로움이 생겨나는 원인)을 끊기 때문에 괴로움의 결과가 일어나지 않는 것도 또한 수멸(數滅: 번뇌가 없어지는 것)이다. 열반의 지혜는 비록 과보는 아니라고 할지라도, 그 과보는 무상(無常)에 치우치는 현상의 괴로움[無常邊行苦]에 포함되는 것이기 때문에, 그것의 과보가 일어나는 것도 또한 멸제(滅諦: 괴로움이 사라진 상태의 진리)에 들어가는 것이다"139)라

고 한다. 이에 반해, 원효는 '공심이 모든 것이 사라진 삼매이며 무여열반'이라고 자신이 말하는 논리에 따라 말하고 있다. 하리발마, 『성실론』, 구마라집 역, 대정장32, p.327a08－12, "論者言. 滅三種心名爲滅諦. 謂假名心法心空心. 問曰. 云何滅此三心. 答曰. 假名心或以多聞因緣智滅. 或以思惟因緣智滅. 法心在煖等法中以空智滅. 空心入滅盡定滅. 若入無餘泥洹斷相續時滅."(논자가 말하기를, 세 종류의 마음이 멸하는 것을 멸제라 이름하는데, 가명심 법심 공심이라고 이르니, 묻기를 이 삼심을 어떻게 멸할 수 있겠는가? 답하기를, 가명심은 혹 많이 듣는 인연의 지혜로 멸하고, 혹 사유 인연의 지혜로 멸하고, 법심은 난등법(煖等法)에 있어서 공의 지혜로 멸하고, 공심은 모든 것이 사라진 삼매[滅盡定]에 듦으로써 멸하며, 만약에 무여열반에 들면 상속(相續)이 끊길 때에 멸한다.) 참조. 같은 책, p.333c21－24, "問曰. 此空心於何處滅. 答曰. 二處滅. 一入無心定中滅. 二入無餘泥洹斷相續時滅所以者何. 因緣滅故此心則滅. 無心定中以緣滅故滅. 斷相續時以業盡故滅."(묻기를, 이 공심은 어느 곳에서 멸하는가? 답하기를, 두 곳에서 멸하는데, 하나는 무심의 삼매에 드는 가운데 멸하고, 또 하나는 무여열반에 들어 상속이 끊길 때에 멸하니, 그 까닭은 무엇인가? 인연이 멸하기 때문에 이 마음이 곧 멸하고, 무심한 삼매 가운데에 연이 멸하기 때문에 멸하니, 상속이 끊길 때에 업이 다하기 때문에 멸한다.) 참조.

139) 원효, 『열반종요』, 한불전1, p.530c07－09, "斷集因故苦果不起亦是數滅. 智雖非報, 其*無常邊行苦所攝故, 其報[不]**起亦入滅諦" * 이영

고 하였다.

또 비유부(譬喩部)에 의하면, "괴로움이 생겨나는 원인[集因]을 끊기 때문에 괴로움의 과보가 일어나지 않는 것이 비록 열반이어도 수멸[번뇌가 없어지는 것]이 아니다. 수멸이 아니기 때문에 무기(無記: 선도 아니고 악도 아닌 것, 과보를 가져오지 않는다)의 성품이다"140)라고 하였다.

그것은 『바사론(婆{沙}[沙]141)論)』에서, '어떤 이가 "유여의열반계(有餘依涅槃界)는 선(善)이요 불도(佛道) (수행의) 결과[道果]이며 진리에 포섭[諦攝]되지만, 무여의열반계(無餘依涅槃界)는 바로 무기(無記)요 도과(道果)가 아니며 진리에 포섭되지도 않는다"142)라고 한

무 역, 가은 역주는 '報其'를 '其報'로 바꾸어 교정하여 읽고, 울만 영역은 안 바꿈. 문맥의 띄어 읽기의 차이로 볼 수 있다. **필사본에 따라 '不'을 넣음. 필사본, p.28a4*04 참조.

140) 원효, 『열반종요』, 한불전1, p.530c10−11, "斷集因故苦報不起, 雖是涅槃而非數. 非{非}[數]*故是無記性." *필사본과 내용에 따라 '非'를 '數'로 바꿈. '非數非非'는 필사본에 '非夕數夕'로 되어 있어, 그대로 보면 '非非數數'이다. '非夕數夕'는 '非數非數'의 생략 표기라고 할 수 있다. 이영무 역, 가은 역주는 문맥상 '非數滅非數滅'로 바꾸었다. 필자는 이영무 역, 가은 역주를 따른다. 대정장 그리고 한불전 대로 "(雖是涅槃而)非數非非(故是無記性)"로 읽으면, "(비록 열반이기는 하지만) 수멸이 아니다. (그렇지만 열반이어도 수멸이) 아닌 것도 아니기 때문에 (무기성이다)"가 된다. 필사본, p.28a5 참조. 가은 역주, p.86 각주 296) 참조. 이영무 역(1984), p.89 참조.

141) 원 제목에 따라 '娑'를 '沙'로 바꿈. 가은 역주 바꿈. 이영무 역, 울만 영역 안 바꿈.

142) 원효, 『열반종요』, 한불전1, p.530c11−14, "或有說者, 有餘{身}[依]涅槃界, 是善是道果是諦[所]攝. 無餘{身}[依]涅槃界, 是無記非道果非諦[所]攝"; 현장 역, 『아비달마대비바사론(阿毘達磨大毘婆沙論)』(200권), 대정

것과 같다고 한다.

(2) 대승의 네 가지 설명

다음으로 원효는 대승의 네 가지 설명을 소개한다. 첫째는 화현(化現)에 따른 것이요, 둘째는 실의(實義)에 관한 것이요, 셋째는 대승과 소승에 대한 것이요, 넷째는 삼신(三身)에 의한 것이다.

(가) 화현(化現)

원효는 첫째 화현(化現: 변화되어 나타난 모양)의 입장에서 설명한다. 소승의 두 가지 열반(무여/유여)과 같으니, 그 뜻은 앞의 두 종(성실론종/비유부)에서 말한 것과 같지만, 다만 앞 소승 설일체유부[살바다종]에서는 실재[實]라 하였고, 여기 대승에서는 화현(化現)과 같을 뿐이라고 설명한다. 즉 소승이 실재라고 하는 것은 대승에서 부처와 보살이 중생을 구제하기 위하여 다양한 모습으로 나타나는 것과 같다는 것이다.

장27, p.0167c01-10, "或復有執. 有餘依涅槃界是善. 無餘依涅槃界是無記. 爲遮彼執顯二種涅槃界皆是善性. 或復有執. 有餘依涅槃界是道非道果. 無餘依涅槃界是道果非道. 爲遮彼執顯二種涅槃界皆是道果. 或復有執. 有餘依涅槃界是道果. 無餘依涅槃界非道果. 爲遮彼執顯二種涅槃界俱是道果. 或復有執有餘依涅槃界是諦攝. 無餘依涅槃界非諦攝. 爲遮彼執顯二種涅槃界皆是諦攝." 참조.; 浮陀跋摩·道泰 역, 『아비담비바사론』(60권), 대정장28, p.126a14-18, "復有說有餘身涅槃界是善. 無餘身涅槃界是無記. 復有說有餘身涅槃界是道果. 無餘身涅槃界非道果. 復有說有餘身涅槃界是諦所攝. 無餘身涅槃界非諦所攝." 참조.

여기에서는 실재에 대한 소승과 대승의 입장의 차이를 보여준다. 그러나 실재란 과연 무엇인가? 이에 대해서는 동서고금의 오랜 숙고가 있어 왔다. 둘의 차이가 근본적이고 본질적인 차이인가? 박정근은 오경웅이 법안종의 선사 현사사비(玄沙師備, 834－908)의 일화를 소개한 것을 소개하면서 실재의 진실에 대한 사색을 한다. 그 일화를 소개하면 다음과 같다.

> "어느 날 현사 스님은 대중에게 강론을 하기로 예정되어 있었다. 마침 그가 법상에 올랐을 때, 밖에서 제비가 지저귀는 소리를 들었다. 그러자 그는 이렇게 말하였다.
> '실상에 관하여 이 얼마나 심오한 설법이며 법문인가!'[143]
> 그리고는 그는 마치 자신의 설법이 모두 끝난 양 법상에서 내려왔다."[144]

이에 대해 박정근은 말을 하면서도 많은 말을 아끼고 있다.

---

143) 박정근은 『오등회원(五燈會元)』7권, 24, "深談實相　善說法要"를 오경웅의 원저 *The Golden Age of Zen*이나 한글 번역본 두 권 『禪學의 黃金時代』(이남영·서돈각 공역)와 『禪의 황금시대』(류시화 역)가 모두 '談'이 '資'로 잘못되어 있음을 지적한다. 박정근, 아래 논문의 각주 28) 참조.

144) 박정근, 「老子 《道德經》 研究 (二)－마크 트웨인(Mark Twain), 클로드 모네(Claude Monet) 그리고 老子」, 『인문학 연구』 제4집, 한국외국어대학교 인문과학연구소, 1999, pp.61－62에서 재인용; 吳經熊 著, 『禪學의 黃金時代』, 李楠永, 徐燉珏 共譯, 三一堂, 1978, p.346; 吳經熊 지음, 『禪의 황금시대』, 류시화 옮김, 經書院, 1990 3판, p.248 참조; John C. H. Wu Revised Editio, *The Golden Age of Zen*, United Publishing Center, Taiwan, 1975, p.230 참조.

"여느 봄날 제비의 지저귐은 아무 일도 아니다. '천국으로의 먼 길'을 힘들게 재촉하는 사람에게 봄날의 제비소리는 사소한 일상을 넘어 귀찮게 마저 느껴질 수도 있는 일이다. 그러나 '법안(法眼)'의 이 스님에게 그 제비소리가 한 처음 천지가 창조되기 전부터 하느님과 함께 계신 '말씀'145)으로 보이고, 그 말씀으로 하느님을 듣는 일은 결코 불가능한 일이 아니었을 것이다. 어쨌든 이 스님의 법안이 '법이(法耳)'와 함께했음은 의심의 여지가 없다! 제비소리를 제대로 '보는' 귀를 가졌으니 말이다."146)

제비소리와 함께 찾아온 것은 무엇인가? 화현이 제비소리라면, 제비소리와 함께 언뜻 보인 실상은 제비소리가 그대로 실상임을 말하고 싶은 것이었을까? 원효가 아직 밝히고 있지 않지만, 원효는 '실상'과 '화현'은 '하나도 아니지만 다르지도 않음[不一不異]'을 말하여 화쟁한다.

(나) 실의(實義)

둘째 실의(實義)에 따르면, 이 두 열반, 즉 유여의열반과 무여의열반은 같이 전의(轉依: 의지하는 것을 바꾸어 머무는 것)된 진여(眞如)를 본체로 삼은 것인데, 다만 인(因)을 끊고 나타난 것이라는 뜻의 문으로는 유여열반이라 하고, 과(果)가 이미 나타난 것이라는 뜻의 문으로는 무여열반이라 한다. 이에 대한 논거로 다음의 『섭대승

---

145) 요한 복음서 1:1-2, "1한 처음, 천지가 창조되기 전부터 말씀이 계셨다. 말씀은 하느님과 함께 계셨고 하느님과 똑같은 분이셨다. 2말씀은 한 처음 천지가 창조되기 전부터 하느님과 함께 계셨다." 참조. 박정근, 위 논문, 각주 30).

146) 박정근, 위 논문, p.62.

론석(攝[大乘]147)論[釋]148))』을 인용한다.

　　"번뇌의 업이 멸하였기 때문에 종자가 없어졌다고 말하는 것이니,
이는 유여열반을 나타낸 것이다. 과보가 다 멸했기 때문에 모든 것이
다 다했다고도 말하는 것이니, 이것은 무여열반을 나타낸 것이다"149)

　　그리고 또 원효는 아래와 같이 『유가사지론』의 '결택분'에서 이루
어지고 있는 문답을 소개한다.

　　"묻기를, '만약에 아라한이 먼저 생겨난 6처[眼耳鼻舌身意]를 그
대로 가지고 있어, 곧 이와 같이 머물러 상속해 멸하지 않고 조금도
달라짐이 없는데, 다시 어떤 다른 전의(轉依)의 성품이 있어서 6처
[眼耳鼻舌身意]가 상속하지 않으면서 전의하는가? 만일 다시 다른
전의가 없다면, 무슨 인연 때문에, 앞뒤의 두 가지 의지(依止)(수행
전 인위와 수행후의 과위: 의존하여 머문다는 뜻)가 서로 닮으면서,
이후에는 번뇌로 변하지 않고 성도(聖道)로 변하는가?'라고 하였다.
답하기를, '모든 아라한에게는 실로 전의가 있으니, 이 전의가 그
육처와 다른가 다르지 않은가의 성품을 말할 수 없다. 어째서인가?
이 전의로 말미암아 진여의 청정함이 나타나는바 그것은 진여의 종
성이며, 진여의 종자이며, 진여의 집성이니, 저 진여가 육처와 다른
가 다르지 않은가의 성품을 모두 말할 수 없다'라고 하였다."150)

---

147) 내용에 따라 '大乘'을 넣음.

148) 내용에 따라 '釋'을 넣음.

149) 원효, 『열반종요』, 한불전1, p.530c20－22; 무착, 『섭대승론석(攝大乘論
　　釋)』(15), 대정장31, p.175a04－06, "煩惱業滅故言即無種子. 此顯有餘
　　涅槃. 果報悉滅故言一切皆盡. 此顯無餘涅槃."

"(묻기를,) '무여의열반계 가운데에서 완전히 열반한 뒤 얻은 전의
는151) 마땅히 상(常)이라고 해야 하는가, 마땅히 무상(無常)이라고
해야 하는가?'라고 하였다. 대답하기를, '마땅히 상이라고 말해야 하
니152) 청정한 진여에서 나타난 것이기 때문이고 인연으로 생긴 것
이 아니기 때문이면 생멸도 없기 때문이다.'153)"154)

---

150) 원효, 『열반종요』, 한불전1, pp.530c23－531a07, "問: 若阿羅漢＜如先所
有＞六處生起, 卽如是住相續不滅, 無有變異, 更有何等異轉依性, 而非
六處相續而轉? 若更無有異轉依者, 何因緣故, 前後二種依止相{以}[似]
而今後時煩惱不轉, 聖道轉耶? 答: 諸阿羅漢, 實有轉依, 而此{依}轉依
＜與其六處, 異不異性俱不可說, 何以故, 由此轉依＞ {淸淨}眞如[淸淨]
所顯, ＜眞如種性, 眞如種子, 眞如集成＞ 而彼眞如與其六處, 異不異性,
俱不可說."; 彌勒 강술, 『유가사지논』(100권), 無著 記, 玄奘 역, 대정
장30, p.747c17－25, "問若阿羅漢如先所有六處生起. 卽如是住相續不
滅. 無有變異. 更有何等異轉依性. 而非六處相續而轉. 若更無有異轉
依者. 何因緣故. 前後二種依止相似而今後時煩惱不轉. 聖道轉耶. 答
諸阿羅漢實有轉依. 而此轉依與其六處. 異不異性俱不可說. 何以故. 由
此轉依眞如淸淨所顯. 眞如種性. 眞如種子. 眞如集成. 而彼眞如與其
六處. 異不異性俱不可說" 참조.

151) 彌勒 강술, 『유가사지논』(100권), 無著 記, 玄奘 역, 대정장30, p.748b10
－11, "問於無餘依涅槃界中, 般涅槃已所得轉依" 참조.

152) 같은 책, p.748b19, "問當言是常. 當言無常. 答當言是常."

153) 같은 책, p.748b19－21, "答淸淨眞如之所顯故. 非緣生故. 無生滅故"

154) 원효, 『열반종요』, 한불전1, p.531a07－09, "'＜於＞無餘依＜涅槃界＞中, 般
涅槃已所得轉依, 當言是常, 當言無常?' 答: '當言是常, 淸淨眞如之所
顯故, 非緣生＜故＞無生滅故.'"; 彌勒 강술, 『유가사지논』(100권), 無著
記, 玄奘 역, 대정장30, p.748b10－21, "問於無餘依涅槃界中. 般涅槃
已所得轉依. 當言是有. 當言非有. 答當言是有. 問當言何相. 答無戲論
相. 又善淸淨法界爲相. 問何因緣故當言是有. 答於有餘依及無餘依涅槃
界中. 此轉依性皆無動法. 無動法故. 先有後無不應道理. 又此法性非衆
緣生. 無生無滅. 然譬如水澄淸之性. 譬如眞金調柔之性. 譬如虛空離雲

"묻기를, 무여의반열반 중에서 열반에 든 자는 색(色) 등의 법에 있어서 마땅히 자재를 얻었다 하는가, 자재를 얻지 못했다 하는가? 답하기를, 마땅히 자재를 얻었다 한다. 묻기를, 이 얻은 자재는 앞에 나타날 수 있다고 하는가, 앞에 나타날 수 없다고 하는가? 답하기를, 일부분은 앞에 나타날 수 있고 일부분은 앞에 나타날 수 없다고 하니, 즉 모든 여래는 무여의열반계 가운데에서 완전히 열반하였으니 앞에 나타날 수 있고, 나머지는 앞에 나타나게 할 수 없다."155)

실(實)에 근거하여 말하면 이 두 열반, 즉 유여의열반과 무여의열반은 같이 전의(轉依)된 진여(眞如)를 본체로 삼은 것인데, 다만 인(因)을 끊고 나타난 것이라는 뜻의 문으로는 유여열반이라 하고, 과(果)가 이미 나타난 것이라는 뜻의 문으로는 무여열반이라 한다.

(다) 대승(大乘)과 소승(小乘)

세 번째로, 원효는 대승과 소승의 상대문으로 설명하는데, 이승의

霧性. 是故轉依當言是有. **問當言是常. 當言無常. 答當言是常.** 問何因緣故當言是常. **答淸淨眞如之所顯故. 非緣生故. 無生滅故.**" 참조.

155) 원효, 『열반종요』, 한불전1, p.531a10－14, "問: 於無餘依{般}涅槃<界中, 般涅槃>者 於色等法 當言<獲>得自在, 當言不得{耶}[自在]? <答: 當言獲得自在. 問: 此所得自在,> 當言能現在前, {答}當言不<能>現在前? [答:]{當言得}, 一分能現在前, 一分不<能>現在前, 謂諸如來於無餘<依涅槃界中>, 般涅槃已, 能現在前, 所餘不能令現在前",; 彌勒 강술, 『유가사지론』(100권), 無著 記, 玄奘 역, 대정장30, p.748b21－27, "問於無餘依涅槃界中. 般涅槃者. 於色等法當言獲得自在. 當言不得自在. 答當言獲得自在. 問此所得自在. 當言能現在前. 當言不能現在前. 答一分能現在前. 一分不能現在前. 謂諸如來於無餘依涅槃界中. 般涅槃已能現在前. 所餘不能令現在前." 참조.

열반을 유여열반이라고 이름하고, 여래께서 증득하신 열반을 무여열반이라고 이름하는 것이다. 『승만경』의 말을 논거로 다음과 같이 제시한다.

> "유위생사와 무위생사가 있는데, 열반도 또한 이와 같아서, 유여
> (의열반)와 무여(의열반)가 있다."[156]

곧 이는 유위의 생사가 다 없어진 곳에서 얻는 열반을 유여의열반이라고 하고, 무위의 생사가 다 없어진 곳에서 얻는 열반을 무여의열반이라고 한다는 것이다.

(라) 응화신(應化身)과 법신(法身)

네 번째로, 원효는 삼신(三身, 法身·報身·應身)에 의지해서 두 가지 열반을 설명한다.

하나는, 응신과 화신의 두 몸의 측면에서, 몸과 지혜가 아직 있는 것을 유여의열반라고 한다. 이 열반은 생사의 모든 근심을 여의었기 때문에 열반이라고 하는 것이다. 원효는 이에 대한 논거로『열반경』에, "내 지금 이 몸이 바로 열반이다"[157]라고 한 것과 같다고 제시한다. 또 하나는, 법신의 측면에서, 몸과 지혜가 평등한 것을 무여의

---

156) 원효, 『열반종요』, 한불전1, p.531a17, "<有有爲生死無爲生死>, 涅槃亦
  {二種}[如是], 有餘及無餘";; 求那跋陀羅 역, 『승만사자후일승대방편방
  광경(勝鬘師子吼一乘大方便方廣經)』, 대정장12, p.221b25−26, "有有爲
  生死無爲生死. 涅槃亦如是. 有餘及無餘." 참조.

157) 원효, 『열반종요』, 한불전1, p.531a22, "{今}我[今]此身即是涅槃故"; 혜
  엄 역, 『대반열반경』(36권), 대정장12, p.757c01, "我今此身即是涅槃"

열반이라고 하며, 모든 모양을 떠나 끝내 적멸하기 때문에 열반이라
고 하는 것이다. 이는 『금고경』158)에 유여열반과 무여열반을 다음에
서 밝히고 있는 것과 같다.

> "이 두 몸[보신, 응신]에 의하여 모든 부처님은 유여열반을 말씀
> 하시며, 법신에 의하여 무여열반이라고 한다. 어째서인가? 일체의
> 남은 것이 끝까지 다 없어졌기 때문이다"159)

만일 이 뜻에 의하면 삼신(三身)을 취해 열반의 본체로 삼은 것이다.
또 한 가지 뜻이 있으니, 더러움이 없는 진여[無垢眞如]가 바로
열반인데, 다만 이신(二身)설의 입장에서 보면 이 진여[無垢眞如]를
유여열반이라고 한다. 따로 남은 것이 있기 때문이다. 만일 법신(法
身)의 입장에서 보면, 이 진여[無垢眞如]를 무여열반이라고 한다. 따
로 남은 것이 없기 때문이다.
　『섭대승론석』에서 이 점을 분명히 밝히고 있다.

---

158) 『금고경』: 다음 두 가지를 이른다. 『합부금강명경』, 수(隋) 사문(沙門)
　　 석보귀합(釋寶貴合) 북량(北涼) 삼장(三藏) 담무참(曇無讖) 역. 『금광명
　　 최승왕경』, 당(唐) 삼장사문(三藏沙門) 의정봉(義淨奉) 제역(制譯) 대정
　　 장16에 실림.

159) 원효, 『열반종요』, 한불전1, p.531a24－b02, "依此二身, 一切諸佛說有
　　 餘涅槃, 依法身者, 說無餘涅槃. 何以故? 一切餘究竟盡故"; 담무참 역,
　　 『합부금강명경(合部金光明經)』, 대정장16, p.363b07－09, "依此二身一
　　 切諸佛說有餘涅槃. 依法身者說無餘涅槃. 何以故. 一切餘究竟盡故.";
　　 의정 역, 『금광명최승왕경(金光明最勝王經)』, 대정장16, p.409a02－04,
　　 "依此二身. 一切諸佛. 說有餘涅槃. 依此法身. 說無餘涅槃. 何以故.
　　 一切餘法. 究竟盡故." 두 본을 비교하면, 원효가 『합부금강명경』을 저
　　 본으로 하고 있음을 알 수 있다.

"독각과 같은 이는 중생에게 이익 되는 일을 생각하지 않고 무여 열반에 머무르지만, 보살은 곧 이와 같지 않아 반야바라밀에 머무르면서 중생에게 이익 되는 일을 버리지 않는다. 그러므로 열반에 드는 것이 유여이기도 하고 무여이기도 하다. 따라서 법신에 있어서는 무여이고, 응화신에 있어서는 유여이기 때문이다. 무여열반처에 머물지 않는다고 말하니 왜냐하면 그곳에는 응하지 못하기 때문이다."160)

또다시 이 전의된 진여의 열반은 삼신(三身)의 입장에서는 머무는 곳이 없는 열반[無住處涅槃]이라고 하니, 그 까닭은 이신(二身)의 생멸은 진여와 같지 않기 때문이다. 이 때문에 열반에 머무르지 않는 것이다. 법신은 모양을 여의어 진여와 다름이 없으니, 그러므로 열반에 머무를 수 없다. 그러므로 삼신(三身)에 대해 머무름이 없다고 말하는 것이다.161) 이에 대한 논거로 원효는 『열반경』의 다음 글을

---

160) 원효, 『열반종요』, 한불전1, p.531b07－11, "如{緣}[獨]覺不觀衆生利益事, 住無餘涅槃, 菩薩{卽}[則]不如是, 住{波}[般]若波羅蜜, 不捨衆生利益事, 般涅槃亦有餘亦無餘. 於法身是無餘, 於應<化>身是有餘故, 言離住無餘涅槃<處>, 以不應彼處故." 이 구절은 『섭대승론』에 대한 『섭대승론석』의 풀이에 해당하는 곳이다. 현장 역, 『섭대승론』(3)(대정장31, p.129a04)의 "不觀利益衆生事住無餘涅槃處."을 풀이한 것이다. 무착, 『섭대승론석』(15), 대정장31, p.245b25－c01, "論曰. 五離不觀利益衆生事. 住無餘涅槃處. 釋曰. 如獨覺不觀衆生利益事. 住無餘涅槃. 菩薩則不如是. 住般若波羅蜜. 不捨衆生利益事. 般涅槃亦有餘亦無餘. 於法身是無餘. 於應化身是有餘故. 言離住無餘涅槃處. 以不應彼處故." 참조.

161) 황산덕, 한글대장경(김달진 옮김)은 이 부분을 인용한 부분으로 잘못 이해했다. 1984, 1987년의 이영무 역에는 인용한 부분이 아닌 것으로 읽고 있다. 이영무 역(1984), p.98 참조. 이영무 역(1987), pp.264－265 참조. 황산덕 역, p.62 참조. 한글대장경(김달진 옮김) 「열반경종요」, 『大

인용한다.

> "이 삼신(三身)에 의해 모든 부처님은 무주처열반을 말씀하신다. 어째서인가? 이신(二身: 응신과 화신)이기 때문에 열반에 머무르지 않으며 법신을 떠나 따로 부처가 있지 않(기 때문이)다. 무엇 때문에 이신(二身)은 열반에 머무르지 아니하는가? 이신(二身)은 가명이라 진실한 것이 아니라서 생각 생각이 멸하여 머무르지 않기 때문이며, 자주자주 나타나 일정하지 않기 때문이다. 그러나 법신은 그렇지 않다. 그러므로 이신은 열반에 머무르지 않고 법신은 (진여와) 둘이 아니므로 반열반에 머물지 않는다"[162]

열반은 유여와 무여의 측면을 모두 갖추어야 한다. 법신의 관점에서는 무여열반이고, 응신의 관점에서는 유여열반이다. 원효는 여기서 열반이 무여의 측면, 유여의 측면 또 유여와 무여를 모두 벗어나는 측면을 모두 말하고 있다. 즉 법신이 반열반에 머물지도 않으며, 응신과 화신도 열반에 머물지 않는다. 즉 이신(二身)은 순간순간 그때마다 나타났다가 사라지는 것으로 임시의 이름이고 진실하지 않다는

乘起信論疏別記 外』(1992 초판, 1996 2쇄), p.423 참조.

162) 원효, 『열반종요』, 한불전1, p.531b16-21, "依此三身, 一切諸佛, 說無住處涅槃. 何以故? 爲二身故, 不住涅槃, 離於法身, 無有別佛. 何故二身不住涅槃? 二身假名不實, 念念滅不住故, 數數出現, 以不定故. 法身不爾. 是故二身不住涅槃, 法身<者>不二, 是故不住於般涅槃." ; 혜엄 역, 『대반열반경』(36권), 대정장12, p.363b09-14, "依此三身一切諸佛 說無住處涅槃. 何以故. 爲二身故不住涅槃. 離於法身無有別佛. 何故二身不住涅槃. 二身假名不實念念滅不住故. 數數出現以不定故. 法身不爾. 是故二身不住涅槃. 法身者不二. 是故不住於般涅槃. 依三身故說無住涅槃." 참조.

것이다. 열반을 삼신(三身)의 관점에서 설명할 때 생기는 유여열반과 무여열반의 다른 설명들은 이처럼 화쟁된다.

정리하면 다음과 같다. 이상은 두 가지 열반을 밝혔는데, 먼저는 성정열반(性淨涅槃)과 방편괴열반(方便壞涅槃)을 밝히고, 나중은 유여열반과 무여열반을 나타냈다.

성정열반(性淨涅槃)과 방편괴열반(方便壞涅槃)은 동일한 진여의 다른 표현이므로 섞이어 어지러움도 없고 구별되지도 않는다. 다만 범부(凡夫)와 성인(聖人)의 지위에 따른 열반의 문제임을 살펴보았다. 이 문제는 성인이 열반에 들지 않았다고 하는 것과 범부가 열반에 들었다고 하는 것은 부처의 한 뜻의 여러 설명이어서 서로 어긋나는 것이 아님을 살펴보았다. 이와 같은 설명은 궁극적으로 범부와 성인, 생사와 열반은 하나도 아니요 다른 것도 아니며, 있는 것도 아니며 없는 것도 아니고 다른 것도 아니며 열반에 들어가는 것도 아니고 들어가지 아니한 것도 아니며, 열반을 벗어나는 것도 아니며 벗어나지 아니하는 것도 아니기 때문에 가능하다는 점을 살펴보았다. 그리고 경에 따라 부처의 설명들이 다른 이유는 다만 중생의 근기에 따라, 즉 중생의 앎의 깊이에 따라 부처가 말한 것일 뿐이라는 점을 살펴보았다. 화쟁의 가능성은 바로 한 뜻에 있고, 그 한 뜻의 요달이 화쟁의 가능토대가 되는 것이다. 성인이 열반에 들지 않는 것과 범부가 열반에 드는 것은 서로 그 말에 집착하면 잃는 것이 있어 모순되는 듯 보이지만 거기에 머물지 않아 불의(佛儀)로 본다면 얻음이 있다고 하여 화쟁한 것이다.

다음으로 유여열반(有餘涅槃)과 무여열반(無餘涅槃)에 관해서 부파의 서로 다른 설명과 대승의 네 가지 설명을 살피고 각각에 제기된 문제가 무엇인지, 그리고 이 문제가 어떻게 해결되는지 살펴보았다. 소승에서는 열반의 본체는 하나이지만, 신체가 죽는 죽음을 기준으로 해서 유여열반과 무여열반으로 나누고 있음을 소개했다. 대승에서는 소승의 설일체유부와 성실론종에서 말하는 유여와 무여는 열반의 실의(實意)가 아니라 열반이 드러난 화현(化現)이라고 보았다. 원효는 유여열반과 무여열반이 모두 진여의 전의(轉依)로 간주되며, 진여를 본체로 삼을 때 실의(實義)가 된다고 화쟁하였다.

원효는 열반에 대한 여러 표현들이 부처의 한 뜻의 다른 표현들임을 밝히고 있다. 그러므로 그 한 뜻으로 보면 여러 설명들이 화쟁된다.

Ⅳ. 열반 현상

이상에서 열반 자체에 대한 설명들과 그 설명들 간의 화쟁을 살펴보았고 그 화쟁의 바탕에는 열반이 전제됨을 밝혔다. 제1절에서 열반의 이름과 뜻에 대한 설명에서는 '니르바나'라는 말의 '번역가능성과 번역불가능성'에 대한 설명과 그 이설들을 어떻게 조화롭게 하는지와 '열반'의 보임－말 대멸도(大滅度)의 뜻풀이와 이에 대한 이설들을 어떻게 조화롭게 하는지를 살펴보았다. 제2절에서 열반의 체(體)의 성(性)·상(相) 논의에서는 '열반은 허(虛)한가, 실(實)한가? 실유(實有)인가, 무(無)인가? 공(空)인가, 불공(不空)인가?'를 살펴보았다. 그리고 제3절에서 두 가지 열반을 설명하였는데, 먼저는 성정열반(性淨涅槃)과 방편괴열반(方便壞涅槃)을 밝히고, 나중은 유여열반(有餘涅槃)과 무여열반(無餘涅槃)의 뜻을 새긴 후, 이 여러 다른 열반이 어떻게 부처의 한 뜻의 다른 표현들임을 살펴보았다.

본 장에서는 열반 현상에 대한 여러 다른 설명들을 살펴보고, 이들 간의 화쟁이 어떻게 전개되는지 탐구할 것이다. 제1절에서는 법신·반야·해탈의 설명과 여러 다른 설명들을 살펴보고, 이들 간의 차이에 대해 어떻게 화쟁하는가를 살펴볼 것이다. 제2절에서는 상·낙·아·정에 대한 설명과 그 설명들 간의 차이를 어떻게 화쟁하는지 탐구할 것이다.

1. 법신(法身)·반야(般若)·해탈(解脫)

본 절에서는 삼사(三事)가 네 가지로 분별되어 설명된다. 첫째 체상(體相)을 나타내고, 둘째로 삼사로 세운 이유를 밝히고, 셋째로 전

체적인 것과 구별되는 점을 밝히고, 넷째로 왕복하면서 결택(決擇)한
다. 이 절에서는 열반의 현상으로서 삼사(三事)·삼덕(三德) 혹은 삼
법(三法)이라고 차례로 불리는 법신(法身)·반야(般若)·해탈(解脫)
이 그 특성에 따라 이름을 달리하지만, 반야나 해탈이 모두 법신(法
身)에 체를 두고 있음을 설명할 것이고, 그 가운데 화쟁이 어떻게
나타나고 있는지 살펴볼 것이다. 그리고 화쟁에서 더 나아가면 무엇
이 있을까? 마지막으로 가면 이 점은 저절로 드러날 것이다. 그것이
무엇인지 살펴볼 것이다.

1) 삼사(三事)의 체상(體相)[1]

법신(法身)은 그 체는 둘이 없는 하나의 법계이고, 법계는 온갖
것에 미치지 않음이 없다. 원효는 법신의 본체는 부처의 자리에서
가지는 모든 공덕으로, 그 체는 둘이 없고 오직 한 법계라고 한다.
법계는 그 전체로써 원만한 덕[萬德]을 이루고, 원만한 덕의 모양은
다시 법계와 같다. 그런데 법계의 성품은 원만한 덕과 다르지 않아
서, 한 덕을 들면 두루하지 않는 데가 없다. 이와 같이 일체 백법
(百[2]法)이 원만하여 그 자체에 쌓여 있다. 그러므로 법신(法身)이라
한다.[3] 원효는 이 글에 대해 '금강신품(金剛身品)'[4]에 온전히 나타

---

1) 원효, 『열반종요』에 출체문은 열반문 내에 둘이 있고 불성문 내에 하나
   가 있다. 열반문 내에는, 첫 번째 명의문 다음의 출체문이고, 두 번째는
   삼사문 내의 출체문이다.
2) '白'을 '百'으로 바꿈. 가은 역주와 황산덕 역이 '白' 그대로 읽고, 이영
   무 역 한글대장경이 '自'로 바꿔 읽고, 울만 영역이 '百'으로 바꾸고 'all'
   로 번역하였다.

나 있다고만 할 뿐 관련된 글을 인용하지는 않았다.5)

반야(般若)의 체(體)는 스스로 밝고 통달해 비추지 않는 데가 없는 것이다. 원효는 반야의 본체가 곧 법신이라고 한다. 그런데 반야의 뜻이 스스로 밝고 통달해 비추지 않는 데가 없기 때문에 반야라고 이름한다고 설명한다.6) 해탈(解脫)의 체(體)는 한마디로 장애가 없는 것이다. 원효는 해탈의 본체는 곧 법신이라고 한다. 그런데 해탈의 뜻이 모든 얽매임으로부터 벗어나 아무 장애되는 것이 없기 때문에 해탈이라고 이름한다고 설명한다.7)

---

3) 원효, 『열반종요』, 한불전1, p.531c01−05, "法身體者, 佛地所有一切功德, 其體無二唯一法界, 法界擧體以成萬德, 萬德之相還同法界. 法界之性不異萬德, 隨擧一德無所不遍. <u>如是一切{白}[百]法圓滿自體積集, 故名法身.</u>" 밑줄 친 부분의 여러 번역을 살펴보면 다음과 같다.: 가은 역주: 이처럼 일체의 백법(白法)이 원만하여 자체에 집적된 까닭에 그래서 법신이라 이름한다.; 이영무 역: 이와 같이 一切의 自體의 法이 圓滿하고 自體가 쌓이고 모였다. 그러기에 「法身」이라 이름하는 것이니,; 한글대장경: 이와 같이 자체의 법이 원만하여 그 자체에 쌓여 있기 때문에 법시('법신이'로 교정해야 한다, 필자 교정)라 하나니,; 황산덕 역: 이와 같이 일체의 깨끗한 것(白法)이 원만하여 자체에 쌓여 있기 때문에 법신이라 하며,; 울만 영역: Thus all dharmas are perfect and as they are accumulated in themselves they are called the cosmic body.

4) 혜엄 역, 『대반열반경』(36권), pp.622c13−624c18.

5) 원효, 『열반종요』, 한불전1, p.531c01−06참조.; 혜엄 역, 『대반열반경』(36권), pp.622c14−623b03 참조. 이 부분에서는 법신은 상주신(常住身)으로 파괴되지 않는 청정한 금강신(金剛身)임을 설명하고 있다.

6) 원효, 『열반종요』, 한불전1, p.531c06−07, "般若體者卽此法身, 性自明達無所不照. 故名般若." 참조.

7) 같은 책, p.531c07−09, "解脫體者卽此法身, 離諸繫縛無所障礙. 故名解脫." 참조.

원효는 삼덕(三德: 법신·반야·해탈)이 실제로 단절되어서, "하나
라고 말할 수 없으나[不可說一], 일미(一味)로 모양 지을 수 있어 다
르다고 말하지 않는다8)[可相一味不說異]." 그 때문에 여래가 비밀스
럽게 간직한 씨앗[갈무리][如來秘藏]이라 하고, 이것을 삼법(三法: 법
신·반야·해탈)의 체상(體相)이라고 한다.9)

원효는 이곳에서 삼사(三事)를 삼덕(三德)이라는 말로 바꾸어 쓰
고 마지막에는 삼법(三法)이라는 말로 바꾸어 쓰기도 한다. 원효의 법

---

8) 번역본마다 해석이 달라 소개하면 다음과 같다. 가은 역주: 세 가지 모
습은 한맛이므로 상이하다고 말할 수도 없다.; 이영무 역: 그러나 <三>
相이 一味이기에 서로 다르다고 말할 수도 없다.; 한글대장경: 그 모양
은 평등이어서 다름을 말할 수 없기 때문에; 황산덕 역: 그 모습은 일미
(一味)여서 다른 점을 말할 수 없기 때문에; 울만 영역: as their characteristic
is of one taste[i.e., equal], they cannot be said to be different.

9) 원효, 『열반종요』, 한불전1, p.531c08-10, "三德實殊不可說一, 可*相一
味不**說異. 以之故, 名如來秘藏, 是謂三法***之體相也." 참조. *한글대
장경, 이영무 역, 가은 역주, '可'를 '三'으로 바꾸고, 울만 영역, 황산덕
역, 안 바꾸고 '可'로 번역함. **이영무 역, 가은 역주, '可'를 넣음. 한글
대장경, '可'를 넣어 번역함. 황산덕 역, 애매하게 번역함. 울만 영역 안
넣음. 번역은 애매하게 함. ***이영무 역, '法'을 '事'로 바꿈. 가은 역주
안 바꿈. 황산덕 역 안 바꿈. 울만 영역 안 바꿈. 한글대장경 안 바꿈.
삼사(三事)를 차례로 뒷부분에서 삼덕(三德)이라는 말로 바꾸어 쓰고 마
지막에는 삼법(三法)이라는 말로 쓴다. 원효가 법신 반야 해탈을 설명하
면서 사(事)가 덕(德)이 되고 마지막으로 법(法)으로 해석된다. 이영무는
이 마지막의 삼법(三法)을 삼사(三事)로 읽고 있다. 그러나 이는 원효가
삼사를 설명하면서 보이는 미묘한 변화를 의미하면서, 끝내는 다르지 않
다는 점이 드러나는 것으로 이해해야 하며, 따라서 바꾸어서는 안 된다
고 생각한다. 처음에 다르게 보이는 각각의 일[事]은 덕(德)이 되며, 바
로 진리[法]가 된다. 여기서 사(事)·덕(德)·법(法)은 원효의 말로 해석
하면, '불가설일(不可說一) 불설이(不說異)'인 것이다.

신·반야·해탈에 대한 설명을 따라가면 사(事)가 덕(德)이 되고 다시 마지막으로 법(法)이 된다고 해석할 수 있다. 이영무는 이 마지막의 삼법(三法)을 삼사(三事)로 읽고 있다. 그러나 이는 원효가 삼사를 설명하면서 보이는 미묘한 변화를 의미하고 있고, 끝내는 다르지 않다는 점이 드러나는 것으로 이해해야 하며, 따라서 그대로 두는 편이 바람직하다고 생각한다. 처음에 다르게 보이는 각각의 일[事]은 덕(德)이 되며, 바로 진리[法]가 된다. 여기서 사(事)·덕(德)·법(法)은 원효의 말로 해석하면, '불가설일(不可說一) 불설이(不說異)'라고 할 수 있을 것이다.[10]

이상을 정리하면 다음과 같다. 첫째, 법신·반야·해탈은 모두 하나의 법신이지만, 그 특성에 따라 이름을 나눈다. 둘째, 법신·반야·해탈이 하나라고 할 수 없지만, 일미(一味)로서 다르지도 않다

다음으로 삼사(三事)를 세운 이유를 살펴볼 것이다.

2) 삼사(三事)를 세운 이유

다음으로 삼사(三事: 법신·반야·해탈)를 세운 이유를 밝혔는데, 원효는 일체 만덕이 열반 아닌 것이 없다고 한다. 그리고 삼사를 세운 이유를 크게 두 가지로 나누어 설명한다. 생사의 우환을 고쳐주고, 소승의 과실을 고쳐주기 위한 것이라고 한다.

원효는, 특히 이 삼법(三法)만을 말한 까닭이 생사의 세 가지 근심을 고쳐주기 위한 것이라고 한다. 원효는 생사의 온갖 번뇌를 세

---

10) 이영무 역, p.99 참조.

가지로 요약하고, 이 세 가지 근심을 각각 고쳐주기 위해 삼사를 세운 것이라고 한다. 예를 들어, 괴로움의 과보인 오음(五陰)의 몸을 고쳐주기 위해 법신(法身)을 세운 것이고, 번뇌로 미혹되는 법을 제거하기 위해 반야(般若)를 세운 것이며, 모든 지엽적인 장애로 얽매여 있는 원인을 벗어나기 위해 해탈(解脫)을 세운 것이라고 한다.[11]

또 원효는 소승이 '열반에 들 때, 몸은 재와 같이 되고 지혜는 없어지는 것'이라고 여기는 과실을 고쳐주기 위해 삼사를 세운 것이라고 한다. 즉 소승의 이와 같은 과실에 대해 법신(法身)은 영원히 존재하고 큰 지혜[般若]는 멸하지 않는다고 말하는 것이다. 또 원효는 소승이 몸과 지혜가 함께 있을 때는 괴로움의 과보를 면하지 못하여, 습기에 얽매이게 된다고 하는 과실에 대해, 몸과 지혜를 벗어나는 참 해탈(解脫)을 세운 것이라고 한다.[12] 이렇게 해서 삼사를 세운 이유를 대략 설명하였다. 다음으로 삼사와 열반의 관계를 알아보자.

3) 삼사(三事)와 열반(涅槃)

세 번째로, 원효는 삼사에 대한 전체적인[總] 설명과 개별적인[別] 설명을 밝힌다. 일성(一性)으로 말하면, 열반은 전체적인 것이다. 이에 대해 고대 실담 문자인 이자삼점(伊字三點: 세 점으로 이루어졌는데, 세 점이 종렬이나 횡렬이 아니고 삼각형 모양)을 비유로 들어 설명한다. 삼법은 각각 개별적인 것으로, 이자삼점의 세 점으로 비유하여, 개별적으로도 설명되고 전체적으로도 설명되는 것으로 푼다.[13]

---

11) 원효, 『열반종요』, 한불전1, p.531c11−16 참조.
12) 같은 책, p.531c16−19 참조.

그 뜻을 아래와 같이 네 가지로 설명한다.

(1) 삼사(三事) 간의 관계

삼사(三事)를 다 갖추어야 하며[要具三法], 삼사(三事)가 평등 원만[三法等圓]하여야 하며, 삼사(三事)가 한 때[三法一時]에 있어야 하고, 삼사(三事)가 한 몸[三法同體]이어야 열반을 이룬다고 할 수 있다. 이를 차례대로 살펴보자.

첫 번째는 반드시 삼법을 갖추어야 비로소 열반을 이루는 특징이 있다. 하나하나를 따로 들면 열반을 이루지 못한다는 것이다. 이에 대한 비유로 이자삼점이 점 하나하나로 이루어지는 것이 아니고 함께 있을 때에만 되는 것과 같다는 것이다.[14] 이에 대한 논거로 다음을 제시한다.

> "해탈의 법은 또한 열반이 아니요, 여래의 몸 또한 열반이 아니요, 마하반야 또한 열반이 아니다"[15]

해탈(解脫)만 가지고 열반이라 할 수 없으며, 여래법신(法身)만 가

---

13) 원효, 『열반종요』, 한불전1, p.531c19-22 참조.

14) 같은 책, p.531c22-23, "要具三法方成涅槃, 獨擧一一, 卽不得成, 如一一點不成伊字." 참조.

15) 같은 책, pp.531c24-532a01, "解脫之法亦非涅槃, <如來之身亦非涅槃>, 摩訶般若亦非涅槃{故}."; 慧嚴 역, 『대반열반경』(36), 대정장12, p.616b14-15; 담무참 역, 『대반열반경』(40권), 대정장12, p.376c14-15, "**解脫之法亦非涅槃**. 如來之身亦非涅槃. **摩訶般若亦非涅槃**." 참조.

지고 열반이라 할 수 없으며, 위대한 지혜(智慧: 般若)만 가지고 열반이 되지 않는다는 것이다. 이 셋이 함께 갖추어져 있을 때 온전한 열반이 된다는 것이다.

두 번째는 삼법이 평등하고 원만하여야 열반이 된다는 것이다. 비록 세 가지를 모두 갖추었어도, 이들 간에 우열이 있다면, 열반을 이루지 못한다는 것이다. 예를 들어 이자삼점에서 이 점들을 나란히 두면 좌우가 생기는 것과 같다는 것이다.[16] 이에 대한 논거로는 아래를 든다.

"세 점을 나란히 두면 곧 이자삼점이 이루어지지 않는다."[17]

그래서 법신·반야·해탈 가운데 어느 것이 그 공능에 있어 뛰어나고 모자란 차이 없이, 평등하고 원만하여야 한다는 것이다. 이는 원효가 공간의 좌우의 문제를 비유로 들어 공능의 우열 문제로 해석하는 것이라고 할 수 있다.

세 번째는 삼법이 일시에 있어야 열반을 이룬다고 한다. 비록 공능의 우열이 없어도 앞뒤가 있으면 안 된다는 것이다. 이는 마치 세 점이 세로[縱]로 있으면 반드시 남과 북이 있는 것과 같다고 한다.[18]

---

16) 원효, 『열반종요』, 한불전1, p.532a01-03, "三法等圓, 乃成涅槃. 雖具三數, 若有勝劣, 不得成故. 如三點並, 必有右左." 참조.

17) 같은 책, p.532a09-10, "三點若並{卽}[則]不成伊{故}."; 혜엄 역, 『대반열반경』(36), 대정장12, p.616b11-12; 담무참 역, 『대반열반경』(40권), 대정장12, p.376c11-12, "猶如伊字三點若並則 不成伊縱亦不成." 참조.

18) 원효, 『열반종요』, 한불전1, p.532a04-06, "三法一時, 乃成涅槃. 雖無勝劣, 若有前後, 不得成故. 如三點縱必有南北." 참조.

그리고 이에 대한 논거로 『열반경』에서 "세로로만 있어도 이루지 못한다"[19]고 한 것과 같다고 한다. 이는 원효가 공간의 문제를 비유로 들어 삼사의 동시간적 특성으로 해석하는 것이라고 할 수 있다.

네 번째는, 삼법이 동체(同體)이어야 열반을 이룬다는 것이다. 이는 마치 허공이 움직이지 않고 걸림이 없는 것과 같다고 한다. 삼법이 비록 앞뒤가 없더라도 각각 하나하나가 개별적인 체(體)로 있으면, 전체적으로 이루어지지 않는데, 이는 마치 이자삼점의 세 점이 비록 가로로 나란히[並] 있지도 않고 세로로 줄 서 있지도[縱] 않으나, 각각 따로 있으면 이자삼점(伊字三點) 한 자(字)도 이루지 못하는 것과 같다고 한다.[20] 『열반경』에 이에 대한 논거가 있는데, "세 점이 각각 따로 있으면 (이자삼점을) 이루지 못한다"[21]라고 한 것과 같다.[22]

이상을 정리하면, 법신·반야·해탈의 삼법(三法)이 위의 네 가지의 특성[同體性·同時性·等圓性·具三性]을 갖추어야 열반을 이룬다는 것이다. 그리고 이에 대해 실담자인 이자삼점을 비유로 들어 설명한 것이다. 그러므로 "삼사는 개별적인 것이요, 열반은 전체적인

---

19) 같은 책, p.532a06, "縱亦不成{故}"; 慧嚴 역, 『대반열반경』(36), 대정장 12, p.616b12; 담무참 역, 『대반열반경』(40권), 대정장12, p.376c12, "三點. 若並則不成伊. **縱亦不成**." 참조.

20) 원효, 『열반종요』, 한불전1, p.532a06-09, "三法同體, 乃成涅槃. 如說 虛空不動無礙. 雖非前後而各別體, 不成總故. 如彼三點, 雖非並縱, 各 宜別處不成一字." 참조.

21) 원효, 『열반종요』, 한불전1, p.532a09-10 "三點若別亦不[得]成{伊}{故}"; 慧嚴 역, 『대반열반경』(36), 대정장12, p.616b13; 담무참 역, 『대반열반경』(40권), 대정장12, p.376c12-13, "三點若別亦不得成." 참조.

22) 원효, 『열반종요』, 한불전1, p.532a09-10 참조.

것이다[三[23])是別涅槃是總]"라고 하면서도, "일성(一性)으로는 비록 그러하지만 다시 따져 보면 반드시 그런 것만은 아니다[一性雖然, 再論未必然]. 이치를 다하여 말하면, 네 가지의 공덕[열반·법신·반야·해탈]이 다 전체적인 것도 되고 다 개별적인 것도 된다[皆總皆別]"고 한다.[24) 이는 하나하나의 부분이 전체가 되면서도 동시에 전체가 부분으로 각각이 된다는 말이다. 이러한 설명은 열반과 화쟁에 대한 이해와 더불어 그 관계에 대한 이해와도 직결된다고 할 수 있다. 그러면 개별개총(皆別皆總)이 되는 이유를 살펴보기로 하자.

(2) 모두가 개별적이며 전체적이라는 설명이 장애가 없음

삼사(三事)와 열반(涅槃)은 다 개별적이다[皆別]. 다 개별적이라는 뜻은 네 가지가 각각의 고유한 뜻을 가지고 있다는 것이다. 즉 열반은 적정(寂靜), 즉 고요함의 뜻이요, 법신은 적집(積集), 즉 쌓여 모임의 뜻이요, 반야는 조달(照達), 즉 훤히 비추어 본다는 뜻이요, 해탈은 얽매임을 벗어난다는 뜻이다. 그러므로 이 네 가지는 모두 각각 고유한 뜻을 가지고 있어 개별적이다.[25)

---

23) 이영무 역, '法'을 넣음. 가은 역주 안 넣음. 울만 영역 안 넣음. 뜻은 넣어도 무방하다. 글자 수(數)나 운(韻)의 흐름을 고려해서 넣을 수도 있고 안 넣을 수도 있을 것이다.

24) 원효, 『열반종요』, 한불전1, p.532a10−13, "如是三法具此四義, 乃成涅槃, 如世伊字. 故三*是別涅槃是總. 一性雖然, 再論未必然. 所以{足}[然]** 者, 盡理而言, 四種功德, 皆總皆別."; *: 이영무 역, '法'을 넣음. 가은 역주 안 넣음. 울만 영역 안 넣음. 뜻은 넣어도 무방하다. 글자 수(數) 나 운(韻)의 흐름을 고려해서 넣을 수도 있고 안 넣을 수도 있을 것이다. **: 이영무 역, 가은 역주 '足'을 '然'으로 바꿈. 울만 영역 안 바꿈.

삼사(三事)와 열반(涅槃)은 모두 전체적이다[皆總]. 네 가지가 다 전체적이라는 뜻은 경에서 말하기를, "만일 법신이 없으면 고의 과보가 다함이 없을 것이니, 어떻게 열반을 이루겠는가? 만일 반야가 없으면 어두운 미혹을 없애지 못하니, 어찌 열반을 얻겠는가? 만일 해탈이 없으면 업에 얽매임을 면하지 못하니 열반이 아니다. 이와 같이 나머지의 삼법[법신·반야·해탈]도 그 뜻이 이와 같다. 어째서인가? 만일 열반이 없으면 생사가 없어지지 않으니 어떻게 법신이 되겠는가? 만일 반야가 없으면 번뇌에 얽매이게 되니 어떻게 법신이라 하겠는가? 만일 해탈이 없으면 모든 업에 얽매이게 되니, 법신이 안 된다. 법신·반야·해탈 삼법을 갖추어야 열반을 이루게 됨을 앞의 것을 추론[推]하여 알 수 있다"26)라고 한 것과 같다.

법신, 반야, 해탈이 각각 없으면 열반이 될 수 없고, 열반, 반야, 해탈이 각각 없으면 법신이 될 수 없고, 또 나머지도 마찬가지라는 것이다. 그래서 삼사와 열반이 서로서로 하나가 이루어지기 위해 나

---

25) 같은 책, p.532a13−16, "皆別義者, 涅槃是寂{寂}[靜]*義, 法身是積集義, 般若是照達義, 解脫是離縛義. 故知四種無非別也." 참조.; *이영무 역, 가은 역주, '寂'을 '靜'으로 바꿈. 울만 영역 안 바꿈. 혜엄 역, 『대반열반경』(36), 대정장12, p.747a22−23, "涅槃之性是大寂靜"에 근거해, 가은 역주 교정함.

26) 원효, 『열반종요』, 한불전1, p.532a16−23, "若無法身, 苦報不盡, 何成涅槃? 若無般若, 闇{感}[惑]*不除, 豈得涅槃? 若無解脫, 不免業繫, 故非涅槃. 如是餘三其義同爾. 何者? 若無涅槃, 生死未滅, 何爲法身? 若無般若, 煩惱所纏, 何名法身? 若無解諸業所縛, 故非法身. 法身般若解脫具三, 乃涅槃成, 准前可解." 이영무 역은 물론이고, 울만 영역, 가은 역주 모두 전거를 찾지 못함. 논자도 못 찾음.; * 이영무 역, 가은 역주 '感'을 '惑'으로 바꿈.

머지 셋이 모두 필연적으로 전제되어야 함을 설명한 것이라 할 수 있다.

(3) 삼사와 열반은 각각이 일체이며 일체가 곧 각각임

원효는, 이 네 가지의 전체적인 것과 개별적인 것의 뜻은 "일체의 공덕이 모두 또한 이와 같아, 하나가 곧 일체이고 일체가 곧 하나이다"[27]라고 하고, 이 때문에 "전체적이라는 뜻과 개별적이라는 뜻이 (서로) 아무런 장애도 없지만 같지도 않다"[28]고 한다.

그리고 이는 이자삼점(伊字三點)에서는 이자(伊字)가 총(總)만 되고 별(別)이 되지 않고, 그 속에 있는 세 점이 별(別)만 되고 총(總)이 되지 못하는 것과는 다르다는 것이다. 그리하여 비슷한 부분을 가지고 비유를 들었지만, 단지 비유로 든 것일 뿐이라고 한다.[29] 그리하여 원효는 삼사와 열반이 개별적 의미와 전체적 의미를 모두 가지고 있다고 하는 것인데, 이는 법신·반야·해탈의 삼사와 열반이 별상을 가지면서도 서로 나누어질 수 없는 것을 말하고 있는 것이라 할 수 있다.

---

27) 같은 책, 한불전1, p.532a24－533b01, "一切功德皆亦如是, 一卽一切, 一切卽一"
28) 같은 책, p.533b01, "總別無所障礙不同"
29) 같은 책, p.533b01－03 참조.

4) 법신(法身) 색상(色相)의 유무(有無)

(1) 법신(法身) 색상(色相)의 유무(有無)

네 번째로 열반과 삼사에 대하여 묻고 대답하면서 그 올바른 답을 결정해 택하는 문이다. 마지막에 여래의 참공덕인 법신에 색(色)이 있다고 해야 하는지 없다고 해야 하는지를 문제 삼는다. 있다는 설명이 있고, 없다는 설명이 있다. 이에 대한 설명을 살펴보고 마지막에 이에 대해 옳고 그름을 설명하는데, 원효는 있다고 하거나 없다고 하는 것이 모두 도리가 있다고 논증함으로써 화쟁적 설명을 한다.

색상이 있다는 설명을 살펴보자. 법신(法身)은 색(色)이 없지만 다만 기연(機緣)을 따라 색상을 화현(化現)한다고 한다. 그 이유는 색(色)이란 질애(質礙)가 되는 거친 모양의 법이어서 전도된 분별에서 변화되어 만들어지는 것이기 때문이라 한다. 모든 부처 여래는 영원히 분별에서 벗어나서 진리의 근원으로 돌아와 법계로 몸을 삼는데, 이러한 도리 때문에 색신을 필요로 하지 않는다는 것이다. 그리고 범부들도 무색계에 이르면 색상의 분별을 벗어나기 때문에 범부들도 색신(色身)이 없다는 것이다. 그렇기 때문에 여래가 도리어 색신이 있다고 말할 수는 없다는 것이다.30) 그리고 원효는 이에 대한 논거

---

30) 원효, 『열반종요』, 한불전1, p.532aa05−10, "法身無色, 但有隨機, 化現色相. 所以然者, 色是質礙麤形之法, 顚倒分*之所變作. 諸佛如來, 永離分別, 歸於理原, 法界爲身. 由是道理, 不須色[身]**. 乃至凡夫至無色界, 離色分別. 故無色身. 豈說如來還有色身." 참조.; *이영무 역, 가은 역주 '別'을 넣음. 울만 영역 안 넣음. **글의 흐름상 '身'을 넣음. 이영무 역, 가은 역주, 울만 영역 넣음.

로 아래와 같이 여러 경전의 글을 인용한다.

"법(法)의 여여함을 벗어나고 분별이 없는 지혜마저 벗어난다. 모든
부처는 어떤 법이 따로 없다. 어째서인가? 모든 부처가 지혜를 만족스럽
게 갖추었기 때문이고, (그러기에) 온갖 번뇌가 끝내는 다 없어지기 때
문이고, (그러기에) 청정한 부처의 지위를 얻기 때문이다. 이 때문에 법
이 여여하고 여여한 지혜로 일체의 불법(佛法)을 아우른다"31)
"이와 같이 법이 여여함과 여여한 지혜 또한 분별이 없다. 이는 원
력(願力)이 자재하기 때문에 중생들이 감응하는 바가 있고, 그러므
로 응신과 화신의 두 몸이 마치 해·달의 그림자처럼 화합하여 생
기는 것이다"32)

---

31) 같은 책, p.532b10−14, "離法如如, 離無分別智. 一切諸佛無有別法. 何
以故? 一切諸佛智{惠}[慧]具足故. 一切煩惱{畢}[究]竟滅盡[故], 得{佛
淨地}[清淨佛地故], {以}是[故]法如如, 如如智攝一切佛法[故]."; 담무참
역, 『합부금강명경(合部金光明經)』(8권), 대정장16, p.363a08−11, "離法如
如. 離無分別智. 一切諸佛無有別法. 何以故. 一切諸佛智慧具足故. 一
切煩惱究竟滅盡故. 得清淨佛地故. 是故法如如如如智. 攝一切佛法故"
참조.; 의정 역, 『금광명최승왕경(金光明最勝王經)』, 대정장16, p.408c01
−04, "離法如如. 離無分別智. 一切諸佛無有別法. 一切諸佛智慧具足.
一切煩惱究竟滅盡. 得清淨佛地. 是故法如如如如智. 攝一切佛法" 참
조. 이 부분의 두 본을 비교하면, 원효가 『합부금강명경』을 저본으로
하였다고 확정적으로 추정할 수 없다. 다음 인용문에서는 저본을 추정
할 수 있다.
32) 원효, 『열반종요』, 한불전1, p.532b09−11, "如是法如如如如智, 亦無分別.
以願自在故, 衆生有感, 故應化二身, 如日月影和合出生."; 담무참 역, 『합
부금강명경(合部金光明經)』(8권), 대정장16, p.363a29−b02, "如是法如
如如如智. 亦無分別. 以願自在故衆生有感. 故應化二身. 如日月影和
合出生."; 의정 역, 『금광명최승왕경(金光明最勝王經)』, 대정장16, p.408c24
−26, "如是法如如如如智. 亦無分別. 以願自在故. 衆生有感現應化

여기서 해와 달이 법신이라면, 이 해와 달의 그림자가 응화신이라고 하는 것이다. 마치 '월인천강지곡(月印千江之曲)'에서 달이 지상의 수많은 강에 비치는 것과 같은 것이다.

"말하자면 모든 부처 여래는 오직 법신(法身)과 지상(智相)의 몸이며, 제일의제로서, 세제의 경계가 없어서 베풀어 짓는 일을 벗어났다. 다만 중생이 보고 듣는 것을 따라 이익을 얻게 하기 때문에 용(用)이라고 한다. 이 용에는 두 가지가 있으니, 어떤 것을 두 가지라고 하는가? 첫째는 분별사식에 의한 것으로 범부와 이승의 마음으로 보는 것을 응신(應身)이라 이름하니, 이는 전식의 나타냄인 줄 알지 못하기 때문에 밖에서 온 것이라 보고 색의 경계[분제(分齊)]를 취하여 다 알지 못하기 때문이다. 둘째는 업식에 의한 것이니, 말하자면 모든 보살이 초발의(初發意)로부터 보살 구경지에 이르기까지 마음으로 본 것을 보신(報身)이라 하는 것이다"[33]

身. 如日月影和合出現" 이 부분의 두 본을 비교하면, 원효가 『합부금강명경』을 저본으로 하고 있음을 알 수 있다.

33) 원효, 『열반종요』, 한불전1, p.532b17-21, "[謂]諸佛如來, 唯是法身智相之身, 第一義諦, 無有世諦境界, 離於施作. 但隨{施}衆生見聞, 得益故說爲用. 此用有二種, <云何爲二?> 一<者依分別事識>, 凡夫二乘心所見者, [名]爲應身, <以不知轉識現故見從外來, 取色分齊不能盡知故.> 二<者依於業識, 謂諸菩薩從初發意, 乃至>菩薩[究竟地, 心]所見者 名爲報身."; 마명, 『대승기신론』(1), 진제 역, 대장정32, p.579b17-25, "謂諸佛如來唯是法身智相之身. 第一義諦無有世諦境界. 離於施作. 但隨衆生見聞得益故說爲用. 此用有二種. 云何爲二. 一者依分別事識. 凡夫二乘心所見者. 名爲應身. 以不知轉識現故見從外來. 取色分齊不能盡知故. 二者依於業識. 謂諸菩薩從初發意. 乃至菩薩究竟地心所見者. 名爲報身." 참조.; 마명, 『대승기신론』(2), 실차난타 역, 대장정32, p.587c18-25, "一切如來唯是法身. 第一義諦無有世諦境界作用. 但隨衆生見聞等故. 而有

이러한 글 등에 따라, 부처의 참공덕[實德]은 영원히 색신이 없지만, 오직 근기를 따라 나타내는 색(色)이 있을 뿐이라는 것이다. 그런데 이 경에서 "여래의 해탈은 색(色)이다"34) 등을 말한 것은 지혜의 안근에 대하여 색(色)이라 말한 것이지, 실제의 세속적 색(色)은 아니라는 것이다. 이는 마치 '지혜'는 '눈'이 아니지만 '지혜의 눈'이라 말하는 것과 같아서, 비록 눈이라고 부르지만 참으로는 눈[색근]은 아니라는 것이다. 이와 같이 법신(法身)은 색(色)이 아니지만 '미묘한 색[妙色]'이라 하고, 비록 '미묘한 색'이라 부르지만 실제로 색진(色塵)[세속적 색, 색의 경계]은 아니라고 한다. 이러한 도리로, 법신은 '색이 없다[無色]'라고 하는 것이다. 다른 곳에서 법신을 색이라 말한 것도 모두 이와 같이 (회)통한다고 한다.35)

색상이 없다는 설명을 살펴보자. 법신(法身)의 참덕[實德]은 장애가 없는 색(色)이 있다고 한다. 비록 질애(質礙)의 뜻으로 설한 색은 없지만, 그 위치[方所]로써 나타내 보인 것을 색이라고 한다는 것이다. 또는 비록 분별[分別事識]에서 지은 거친 색은 벗어났지만, 만행으로 느낀 것이 있어 미묘한 색[妙色]을 얻었다는 것이다.36)

種種作用不同此用有二. 一依分別事識. 謂凡夫二乘心所見者是名化身. 此人不知轉識影現. 見從外來取色分限. 然佛化身無有限量. 二依業識. 謂諸菩薩從初我今未死已得天身. 捨於短發心乃至菩薩究竟地心所見者名受用身." 참조. ; 은정희 역주, 『원효의 대승기신론소·별기』, 일지사, 1992 4쇄, p.305－309 참조. 두 『대승기신론』본을 비교하면 원효가 1권본을 읽었다고 할 수 있을 것이다.

34) 혜엄 역, 『대반열반경』(36), 대정장12, p.775a16－18, "如來之身復有二種. 一者是色. 二者非色. 色者如來解脫. 非色者如來永斷諸色相故." 참조. 이 밖에도 같은 책, p.632a13－25도 참조.

35) 원효, 『열반종요』, 한불전1, p.532ab21－c03 참조.

원효는 "이는 마치 비록 분별식이 없지만 (바로 그 때문에) 무분별식이 있게 됨을 말하는 것과 같아서, 이와 같이 비록 장애의 색이 없지만 (그래서 바로) 또한 무장애색이 있게 되는 것과 같다."37)고 한다. 이 설명에 대한 논거로 아래와 같이 여러 경의 글을 제시한다.

"무상한 몸을 버려서 영원한 몸을 얻는다"38)

---

36) 같은 책, p.532c03 - 07 참조.

37) 같은 책, p.532c07 - 09, "如說雖無分別識而得有於無分別識, 如是雖無障礙之色而亦得有無障礙色."; 번역에 다소의 차이가 있어 소개한다. 가은 역주: 이는 마치 비록 분별하는 식은 없지만 분별이 없는 곳에 식이 있다고 말하는 것과 같아서 이처럼 장애가 있는 색은 없지만 장애가 없는 색은 있는 것이다.; 이영무 역: 이는 마치 「비록 分別의 識은 없지마는 그러나 分別이 없는 識이 있다」고 말하는 것과 같아서 비록 障礙가 되는 色相은 없지만 그러나 障礙가 없는 色相은 있는 것이다.; 한글대장경: 그것은 분별이 없는 의식(意識)을 말하면서도 분별이 없는 의식이 있다는 것이며, 또 그것은 비록 장애가 없는 색을 말하더라도 또한 장애가 없는 색이 있다는 것이다.; 황산덕 역: 그것은 비록 분별식(分別識)이 없다고 말하면서도 무분별식(無分別識)은 있을 수 있는 것과 마찬가지로, 비록 장애가 있는 색은 없다고 할지라도 장애가 없는 색은 또한 있을 수 있는 것이다.; 울만 영역: Thus although consciousness is explained as nondiscriminative, nondiscriminative consciousness is obtained. Thus although materiality without obstruction [is explained], materiality without is obtained.; 김원명 영역: Thus it is explained although there is no discriminative consciousness, consequently there comes to be what there is no discriminative consciousness. Thus although there is no obstructive materiality, consequently there comes to be what there is no obstructive materiality.

38) 같은 책, p.532c09, "捨無常{色}[身][而]{獲}得常{色}[身]"; 慧嚴 역, 『대반열반경』(36), 대정장12, p.728a17, "捨無常身而得常身" 참조. 가은 역

그리고 수(受)·상(想)·행(行)·식(識)도 또한 이와 같다고 한다.

그러나 이에 대하여 원효는 색음(色陰: 色蘊)의 색에는 통틀어서 십입(十入: 五根과 五境)이 있는데, 눈에 대한 색은 오직 일입[안근] 밖에 없기 때문에, 저 경문에서 말한 상색(常色)이 5근 5경이 있는 이 점을 회통(會通)하지는 못한다고 한다.39)

또 『소니원경』에서 부처가 순타40)에게 일러주는 게송을 인용한다.41)

주에서는 같은 책, p.838b16-18, "色是無常. 因滅是**色獲得解脫常住之色. 受想行識亦**是無常. 因滅是識獲得解脫常住之識."을 보고 참조하라고 하였으나, 정확하게 일치하지는 않는다. 가은 역주, p.105 각주 376) 참조.

39) 원효, 『열반종요』, 한불전1, p.532c10-12 참조.

40) 원문에는 추타(龘陀)로 되어 있다. 이는 원효가 범어의 음으로 쓴 것으로 보인다. '춘다'라고 한다. 순타(純陀): 범명 Cunda, 빨리어 이름 같음. 준타(准陀)·순타(淳陀)·주나(周那)라고도 한다. 부처 재세시 중인도 바라성(波婆城: 범 Pāvā, 파리어 같음)의 대장장이이다. 부처님께 마지막으로 공양한 사람이다. 『장아함』 권3 『유행경』에 기록되어 있는 것을 근거로 하면, 부처님께 공양한 것이 전단수이(旃檀樹耳: 파리어 sūkaramaddava)라고 하는데, 아마 일종의 버섯 종류이다. 『열반경』 등의 역본에서는 좋은 음식이라 하였고, 최근 서양 학자들은 파리어의 『대반열반경』에 기재된 것에 근거하여, 순타가 부처님께 공양한 것은 돼지고기라고 하기도 하지만, 전단수이는 멧돼지가 좋아하는 버섯으로 이 버섯을 멧돼지가 찾아내어 먹으려는 순간 이를 채취하여 음식으로 만들어 공양한 것이다.

41) 이 분분은 세존이 순타에게 게송을 읊어준 부분이다. 오히려 순타가 세존의 이 게송을 듣고 찬탄하여 "선재(善哉) 선재(善哉)"라고 한다. 그다음 문장의 인용도 정확하지 않다. 이 글은 문맥에 따른 자신의 글로 변용한 것이라고 할 수 있다. 법현 역, 『대반니원경(大般泥洹經)』(6), 대정장12, p.859a02-b14 참조. "佛爲純陀而說偈言" 참조.

"오묘한 색(色)은 담연(湛然)하여 체가 항상 편안히 숨어 있네.[42] 쇠약하여 늙어 없어지는 것이 아니라네. 무량한 질병의 고통으로부터 핍박받지 않네. 수명이 오래어서 끝이 없네. 가없는 고통의 바다를 모두가 이미 건넜다네. 때와 절기 그리고 무량한 시간[겁수(劫數)]을 따라 변하는 것이 아니라네."[43]

그리고 이에 대해, 위대한 성인께서 오랜 시간에 자비를 행하여서 금강같이 무너지지 않는 몸을 얻었기 때문이라고 한다. 또 『살차니건자경(薩遮尼捷子經)』의 다음 글을 인용한다.

"구담(瞿曇: Gautama: 여기서는 석가를 가리킴)의 법성(法性)의 몸은 오묘한 색이 늘 담연하네. 청정하고 늘 적멸하여 그 모양이 마치 허공과 같네. 이와 같은 법성의 몸은 중생과 같아서 차별이 없네. 이 경계는 깊고 깊어 이승(二乘)이 알 수가 없네."[44]

---

42) 법현 역, 『대반니원경(大般泥洹經)』(6), 대정장12, p.859b06, "妙色湛然常安隱" 참조.

43) 원효, 『열반종요』, 한불전1, p.532c12 - 13, "妙色湛然{體}常安隱, <不爲衰老所滅磨, 無量疾苦不逼迫, 壽命長存無終極, 無邊苦海悉已度> 不{爲}[隨]時節劫{所還}[數遷]."; 법현 역, 『대반니원경(大般泥洹經)』(6), 대정장12, p.859b08, "不隨時節劫數遷" 참조.; 같은 책, p.859b06 - 08, "妙色湛然常安隱 不爲衰老所滅磨 無量疾苦不逼迫 壽命長存無終極 無邊苦海悉已度 不隨時節劫數遷" 참조.

44) 원효, 『열반종요』, 한불전1, p.532c15 - 16, "瞿曇法[性]身, 妙色常湛然{體}. <清淨常寂滅, 其相如虛空>. 如是法性身, 衆生等無差{別}. <此境界甚深, 二乘不能知>."; 菩提留支 역, 『대살차니건자소설경(大薩遮尼乾子所說經)』 대정장9, p.359b05 - 08, "瞿曇法性身 妙色常湛然 清淨常寂滅 其相如虛空 如是法性身 衆生等無差 此境界甚深 二乘不能知" 참조.

또 『섭대승론』의 다음 글을 인용한다.

"비범한 사람이 갖는 공덕을 나타내기 위하여 자성(自性)의 몸을
나타냈다. 이 자성의 몸을 의지하여, 복덕과 지혜의 두 가지 행을
일으키니, 두 가지 행에서 얻는 과보를 정토청정 및 대법락이라 이
른다. 이 두 가지 과보를 받아 사용하기 때문에, 수용신(受用身)이
라 한다."45)

이러한 글들을 근거로 하여 보면, 두 가지 행[二行: 自利行·化他
行]으로 감응하는 진실보토[實報: 부처님의 報身이 거하는 땅을 가리
킴]에는 자수용신(自受用身)과 자수용정토(自受用淨土)가 있다는 것
이다.

그런데 다른 곳에서는 '법신은 색이 없다'고 말한 것은 자성신(自
性身)에 의해서 색이 없다고 말한 것이고, 이것은 삼신[법신·보신·
응신]문에서 말한 법신의 뜻이라고 한다. 이제 삼사[법신·반야·해
탈]문에서 말하는 법신은 비로소 가지는 온갖 공덕을 전체적으로 취
해 체로 삼게 하기 때문에 법신은 색이 있다고 말하는 것이라 한다.
삼신의 법신은 색이 없지만, 삼사의 법신은 만덕을 취해 체로 삼아
서 색이 있다는 것이다.46) 이렇게 해서 색이 있다는 것과 색이 없다

---

45) 원효, 『열반종요』, 한불전1, p.532c16-19, "爲顯異人功{德}[所得]故立自
性身. 依止自性身, 起福德智惠二行, 二行所得之果, 謂淨土[清淨]及[大]
法樂. 能受用二果故, 名受用身."; 무착, 『섭대승론석(攝大乘論釋)』(15권),
대정장31, p.249c13-16, "爲顯異人功所得故立自性身. 依止自性身. 起
福德智慧二行. 二行所得之果. 謂淨土清淨及大法樂. 能受用二果故名
受用身." 참조.

46) 원효, 『열반종요』, 한불전1, p.532c19-24, "依此等文, 當知二行所感實

는 것이 회통된다. 그러면 다음의 논증에서 이를 자세히 살펴보자.

(2) 있다고 말하거나 없다고 말하거나 모두 도리가 있음

두 설명, 즉 '법신에 색이 있다'와 '법신에 색이 없다'는 중에 어느 것이 잃는 것이 있고 어느 것이 얻는 것이 있는가에 대해, 원효는 "결정코 일변만을 취하면 위 두 설명이 다 잃는 것이 있지만, 만일 참으로 고집하지 않는다면, 두 뜻[섭대승론·니원경: 법신에 색상이 있음·없음]이 다 얻는 것이 있다"[47]고 한다.

원효는 이어서 이에 대해 다시 두 관점으로 나누어 설명하고, 두 설명 모두 도리가 있다고 한다. 즉, 부처 지위의 온갖 공덕은 대략 두 가지가 있다고 한다. 첫째, 상(相)을 버리고 일심(一心)으로 돌아오는 측면에서 보면, 일체의 덕상(德相)은 모두 법계와 같다고 한다. 그래서 오직 제일의신(第一義身)뿐이므로 색상의 차별된 경계가 없다는 것이다[無色]. 둘째, 만일 성(性)을 따라 온갖 공덕을 이루는 측면에서 보면, 색(色)과 심(心)의 공덕을 갖추지 아니한 것이 없으므로 한량없는 상호가 장엄되었다는 것이다[有色].

따라서 원효는 다음과 같이 결론을 내린다. "비록 (유색·무색) 두 가지 문이 있지만 다른 모양은 아니다. 이 때문에 모든 말씀이 다 장애가 없다."[48] 그리고 이에 대한 근거로 '금강신품'의 말을 요약해

報, 有自受用身及自受用淨土, 而餘處說法身無色者, 約自性身說爲無色. 是三身門之法身義. {令}[今]*三事門所說法身, 總取始有萬德爲體. 是故說爲法身有色." 참조.; * 가은 역주, '令'을 '今'으로 바꿈.

47) 같은 책, p.533a01−02, "定取一邊, 二說皆失. 若非實{報}[執], 二義俱得"

서 다음과 같이 말하고 있다.

> "여래의 몸은 몸이 아니면서 곧 몸이요, 식이 없으면서 곧 식이
> 다. 심을 벗어났으면서도 또한 심을 벗어나지 않고, 처함이 없으면
> 서도 또한 처하고, 집이 없으면서 또한 집이고, (마음에 떠올리는
> 추상적) 모양[像]도 아니고 (겉) 모양[相]도 아니지만 모든 모양[相]
> 을 장엄하였다"49)

결론적으로 원효는 이와 같은 비일비이(非一非異) 논법의 미묘한
말을 여래가 비밀히 간직한 법문이라고 규정하고, 경전의 글들에
"(색이) 있다고 설명하고 (색이) 없다고 설명하는 것이 모두 도리가
있다"50)고 화쟁한다.

정리하면, 이 절에서는 열반의 현상으로서 삼사(三事)·삼덕(三德)

---

48) 원효, 『열반종요』, 한불전1, p.533a07, "雖有二門而無異相 諸說皆無障礙"

49) 같은 책, p.533a09−11, "如來之身, 非身是身, 無識是識, 離心亦不離心,
無處亦處, 無宅亦宅, 非像非相, 諸相莊嚴."; 혜엄 역, 『대반열반경』(36),
대정장12, pp.622c21−623a09, "如來之身非身. 是身不生不滅不習不修.
無量無邊無有足跡. 無知無形畢竟淸淨. 無有動搖無受無行. 不住不作無
味無雜. 非是有爲非業非果. 非行非滅非心非數. 不可思議常不可議. **無識
離心亦不離心**. 其心平等無有亦有. 無有去來而亦去來. 不破不壞. 不斷
不絶. 不出不滅. 非主亦主. 非有非無. 非覺非觀. 非字非不字. 非定非不
定. 不可見了了見. **無處亦處. 無宅亦宅**. 無闇無明. 無有寂靜而亦寂靜.
是無所有. 不受不施. 淸淨無垢無諍斷諍. 住無住處. 不取不墮. 非法非非
法. 非福田非非福田. 無盡不盡離一切盡. 是空離空. 雖不常住非念念滅無
有垢濁. 無字離字. 非聲非說. 亦非修習. 非稱非量. 非一非異. **非像非相
諸相莊嚴**. 非勇非畏. 無寂不寂. 無熱不熱. 不可睹見無有相貌." 참조.

50) 원효, 『열반종요』, 한불전1, p.533a12, "說有說無, 皆有道理"

혹은 삼법(三法)이라고 차례로 불리는 법신(法身)·반야(般若)·해탈(解脫)이 그 특성에 따라 이름을 달리하지만, 반야나 해탈이 모두 법신(法身)에 체를 두고 있음을 말하고, 그 가운데 '하나라고 말할 수도 없지만 다르다고도 말하지 않는다[不可說一 不說異]'는 특성으로 화쟁이 나타나고 있다. 여기서 우리는 다르지 않음이 열반의 본체적 측면이고, 하나가 아님이 열반의 현상적 측면이라고 이해하기 쉽다. 그렇게 이해할 수 있는 면이 있다. 그러나 여기에서 더 나아가면, 그런 이해를 더위잡는[攀緣] 관조(觀照)가 있다고 할 수 있다. 그러므로 그렇게 단정하고 말하면 얻는 것도 있지만 동시에 잃는 것도 있다는 것을 잊으면 안 될 것이다.

2. 상(常)·낙(樂)·아(我)·정(淨)

열반의 사덕(四德), 즉 상(常)·낙(樂)·아(我)·정(淨)에 대해 네 가지로 분별해서 설명할 것이다. 즉 첫째 사덕의 의미를 살펴보았고, 둘째 사덕을 세운 이유를 살펴보았고, 셋째 사덕의 구체적인 차별을 살펴보았고, 넷째 대립되는 논쟁의 화쟁을 살펴보았다. 사덕을 차례로 분별해 설명하고, 마지막에 전체적으로 설명을 하면서 대립되는 논쟁들의 화쟁을 살펴볼 것이다. 그리고 화쟁이 되는 바탕이 열반임을 살펴볼 것이다.

1) 사덕(四德)의 의미

(1) 전체적인 설명

이곳에서는 사덕의 의미를 밝힐 것이다. 법신은 사덕, 즉 네 가지 공덕을 갖추고 있는데, 그 네 가지 공덕은 공통되는 것도 있고 구별되는 것도 있다. 원효는 이와 같이 크게 나누면서 전체적인 관점을 가지고 화쟁적으로 설명한다. 여기에서 공통되는 점은 화(和)의 측면으로 볼 수 있고, 구별되는 점은 쟁(諍)의 단초가 되는 측면이라고 할 수 있다.

우선 구별되는 측면을 살펴보자. 원효는 구별해서 말해, '상(常)'을 법신의 뜻이라고 하고, '색신({完}[色]⁵¹身)이 무상(無常)하다는 것'에 배대한 것이라 한다. 색신은 그때마다 나타나는 것이므로 무상(無常)하고 법신만이 영원하다[常]는 점으로 그 의미를 나타내는 것이다. '낙(樂)'은 열반의 뜻이라고 하고, '생사(生死)가 고해(苦海)이다'에 배대한 것이라고 한다. 나고 죽는 것이 모두 괴로움인 데 반해 열반은 나고 죽는 것을 영원히 벗어나 구경락(究竟樂)을 얻는 것이므로 나고 죽는 괴로움에 배대해 열반의 즐거움을 말하는 것이다. '아(我)'는 부처라는 뜻이며, '중생들은 자성이 없다'에 배대한 것이라고 한다. 중생은 무명에 의해 이리저리 휩쓸리므로 이 때문에 자기가 없다는 것이고 이에 대해 어떤 휩쓸림도 없는 부처에 대해 아

---

51) 이영무 역에서 '完'을 '色'으로 바꿈. 한불전은 '완'을 고쳐야 할 것으로 보면서 무엇으로 고쳐야 할지를 제시하지 않음. 한글대장경(김달진 옮김)은 '完'을 그대로 살려 '완전한'으로 번역함.

(我)를 말하는 것이다. 그리고 '정(淨)'은 법의 뜻이며, '비법(非法)의 물들고 탁함'에 배대한 것이라고 한다. 물들고 탁하게 되는 법이 아닌 것에 대해 물들거나 탁하게 되지 않는 법(法)에 대해 깨끗하다고 하는 것이다.52)

원효는 이에 대해 마치 『열반경』 '애탄품'에 다음과 같이 말한 것과 같다고 논거를 제시한다.

> "'아(我)'는 곧 부처의 뜻이요, '상(常)'은 법신의 뜻이요, '낙(樂)'은 열반의 뜻이요, '정(淨)'은 법의 뜻이다"53)

원효는, 이와 같은 관점은 바로 한 극단만을 잡아서 배당해 구별되는 것이라고 말하고 있다. 이는 극단에서 한 걸음 더 물러나서 구별하는 뜻에 집착하지 않을 것도 요구하는 것으로 볼 수 있다. 이렇게 함으로써 구별에서 보이는 네 가지 구분에도 공통되는 점을 잊지 말 것을 요구하고 있다고 할 수 있다.

다음으로 의미가 서로 통하는 점을 살펴보자. 원효는 실제에 의해 공통적인 점을 논할 것 같으면 사덕이 서로 '해당하지 않는 것이 없음'[無所不當]이 마치 전에 삼사(三事)의 총별에 대한 설명에서 말한 것과 같다는 것이다. 그리고 이는 곧 상·낙·아·정 사덕(四德)이 모두 법신(法身)의 뜻이고 또한 이 사덕(四德)이 열반(涅槃)의 뜻이

---

52) 원효, 『열반종요』, 한불전1, p.533a16-19 참조.

53) 원효, 『열반종요』, 한불전1, p.533a20-21, "我者卽是佛義, 常者是法身義, 樂者是涅槃義, 淨者是法{身}義."; 혜엄 역, 『대반열반경』(36), 대정장12, p.617a22-24, "我者卽是佛義. 常者是法身義. 樂者是涅槃義. 淨者是法義." 참조.

다. 그리고 나머지 모두, 즉 반야, 해탈도 또한 이와 같다는 것이다. 그리하여 구별되는 삼사와 사덕도 다시 통하는 점을 밝혀주어, 그 속에서 구분에서 일어날 수 있는 쟁(諍)과 이들이 다시 통한다는 화(和)를 다시 보여주고 있다.

원효는 이와 같은 견해에 대한 논거로 『열반경』'덕왕품'을 인용한다.

"불성을 봄으로써 열반을 얻으니, 상·낙·아·정을 대열반이라 이름한다"54)

구별해서 보면 상·낙·아·정이 각각 고유한 뜻이 있지만 한 극단의 뜻을 취하고 있는 것이어서 집착하면 잃는 것이 있다. 그리고 전체적으로 상락아정이 모두 열반의 뜻으로 통한다. 구분하는 네 가지가 각각 모두 열반의 뜻을 벗어나지 않아 모두 통하는 측면이 있다.

(2) 세부적인 설명

위에서 전체적으로 말하였지만, 그 가운데 더 자세히 분별하면 사덕은 각각 두 가지의 의미가 있다고 한다. 그 의미를 자세히 살펴보면 다음과 같다.

---

54) 원효, 『열반종요』, 한불전1, pp.533b02−03, "以見佛性而得涅槃, 常樂我淨名大涅槃."; 혜엄 역, 『대반열반경』(36), 대정장12, p.758c15−18, "若見佛性能斷煩惱. 是則名爲大般涅槃. 以見佛性故得名爲常樂我淨. 以是義故. 斷除煩惱. 亦得稱爲大般涅槃." 참조.

(가) 사덕의 의미

사덕은 각각 두 가지의 의미를 가지고 있다. 이를 살펴보면 다음과 같다. 첫째, 상덕(常德)의 두 가지 뜻은 무위열반을 취하지 않았고 유위생사도 버리지 않았다는 뜻이다. 여래는 둘이 없는 성품에 통달[如來通達無二之性]하여, 유위생사(有爲生死)를 버리지도 않았고, 무위열반(無爲涅槃)도 취하지 않았다. 왜냐하면 열반이 생사와 다르다고 보지 않아서 무위의 열반을 취하지 않았고, 생사가 열반과 다르다고 보지 않아서 유위의 생사도 버리지 않았기 때문이라는 것이다. 이 두 가지 뜻에 의하여 단견(斷見), 즉 허무주의(虛無主義)와 상견(常見), 즉 실재론(實在論)을 벗어나는 것이 곧 법신 상덕(常德)의 뜻이라고 한다.55)

이에 대해 풀어보면, 색신이 곧 법신이다. 생사가 곧 열반이다. 『열반경』에 있는 말이지만, 이 점은 원효의 철학 전체를 특징짓는 특히 중요한 부분이다. 오음신(五陰身)인 중생이 곧 오분법신(五分法身)인 부처이다. 즉 색(色)·수(受)·상(想)·행(行)·식(識)의 오온(五蘊)은 계(戒)·정(定)·혜(慧)·해탈(解脫)·해탈지견(解脫知見)의 오분법신(五分法身)이다. 색신(色身)인 이 몸을 떠나서 따로 진리의 몸인 법신(法身)이 있는 것이 아니고, 생사(生死)의 이 세계를 벗어나서 따로 열반(涅槃)의 세계가 있는 것이 아니라는 것이다. 여기서의 상덕(常德)은 단(斷)과 대비되는 반대 개념이 아니다. 여기서의 영원은 순간에 대비되는 영원이 아니다. 이때의 영원은 순간과 영원이란 시간적 차별성 너머에 있다고 말할 수 있다. 시간의 생멸(生滅)

---

55) 원효, 『열반종요』, 한불전1, pp.533b03－08 참조.

이 공(空)함을 멸(滅)하여 비로소 드러난다. 그것이 여래가 '둘이 없는 성품[無二之性]'에 통달하였다는 뜻이라 할 수 있을 것이다. 이기영은 현대의 세계적인 불교학자들인, 칼루파하나(D. J. Kalupahana), 콘제(E. Conze), 라모트(E. Lamotte)도 이와 같은 점을 알았던 것 같지 않다고 하며, 원효의 철학을 높이 평가한다.[56]

위 말에 대한 논거로 원효는 다음과 같이 『보성론』을 인용한다.

"이 두 법에 의해, 여래의 법신에는 상바라밀(常波羅密)이 있음을 알아야 한다. 무엇이 두 가지인가? 첫째는 일체의 모든 유위의 행을 없애지 않으니, 이는 단견의 극단을 벗어나기 때문이다. 둘째는 무위열반도 취하지 않으니, 이는 상견의 극단을 벗어나기 때문이다. 이러한 뜻 때문에 『성자승만경』 가운데에 말하기를, '세존이시여! 모든 행이 무상하다고 보는 것은 단견(斷見)이지 정견(正見)이 아니며, 열반이 상주(常住)한다고 보는 것은 상견(常見)이지 정견(正見)이 아니다.'"[57]

---

56) 이기영, 『열반종요강의』, pp.220－223 참조.

57) 원효, 『열반종요』, 한불전1, pp.533b08－13, "依[此]二{種}法, 如來法身, 有常波羅蜜應知. 何等爲二? 一者不滅一切諸有爲行, 以離斷見邊故. 二者不取無爲涅槃, [以]離常見邊故. 以是義故, 聖者勝鬘經[中]說言, 世尊! 見諸行無常, 是斷見非正見, 見涅槃常{住}, 是常見非正見{故}."; 勒那摩提 역, 『구경일승보성론』(4권), 대정장31, p.830c24－29, "依此二法如來法身有常波羅蜜應知. 何等爲二. 一者不滅一切諸有爲行. 以離斷見邊故. 二者不取無爲涅槃. 以離常見邊故. 以是義故. 聖者勝鬘經中說言. 世尊. 見諸行無常. 是斷見非正見見涅槃常. 是常見非正見."; 求那跋陀羅 역, 『승만사자후일승대방편방광경(勝鬘師子吼一乘大方便方廣經)』(1권), 대정장12, p.222a11－13, "所謂常見斷見. 見諸行無常. 是斷見非正見. 見涅槃常. 是常見非正見." 참조.; 이영무 역, 한글대장경(김달진 옮김), 황산덕 역 등 가은 역주를 제외한 모든 번역서가 『보성론』과 『승만경』에서 각

『보성론』에서 말하는 것은 제행무상(諸行無常)은 단견(斷見)이고, 열반상주(涅槃常住)는 상견(常見)이어서, 모두 정견(正見)이 아니라는 것이다. 그래서 원효는 무이(無二)의 성품을 논증하고 있는 것이라 할 수 있다.

둘째, 낙덕(樂德)의 두 가지 뜻의 첫 번째는 일체 의생신(意生身: 초지 혹은 8지 이상의 보살이 중생을 제도하기 위하여 뜻에 의해 화생한 몸)의 괴로움을 벗어나는 것이고, 두 번째는 일체의 번뇌습기(習氣)를 없애는 데에 이르는 것이라고 한다. 즉 의생신의 괴로움을 벗어난다는 것은 고요함(寂靜)의 즐거움[樂]을 말하는 것이고, 번뇌습기를 없앤다는 것은 지혜의 즐거움을 말하는 것이라고 한다.[58)]

원효는 이에 대해 『보성론』에서 논거를 제시한다.

"이 두 가지 법에 의하여 여래 법신에 낙(樂)의 바라밀(波羅密)이 있음을 마땅히 알아야 한다. 무엇이 둘인가? 첫째는 일체의 괴로움을 멀리 벗어나는 것이니, 왜냐하면 일체 종류의 괴로움을 없애기 때문이며, 일체의 의생신을 없애기 때문이다. 둘째는 일체의 번뇌습기를 멀리 벗어나는 것이니, 이는 일체 법을 증득하기 때문이다."[59)]

각 인용한 것으로 보고 있으나, 『보성론』을 찾아본 결과 위와 같이 "見諸行無常" 앞에 "世尊"이 있는데, 『승만경』에서는 "所謂常見斷見"이 있다. 따라서 원효는 『보성론』에서 『승만경』을 인용하는 것을 그대로 재인용한 것이라고 할 수 있다. 따라서 원효는 『보성론』에서만 인용하고 있는 것으로 해석해야 할 것이다.

58) 원효, 『열반종요』, 한불전1, p.533b14-16 참조.

59) 원효, 『열반종요』, 한불전1, p.533b16-19, "依二種法, 如來法身, 有樂波羅蜜[應知]. 何等爲二? 一者遠離一切苦, <以滅一切種苦故>, 以滅一切意生身故. 二者遠離一切煩惱習氣, [以]證一切法故."; 勒那摩提 역, 『구

셋째, 아덕(我德)의 두 가지 뜻의 첫 번째는 아(我)라는 견해의 극
단을 벗어나는 것이고, 두 번째는 무아(無我)라는 견해의 극단을 벗
어나는 것이라고 한다. 이는 아(我)도 아니고 무아(無我)도 아니어서
곧 대아(大我)를 얻기 때문이라고 한다.[60]

그리고 원효는 『보성론』을 인용해 논거를 제시한다.

> "두 가지의 법에 의하여 여래 법신에는 아의 바라밀이 있음을 알
> 아야 한다. 무엇이 둘인가? 첫째는 여러 외도의 극단을 멀리 벗어나
> 는 것이니, 이는 허망한 아의 희론을 벗어나기 때문이다. 둘째는 제
> 성문의 극단을 멀리 벗어나니, 왜냐하면 무아의 희론을 벗어나기 때
> 문이다."[61]

그리고 이어서 원효는 『보성론』의 이러한 뜻 때문에 『능가경』에
서, 다음과 같이 말한 것이라고 한다.

> "모든 외도(外道)의 허물을 여의어 아의 견해를 태워 없애니, 아

경일승보성론』(4권), 대정장31, p.830c19-24, "依此二法如來法身有樂
波羅蜜應知. 何等爲二. 一者遠離一切苦. 二者遠離一切煩惱習氣. 此
何義. 云何遠離一切苦. 以滅一切種苦故. 以滅一切意生身故. 云何遠離
煩惱習氣. 以證一切法故." 참조.

60) 원효, 『열반종요』, 한불전1, p.533b20-21 참조.
61) 같은 책, p.533b21-23, "依[此]二{種}法, <如來法>身有我波羅蜜[應知]
何等爲二 一者遠離諸外道邊 [以]離虛妄我戲論故 二者遠離諸聲聞邊 以
離無我戲論故"; 勒那摩提 譯, 『구경일승보성론』(4권), 대정장31, p.830c16
-19, "有二種法. 依此二法如來法身有我波羅蜜應知. 何等爲二. 一者
遠離諸外道邊. 以離虛妄我戲論故. 二者遠離諸聲聞邊. 以離無我戲論
故." 참조.

라는 견해로 하여금 세차게 타오르게 하여 겁이 다하도록 불이 타
는 것과 같게 한다."62)

넷째, 정덕(淨德)의 두 뜻은 자성의 깨끗함을 나타내는 것과 방편
의 깨끗함을 나타내는 것 두 가지이다. 즉 분별성을 통달하여 의타
성을 없애기 때문에 분별성을 통달해서 자성이 깨끗함[淨]을 나타내
며, 의타성을 없애어 방편의 깨끗함을 나타낸다.63) 원효는 이에 대
한 논거로 『보성론』을 인용한다.

"이 두 가지 법에 의해 여래 법신은 정의 바라밀이 있음을 알아
야 한다. 무엇이 둘인가? 첫째는, 본래 자성이 청정하니 이는 인상
(因相)이기 때문이다. 둘째는, 더러운 때를 여의고 청정하니 이는 승
상(勝相)이기 때문이다"64)

(나) 차이가 생긴 이유

원효는 상덕과 아덕에서는 두 가지 극단에 대하여 하나를 나타내

---

62) 원효, 『열반종요』, 한불전1, p.533c01-02, "離諸外道{邊}[過], {禁}[焚]
   燒無我見, 令我見熾{燃}[然], 如劫盡火{燃}[炎]"; 菩提留支 역, 『입능가
   경』(16권), 대정장16, p.583b25-26, "離諸外道過, 焚燒無我見, 令我見
   熾然, 如劫盡火炎." 참조.

63) 원효, 『열반종요』, 한불전1, p.533c03-04 참조.

64) 같은 책, p.533c05-07, "依[此]二{種}法, 如來法身有淨波羅蜜<應知>. 何
   等爲二? 一者本來自性清淨, 以{同}[因]相故. 二者離垢清淨, 以勝相故.";
   勒那摩提 역, 『구경일승보성론(究竟一乘寶性論)』, 대정장31, p.830c13-
   16, "又復略說有二種法. 依此二法如來法身有淨波羅蜜應知. 何等爲二.
   一者本來自性清淨. 以因相故. 二者離垢清淨. 以勝相故." 참조.

고, 낙덕과 정덕에서는 하나의 극단을 버리고 두 가지로 말하는가에 대한 문제가 생긴다고 하여 다시 쟁(諍)이 일어남을 보여준다.[65] 그리고 원효는 이에 대해서 간략히 밝히는 문[顯略門]과 논하여 밝히는 문[影論門]으로 나눈 것이고, 바로 이것이 이 논을 지은이가 선교(善巧)의 방편을 쓰기 때문이라고 설명함으로써 다시 의식을 한 단계 더위잡아 화(和)의 관점을 보여주고 있다.[66]

현략문(顯略門)에 아덕(我德)과 상덕(常德)을 배대하고, 영론문(影論門)에 낙덕(樂德)과 정덕(淨德)을 배대한다. 이는 원효의 독특한 이야기다.

즉 상덕(常德)은 단견(斷見)과 상견(常見)의 차이로 인한 쟁(諍)을 상바라밀(常波羅密)의 화(和)에로, 아덕(我德)은 아변견(我邊見)과 무아변견(無我邊見)의 쟁(諍)을 대아(大我)의 화(和)에로 이끌어 감을 밝히고 있다. 정덕(淨德)의 두 가지 뜻은 분별성(分別性)을 통달하여 자성정(自性淨)을 나타내고, 의타성을 없애 방편정(方便淨)을 나타낸다. 이는 자성정과 방편정의 차이에도 불구하고 그 안에는 일관된 동일한 정(淨)이 있음을 보여준다고 할 수 있다. 여기서 분별성을 통달하는 것과 의타성을 없애는 것은 둘이 아니라고 할 수 있다. 낙덕은 의생신의 괴로움을 벗어나고 번뇌습기로부터 벗어나 고요함의 즐거움과 지혜의 즐거움을 얻음을 나타낸다. 여기서 의생신의 괴로움과 번뇌습기는 둘이 아니라고 할 수 있다.

여기에서 원효의 화쟁의 특징이 잘 나타난다. 위와 같은 해석에서 보이는 원효의 화쟁은, 둘의 차이에서 하나로 나아가는 조화와, 극단

---

65) 원효, 『열반종요』, 한불전1, p.533c07-08 참조.
66) 같은 책, p.533c09-10 참조.

의 하나에 빠져 있는 것을 둘로 분별해 내지만 그 나눠진 둘 안에서 흐르는 내적 통일성을 드러냄으로써 조화를 이루어 낸다. 화쟁이란, 둘로 나뉘어 갈리는 다툼을 그 원천의 하나에로 돌려 조화를 이루고, 하나의 극단적 절대에 대해 잃는 점은 차이를 드러내면서 그 부족함 안에 흐르는 내적 통일성을 유지하여 조화를 이루는 것이다.

2) 사덕(四德)을 세운 이유

(1) 사덕을 세운 네 가지 이유

열반은 이미 만덕을 갖추었는데, 어째서 사덕만을 따로 세웠는가 하는 문제가 제기되고, 그 이유를 네 가지로 들 수 있다. 네 가지 장애를 제거하기 위해서, 네 가지 근심을 뒤집기 위해서, 네 가지 전도를 고치기 위해서, 네 가지 모양을 벗어나기 위해서이다. 그렇다면 그 네 가지가 무엇인지 자세히 살펴보자.

첫째, 네 가지 장애들을 제거하기 위해서 사덕을 세운 것이다. 그러면 우선 네 가지 장애는 무엇인가? 원효는 사람을 천제(闡提), 외도(外道), 성문(聲聞), 연각(緣覺)의 네 부류로 나눈다. 그리고 이 네 부류의 삶이 각각 모두 장애가 있는데, 사덕은 이 장애를 없애기 위한 것이라고 한다. 그러면 네 부류 사람들 각각의 장애는 무엇인가? 첫 번째, 천제(闡提)는 부처님의 법을 비방하기 때문에 정덕(淨德)에 장애가 된다는 것이다. 천제는 생사를 탐착하기 때문에, 생사가 바로 깨끗한 법[정법]이라고 여기어 장애가 된다고 한다. 두 번째, 외도(外道)는 나[我]에 집착하여 아덕(我德)에 장애가 된다는 것이다. 외도는 참나[眞我]를 알지 못하고 허망한 나[我]에 집착하기 때문에 장애가 된다는 것이다. 세 번째, 성문(聲聞)은 괴로움[苦]을 두려워하여 낙덕(樂德)에 장애가 된다는 것이다. 성문은 저 고(苦)가 곧 대락(大樂)[큰 즐거움]임을 알지 못하기 때문에 장애가 된다는 것이다.[67] 네 번째, 연각(緣覺)은 본마음을 버려 상덕(常德)에 장애가 된다는 것이다. 연각은 상(常)의 이익을 버리고, 끊어 없앰[斷滅]을 취하기 때문에 장애가 된다는 것이다.[68]

그리하여 보살은 이러한 네 가지 장애를 없애기 위하여, 네 가지 훌륭한 인(因)을 닦아 몸에 배게 한다는 것이다. 즉 믿음[信心], 반야(般若), 삼매(三昧)와 대비(大悲)의 수행을 닦아 몸에 배게 되면 깨끗함[淨]·(참)나[我]·즐거움[樂]·영원함[常]이 피어난다는 것이다.[69]

원효는 이와 같은 설명의 논거로 『보성론』의 게송을 제시한다.

> "네 가지의 장애가 있나니, (부처님의) 법을 비방하고 아(我)에 집착하며, 세간의 괴로움을 두려워하고, 모든 중생들을 버리는 것이라네. 이 게송은 어떤 뜻을 밝히는가? 게송에서 말하기를 천제와 외도들, 성문과 연각들은, 신심(信心) 등의 네 가지 법이, 청정한 인(因)인 줄을 마땅히 알아야 한다."[70]

---

67) 은정희는 "고를 통해서 고가 실체가 없고 고·낙이 무이(無二)임을 아는 것이 대락이다"라고 하였다. (2005년 7월 25일 동숭동 댁 2층 서재에서.)

68) 원효, 『열반종요』, 한불전1, p.533c13—18 참조.

69) 같은 책, p.533c18—19 참조.

70) 같은 책, p.533c21—23, "有四種障礙, 謗法及著我, 怖畏世間苦, 捨離諸衆生. <此偈明何義? 偈言>, 闡提及外道, 聲聞及緣覺, 信等四種法淸淨因應知."; 勒那摩提 역, 『구경일승보성론(究竟一乘寶性論)』, 대정장31, p.828c02—06, "有四種障礙 謗法及著我 怖畏世間苦 捨離諸衆生 此偈

둘째, 네 가지 근심들을 고쳐주기 위해서 사덕을 세운 것이다. 원효는 사람이 무한한 공간과 시간 속에서 유한한 시간과 몸을 가지고 살고 죽는 데[分段生死]에는 네 가지 근심이 있다고 한다. 즉 우리의 삶은 영원하지 아니하며[無常], 삶의 하루하루가 괴로우며[苦], 나라고 할 것이 따로 없으며[無我], 깨끗하지 못하니[不淨], 이것들이 바로 네 가지 근심이다. 그리고 이 근심들을 고쳐주기 위해 열반에 네 가지 덕[常·樂·我·淨]을 세운 것이라고 한다. 원효는 이에 대한 논거로서 경문을 인용하지 않는다. 불교 일반의 상식으로 쉽게 알 수 있다고 생각한다.[71]

지금 이 네 가지 근심(무상·고·무아·부정)은 바로 생각[計]의 문제이다. 그래서 네 가지 전도가 일어났다고 보는 것이다. 즉 무상을 상으로 생각하고[無常計常], 괴로움을 즐거움으로 생각하고[苦計爲樂], 내가 없는 것을 나로 생각하고[無我計我], 깨끗하지 않은 것을 깨끗하다고 생각하는 것[不淨計淨]이다. 이를 고치기 위해 사덕을 세웠다는 것이다.[72]

셋째, 네 가지 뒤바뀜을 고쳐주기 위해서 사덕을 세운 것이다. 원효는 성문 연각 이승(二乘)의 사람들이 일으키는 무위(無爲)의 네 가지 전도[四顚倒]를 고쳐주기 위해 사덕을 세웠다고 한다. 말하자면 성문의 네 가지 전도가 없는 수행, 즉 영원한 것은 없다[無常]·즐거운 것은 없다[無樂]·나라는 것은 없다[無我]·깨끗한 것은 없다[不淨]고 하는 수행이, 비록 범부의 유위의 네 가지 전도, 즉 무상

明何義 偈言 **闡提及外道 聲聞及自覺 信等四種法 淸淨因應知**" 참조.
71) 원효, 『열반종요』, 한불전1, p.534a01－03 참조.
72) 같은 책, p.534a03－06 참조.

(無常)을 상(常)으로 집착함, 고(苦)를 낙(樂)으로 집착함, 무아(無我)를 아(我)로 집착함, 부정(不淨)을 정(淨)으로 집착하는 것을 고치더라도, 법신의 무위의 네 가지 덕인 상(常)·낙(樂)·아(我)·정(淨)은 뒤엎어 없애게 된다는 것이다. 그것은 오음이 곧 법신[五陰卽是法身]인 줄을 알지 못하기 때문이라는 것이다. 이러한 무위의 네 가지 전도를 고치기 위하여 법신의 네 가지 덕인 상·낙·아·정을 세운 것이라고 한다.[73]

그리고 이에 대한 논거로 원효는 『보성론』의 글을 인용한다.

"(성문들이) 이와 같은 (범부의) 네 가지 전도를 대치하지만, 여래의 법신에 의하여 다시 전도됨을 마땅히 알아야 한다. 게송에서 말하기를, '법신 가운데에서는 전도되었기 때문에, 이 전도를 대치하기 위하여 네 가지 여래 법신 공덕의 바라밀과(波羅密果)가 있음을 설하였다'"[74]

넷째, 네 가지 모습을 벗어나기 위해서 사덕을 세운 것이다. 원효는 사람이 나고 죽고 하는 변화[變易生死: 3계에 나고 죽는 몸을 여읜 뒤로 성불하기까지의 성자가 받는 3계 밖의 삶과 죽음]를 함에 네 가지 모양이 있는데 이를 벗어나기 위해 사덕을 세운 것이라고

---

73) 같은 책, 『열반종요』, 한불전1, p.534a06-10 참조.

74) 같은 책, p.534a11-13, "如是四種顚倒對治, {若}依如來法身, 復是顚倒應知. 偈言, '於法身中倒故, 對治此{例}[倒], 說有四種<如來>法身功德<波羅蜜果>.'"; 勒那摩提 譯, 『구경일승보성론(究竟一乘寶性論)』, 대정장31, p.829b24-27, "如是四種顚倒對治. 依如來法身. 復是顚倒應知. 偈言於法身中倒故. 對治此倒說有四種如來法身功德波羅蜜果." 참조.

한다. 네 가지 모양이란, 연상(緣相)·인상(因相)·생상(生相)·괴상(壞相)인데, 이러한 네 가지 모양을 벗어나기 위하여 네 가지 덕을 세운 것이라고 한다. 연상(緣相)인 무명의 더러움을 벗어나기 위해 정덕(淨德)을 세우고, 인상(因相)인 업의 얽매임을 벗어나기 위해 아덕(我德)을 세우고, 생상(生相)인 미세한 고(苦)를 벗어나기 위해 낙덕(樂德)을 세우고, 괴상(壞相)인 무상의 멸함을 벗어나기 위해 상덕(常德)을 세운 것이라고 한다.75)

원효는 이에 대한 논거로 『보성론』을 인용한다.

"또 이 네 가지의 바라밀은 똑같이 무루계(無漏界) 가운데 머물고, 성문·벽지불은 큰 힘의 자재를 얻고, 보살이 여래의 공덕인 법신의 제일피안을 증득함에는 네 가지의 장애가 있으니, 무엇이 네 가지인가? 첫째는 연상(緣相)이요, 둘째는 인상(因相)이요, 셋째는 생상(生相)이요, 넷째는 괴상(壞相)이다. 연상(緣相)은, 말하자면 무명주지(無明住地: 근본무명)이니, 곧 이 무명주지(無明住地)가 행(行)과 함께 반연이 되는[作緣] 것이니, 예를 들어 이 무명이 행을 반연하듯이, 무명주지의 반연도 또한 이와 같기 때문이다. 인상(因相)은, 말하자면 무명주지가 행을 반연하는 것을 말하니, 곧 무명주지가 행을 반연하여 인을 삼으니, 행이 식을 반연하듯이 무루업(無漏業: 非黑非白業)의 반연도 또한 이와 같은 것이다. 생상(生相)은, 말하자면 무명이 머무는 것의 반연이 무루업의 인(因)에 의해 세 가지의 의생신[三昧樂正受意生身·覺法自性性意生身·種類俱生無行作意生身]을 낳는 것을 말한다. 예를 들어 네 가지의 취[欲取·見取·戒禁取·我語取]의 반연이, 유루업의 인에 의하여 삼계[欲界·色界·無色界]가 생기는 것과 같으니, 세 가지의 의생신도 또한 이와 같은 것

---

75) 원효, 『열반종요』, 한불전1, p.534a13−19 참조.

이다. 괴상(壞相)은, 말하자면 세 가지의 의생신이 불가사의한 변역
생사를 반연하는 것을 말하는데, 예를 들어 생의 반연에 의하기 때
문에 늙고 죽음이 있는 것과 같은 것이다. 세 가지의 의생신이 불가
사의한 변역생사를 반연하는 것 또한 이와 같은 것이다.”76)

　열반은 이미 만덕을 갖추었는데, 사덕만을 따로 세운 이유를 네 가
지로 들었다. 다시 간단히 정리하면 다음과 같다. 즉 네 가지 장애를
제거하기 위해서, 네 가지 근심을 뒤집기 위해서, 네 가지 전도를 고
치기 위해서, 네 가지 모양을 벗어나기 위해서였음을 살펴보았다.

---

76) 같은 책, p.534a19－b06, “＜又此四種波羅蜜等＞住無漏界中, 聲聞辟支佛
得大力自在, 菩薩爲證如來功德法身, ＜第一彼岸＞, 有四種障, 何等爲四?
一者緣相, 二者因相, 三者生相, 四者壞相. 緣相者, 謂無明住地. ＜卽此
無明住地＞與行作緣, 如無明緣行, 無明{倒}[住]地緣亦如是故. 因相者, 謂
無明住地緣行. ＜卽＞此{以}[無明住地緣行]爲因, 如行緣識, 無漏業緣, 亦
如是故. 生相者, 謂無明住地緣＜依＞無漏業因, 生[三種意生身. 如四種取
緣依有漏業因, 而生三界] 三種意生身亦如是故. 壞相者, 謂三種意生身
緣不可思議變易生死, 如依生緣故有老死 {此}[三種意生身緣不可思議變
易死]亦如是故”; 勒那摩提 譯, 『구경일승보성론』(4권), 대정장31, p.830a28
－b12, “又此四種波羅蜜等住無漏界中. 聲聞辟支佛得大力自在. 菩薩
爲證如來功德法身第一彼岸有四種障. 何等爲四. 一者緣相. 二者因相.
三者生相. 四者壞相. 緣相者. 謂無明住地. 卽此無明住地與行作緣.
如無明緣行. 無明住地緣亦如是故. 因相者. 謂無明住地緣行. 卽此無
明住地緣行爲因. 如行緣識. 無漏業緣亦如是故. 生相者. 謂無明住地
緣依無漏業因生三種意生身. 如四種取. 緣依有漏業因而生三界. 三種意
生身生亦如是故. 壞相者謂三種意生身緣不可思議變易死如依生緣故
有老死. 三種意生身緣不可思議變易死亦如是故.” 참조.

(2) 사덕 전도

그렇다면 성문들에게 전도가 일어나는 때는 언제인가 하는 의문이 생긴다. 그리고 더 구체적으로는 정관에 있을 때인가 관을 벗어나 있을 때인가 하는 의문이 생긴다. 그리고 전도를 일으키는 모습이 어떠한가 하는 의문도 든다. 여기에서도 전체적인 모습과 개별적인 모습이 무엇인가 하는 의문도 따른다. 이에 대해 원효는 물음을 제기한다.[77]

원효는, 전도가 일어나는 때는 관(觀)에서 벗어나 있을 때라고 한다. 관에 바로 들어 있을 때[正入觀時]에는 인공(人空)을 바로 증득하여 일체의 명언분별을 멀리 벗어나 있기[正證人空遠離一切名言分別] 때문에, 네 가지 전도가 일어나지 않지만, 관에서 나온 후에는 네 가지 전도가 일어난다는 것이다.[78]

네 가지 전도의 상은 총(總)·별(別)이 있는데, 여기에서 관(觀)은 바로 총체성과 개별성 모두에 대한 깨어 있음이다. 깨어 있음은 지혜를 낳고 지혜는 조화[和]를 이룬다. 전도는 일종의, 깨어 있지 못하여 생기는 다툼[諍]을 말하는 것이라고 할 수 있다. 이와 같은 점을 원효의 화쟁을 통해 알 수 있다.

원효는, 전도를 일으키는 모습을 개별적인 모습과 전체적인 모습으로 나누는데, ① 개별적으로 전도되는 모습은 '보리수 아래에서 성도한 몸은 실은 혹업에 의해 감응된 과보'라고 추측하기 때문에 무상·고·무아 등을 말하지만, 화신이 곧 진신[化卽眞身]이라는 것

---

77) 원효, 『열반종요』, 한불전1, p.534b06－07.
78) 같은 책, p.534b07－09.

을 완전히 알지 못하기[不了] 때문에 법신의 사덕에서 전도되는 것이라고 한다. 그리고 ② 전체적으로 전도되는 모습은 오음·고·무상 등을 전체적으로 관하지만, 오음이 곧 법신[五陰卽是法身]임을 통달하지 못하여[不達] 법신 사덕에서 전도되는 것이라고 한다.79)

즉 원효는, 전체적으로 관할 때에는 구체적이고 개별적이고 현실적인 삶의 무게들이, 그대로 법신인 줄을 알지 못하여 전도가 일어나며, 부처가 보리수 아래에서 성도한 사건을, 구체적이고 개별적이고 현실적인 삶의 무게, 즉 현실적인 삶의 괴로움이 혹업에 의해 생긴 과보로 추측하고 화신(化身)이 그대로 바로 진신(眞身)인 줄 완전히 알지 못하여 법신의 사덕에서 전도가 일어난다고 하는 것이다.

원효의 말들에 따라 살펴보면, 관(觀)은 곧 료(了)이며 관(觀)은 곧 달(達)에 배대된다. 료달(了達)은 관(觀)과 함께 속해 있다. 관(觀)은 매사의 일과 매순간에 일어나는 자기 마음과 다른 사람의 마음을 보는 깨어 있음이라고도 할 수 있다. 이 깨어 있음 속에서는 전도가 일어나지 않는다. 전도의 원인과 전도의 모습을 바로 아는 것은 관(觀)할 때 가능하며, 그러면 다름과 차이에서 오는 다툼은 사라진다고 할 수 있다. 이 또한 화쟁이라고 할 수 있을 것이다.

3) 사덕(四德)의 차별

이곳에서는 사덕 개념의 차별을 밝힐 것이다. 사덕의 차별은 많이 나눌 수 있지만, 원효는 간략하게 상덕(常德)과 아덕(我德)에는 각각

---

79) 같은 책, p.534b08−15 참조.

두 가지를 말하고, 낙덕(樂德)과 정덕(淨德)에서는 각각 네 가지로 나누어 해석하였다.

(1) 상덕(常德)

우선 상덕(常德)의 의미를 법상(法常)과 불상(佛常) 두 가지 의미로 나누어 설명할 수 있다. 법상(法常)은 남도 없고 멸함도 없음[無生無滅]을 의미하는 것이다. 이는 몸의 보편성 내지는 편재성[常身]의 뜻이다. 다음으로 불상(佛常)은 늙지도 않고 죽지도 않음[不老不死]을 의미한다. 이는 목숨의 영원성[常壽]을 뜻한다.[80] 이에 대해 원효는 『보성론』을 인용하여 설명하고, 양자 간의 상호 불가분의 관계를 논한다. 인용문을 살펴보자.

> "여래가 오래 사는 것은 모든 수명 가운데 가장 위이고 가장 수승한 것이다. 여래가 얻은 상법(常法)은 모든 상법(常法) 가운데서 가장 첫째이다."[81]

---

80) 같은 책, p.534b18－19 참조.

81) 같은 책, p.534b20－21, "如來長壽, 於諸壽中, 最上最勝, 所得常法, 於諸{法}[常]*中, 最爲第一."; 혜엄 역, 『대반열반경』(36), 대정장12, p.621b06－07/담무참 역, 『대반열반경』(40권), 대정장12, p.381b23－24, "如來長壽於諸壽中. 最上最勝. 所得常法於諸常中最爲第一" *원문에는 '상(常)'으로 나옴. 원효는 '법(法)'으로 바꿔 씀. 그런데 내용상 '법(法)' 혹은 '상법(常法)'이어야 할 것이다. 왜냐하면 '상(常)'은 여럿일 수 없지 않은가. '상(常)'은 단절이나 가름이 없기에 상(常)이라고 한다. 가름이 없는 상(常)이 어떻게 여러 상(常)이 있어서 제상(諸常)이라 할 수 있는가? 이는 여래의 수명이, 가름 없는 모든 수명이 돌아가는, 가름 없는

여기서 말한 상법(常法)은 곧 법신(法身)의 법이고, 장수(長壽)라 말한 것은 보신(報身)의 수명(壽命)이다. 또, "법이 항상하기 때문에 모든 부처도 또한 항상한다"82)라고 하였는데, 여기서 말한 법은 곧 법신이요, 불은 곧 보신이다. 그리고 모든 부처라 한 것은 또한 화신불이다. 이러한 뜻 때문에 『섭대승론석』에서 "법신은 (보신과 화신) 두 몸의 근본[本]이니, 근본은 이미 상주하며 지말(枝末)은 근본에 의지하니, 상속(하는 몸)이 항상 있어서, <중략> 항상 그대로 낙을 받고 항상 그대로 먹을 것을 베푸는 것처럼, (보신과 화신) 두 몸이 상주함이 마땅히 이와 같음을 알아야 한다"83)라고 한 것이다.

무량한 상주불변의 수명임을 말하고 있는 다음 구절에도 나타나 있다. 즉 "하늘과 땅의 모든 사람들의 모든 수명이 다 여래의 수명대해에 돌아가나니, 이런 뜻으로 여래의 수명이 무량함을 마땅히 알라. 이는 비유하자면 허공이 상주불변하는 것과 같나니, 여래의 상주도 또한 이와 같다"[諸天世人一切壽命. 皆歸如來壽命大海. 以是義故. 當知如來其壽無量. 又復迦葉. 譬如虛空常住不變. 如來常住亦復如是.](법현 역, 『대반니원경(大般泥洹經)』(6), 대정장12, p.864c22－25) 그러므로 원효가 원문 그대로 인용하지 않은 것은, 『열반경』 구절을 문맥에 따라 고쳐 인용한 것이라 생각할 수 있다.

82) 원효, 『열반종요』, 한불전1, p.534b23, "以法常故, 諸佛亦常."; 慧嚴 역, 『대반열반경』(36), 대정장12, p.627c16.

83) 같은 책, p.534c01－03, "法身爲二身本, 本{覺}[旣]常住, {未來}[末]依於本, 相續恒在. <중략> 如恒受樂, 如恒施食, 二身常住, 應如{是}[此]知."; 무착, 『섭대승론석(攝大乘論釋)』(15권본), 대정장31, p.269b14－26, "論曰. 由應身及化身. 恒依止法身故. 釋曰. **法身爲二身本. 本旣常住. 末依於本相續恒在.** 故末亦常住 曰. 由應身無捨離故. 釋曰. 如來自圓德. 及利益諸菩薩. 此二事與如來恒不相離. 此二事卽是應身. 故應常住 論曰. 由化身數起現故. 釋曰. 化身爲度衆生. 乃至窮生死際. 無一刹那時不相續. 示現得無上菩提及般涅槃. 何以故. 所度衆生恒有. 如來大悲

그리고 원효는 "『보성론』에서 일곱 가지 인(因)에 의해 상명(常命)[不老不死의 常壽]의 뜻을 이루었고, 다시 세 가지 비유로 상신(常身)의 뜻을 나타내었다"[84]고 한다. 우선 일곱 가지 인을 살펴보면 아래와 같다.

첫째는, 인연이 끝이 없기에[85] 영원한 생명[常命]을 얻는다. 말하

無休廢故. 是故化身亦是常住論曰. **如恒受樂. 如恒施食. 二身常住應如此知**" 참조.; "論曰. 由應身及化身. 恒依止法身故. 釋曰." 부분과 "故末亦常住 論曰. 由應身無捨離故. 釋曰. 如來自圓德. 及利益諸菩薩. 此二事與如來恒不相離. 此二事卽是應身. 故應常住 論曰. 由化身數起現故. 釋曰. 化身爲度衆生. 乃至窮生死際. 無一刹那時不相續. 示現得無上菩提及般涅槃. 何以故. 所度衆生恒有. 如來大悲無休廢故. 是故化身亦是常住論曰." 부분이 빠져 있음을 알 수 있다. 울만 영역에서는 이 부분의 전거를 찾지 못함.; 무착, 『섭대승론석론(攝大乘論釋論)』(10권본), 대정장31, p.320b28-320c09, "論曰. 受用身化身二身無常. 云何言如來身常住. 依止常住法身故. 受用身變化身. 此二身受報不捨故. 數數化現故. <u>如常受樂. 如常施食. 佛身常住應如是知</u>. 釋曰. 二身是常. 由依止常住法身故. 此二身是常. 復次受用身者. 不捨受用故是常. 化身者. 常顯示證正覺般涅槃等. 相續不斷故是常. 於此二身以譬喩顯示其常. 如世間言常受樂. 非卽得無間樂而得名爲常受樂. 又如言此人常施食. 非卽是常施. 有時不施故. 然得名爲常施食者. 二身常義亦爾" 참조. 두 문헌의 문장들을 비교해 보면, 『섭대승론석론』이 출전이 아니고, 『섭대승론석』이라고 할 수 있다.

84) 원효, 『열반종요』, 한불전1, p.534c03-04, "寶性論中, 依七種因成常命義, 復以三譬顯常身義" 참조. 『보성론』에는 칠종인(七種因)이 나오지 않는다. 다만 원효가 설명하는 칠종인의 끝에 인용하는 게송은 나온다. 원효가 이 게송에 근거해 스스로 말하는 것으로 보인다. 그 이유는 상명(常命)이라는 용어도 나오지 않고 상신(常身)이라는 용어도 나오지 않고, 상주신(常住身)이라는 용어는 나오지만, 원효가 인용하는 구절은 없기 때문이다.

85) 같은 책, p.534c05, "因緣無邊故"

자면 한량없는 시간으로부터 몸과 목숨과 재산을 버리고 바른 법을 꽉 잡고 있는 것이 다함이 없고 끝이 없다. 이미 다함없는 원인을 닦았기에 끝이 없는 과보를 받는다[86]는 것이다. 이는 게송에서, "몸과 목숨과 재산을 희사하여 모든 부처님 법을 섭수한다"[87]라고 한 것과 같다.

둘째는, 중생이 끝이 없기에[88] 이들을 제도하기 위해 사홍서원(四弘誓願)을 내어 영원한 머묾[常住]을 얻는다. 이를 게송에서 "중생을 이익게 하기 위하여 구경에는 근본 서원을 원만하게 한다"[89]라고 하였다.

셋째는, 큰 자비가 원만하기에[90] 중생구제를 위해 얽매임을 버리지 않고 열반에 들지 않아 영원한 생명[常命]을 얻는다는 것이다. 게송으로 말하기를 "청정한 불신을 얻어서 대자비심을 일으킨다"[91]

---

86) 원효, 『열반종요』, 한불전1, p.534c06-07, "旣修無窮之因還得無盡之果"; 勒那摩提 역, 『구경일승보성론』(4권), 대정장31, p.843b21, "世尊體常住 以修無量因"에서 뒷부분이 비슷함.

87) 원효, 『열반종요』, 한불전1, p.534c07-08 참조; 勒那摩提 역, 『구경일승보성론』, 대정장31, p.843b26, "棄捨身命財 攝取諸佛法"

88) 원효, 『열반종요』, 한불전1, p.534c08, "衆生無邊故"; 勒那摩提 역, 『구경일승보성론』, 대정장31, p.843b22, "衆生界不盡" 참조.

89) 원효, 『열반종요』, 한불전1, p.534c11-12, "爲利益衆生, 究竟滿本願"; 勒那摩提 역, 『구경일승보성론』, 대정장31, p.843b27, "爲利益衆生 究竟滿本願"

90) 원효, 『열반종요』, 한불전1, p.534c14-15, "大悲圓滿故"; 勒那摩提 역, 『구경일승보성론』, 대정장31, p.843b22, "慈悲心如意" 참조. 삼인(三因) 사인(四因) 모두 묶어 참조.

91) 원효, 『열반종요』, 한불전1, p.534c15-16, "得淸淨佛身, 起大[慈]悲心."; 勒那摩提 역, 『구경일승보성론』, 대정장31, p.843b28, "得淸淨佛身 起

라고 하였다.

넷째는, 신통력이 원만하기에[92) 영원한 생명을 얻는다. 게송으로 말하기를, "네 가지 여의(如意)를 닦아서 그 힘을 의지하여 세상에 머문다"[93)라고 하였다.

다섯째는, 미묘한 지혜를 성취하였기에[94) 무이평등(無二平等)을 증득하여 필경에 멸진(滅盡)이 없어 영원한 생명을 얻는다. 게송으로 말하기를, "미묘한 지혜를 성취하여서 열반의 마음마저 초월하였네"[95)라고 하였다.

여섯째는 삼매를 성취하였기에[96) 외도의 인연이 그를 파괴할 수 없어 영원한 생명을 얻는다. 게송으로 말하기를 "항상 마음으로 삼매를 얻었기 때문이다"[97)라고 하였다.

일곱째는, 안락을 성취하였기에[98) 상(常)을 얻는다고 했다. 즉 이

大慈悲心"

92) 원효, 『열반종요』, 한불전1, p.534c16, "神足圓滿故"

93) 같은 책, p.534c19－20, "修[行]四如意{足}, 依彼力住世{故}"; 勒那摩提 역, 『구경일승보성론』, 대정장31, p.843b29, "修行四如意 依彼力住世"

94) 원효, 『열반종요』, 한불전1, p.534c20, "妙智成就故"; 勒那摩提 역, 『구경일승보성론』, 대정장31, p.843b23, "智成就相應" 참조.

95) 원효, 『열반종요』, 한불전1, p.534c22－23, "以成就妙智, 離有涅槃心"; 勒那摩提 역, 『구경일승보성론』, 대정장31, p.843c01, "以成就妙智 離有涅槃心"

96) 원효, 『열반종요』, 한불전1, p.534c23, "三昧成就故"; 勒那摩提 역, 『구경일승보성론』, 대정장31, p.843b24, "體寂静故常" 참조. 육인(六因) 칠인(七因) 묶어 참조.

97) 원효, 『열반종요』, 한불전1, p.535a02, "常得心三昧"; 勒那摩提 역, 『구경일승보성론』, 대정장31, p.843c02, "常得心三昧"

치의 근원으로 돌아와 큰 편안함과 즐거움을 성취하고 그 안락이 서로 상응하기에 영원한 생명을 얻는다. 게송으로 말하기를 "즐거움이 상응함을 성취하였기 때문이다"99)라고 하였다.

이 일곱 가지 인에 의지하기 때문에 상수(常壽)를 얻는다. 그리고 다시 세 가지 비유로 상신(常身)을 나타낸다.

첫째는, 여래 법신은 세간법에 물들지 않기 때문에 상주하는 것이다. 게송으로 말하기를, "항상 세간에 있으면서도 세간법에 물들지 않는다"100)라고 하였다.

둘째는, 금강삼매는 번뇌의 마구니를 없애고 상주의 과보를 증득하여, 죽음의 마구니[死魔]를 멀리 여의기 때문에 상주하는 것이다. 게송으로 말하기를, "청정한 감로처를 얻었으니 그러므로 일체의 악마에서 벗어났다"101)라고 하였다.

셋째는, 법신의 본체는 본래 나지 않은 것이기 때문에 없어지는 것도 아니고 그래서 상주하는 것이다. 게송으로 말하기를, "모든 부처는 본래 나지 않았으니, 본래 적정하기 때문이다"102)라고 하였다.

---

98) 원효, 『열반종요』, 한불전1, p.535a02, "成就安樂故"

99) 같은 책, p.535a04, "成就{安}1)樂相應"; 勒那摩提 역, 『구경일승보성론』 (4권), 대정장31, p.843c02, "成就樂相應"

100) 원효, 『열반종요』, 한불전1, p.535a07−08, "常在於世間, 不爲世法染 {故}"; 勒那摩提 역, 『구경일승보성론』, 대정장31, p.843c03, "常在於 世間 不爲世法染"

101) 원효, 『열반종요』, 한불전1, p.535a11, "得淨甘露處 故離一切魔"; 勒那 摩提 역, 『구경일승보성론』, 대정장31, p.843c04, "得淨甘露處 故離一 切魔"

102) 원효, 『열반종요』, 한불전1, p.535a18−19, "諸佛本不生, 本來寂靜故"; 勒那摩提 역, 『구경일승보성론』, 대정장31, p.843c05, "諸佛本不生 本

이 때문에 『보성론』의 게송에서 총체적으로 결론지어 말하기를, "처음 일곱 가지 비유는 여래 색신이 항상한 것을 말한 것이요, 뒤의 세 가지 비유는 부처님의 법신이 항상한 것을 말한 것이다"[103]라고 하였다.

그런데 이를 개별적인 모양[別相]으로 보면, 영원한 생명[常命]은 곧 보리의 덕이고, 상신(常身)은 곧 열반의 덕이다. 따라서 법신은 열반에 해당하고 보신은 보리에 해당한다. 그러나 이를 다시 통하는 모양[通相]으로 보면, 상신(常身)과 상명(常命)이 모두 열반이니, 그 이유는 앞 삼사(三事)의 체상을 나타내는 문[出體門]에서 제시한 것과 같다.

여기서도 화쟁이 잘 드러난다. 나누어 보면 상명은 보리의 덕이고 상신은 열반의 덕이어서 다르지만[諍] 전체적으로 보면 상신과 상명이 모두 열반이어서 다르지 않다[和]고 할 수 있다. 차이는 그 관점이 연(緣)을 따라 나타나는 것이고, 그래서 전체적으로 보면 그 연을 여의고 보는 것이 된다. 그래서 어느 하나에만 집착해서는 잃는 것이 있다는 것을 알 수 있다. 그래서 조화로울 수 있게 된다.

(2) 낙덕(樂德)

다음으로 낙덕의 의미를 네 가지로 나누어 설명할 수 있다. 첫째

　　　來寂靜故"
103) 원효, 『열반종요』, 한불전1, p.535a15-16; 勒那摩提 역, 『구경일승보성론』, 대정장31, p.843c07-08, "初七種譬喩　如來色身常　後三種譬喩　善逝法身常"

는 괴롭거나 즐거운 느낌이 끊긴 즐거움[斷受樂]이니, 이는 세 가지의 분별하는 느낌을 여의기 때문에 괴로움도 없고 즐거움도 없다. 이에 큰 즐거움[大樂]이 된다는 것이다.[104]

둘째는 고요함의 즐거움[寂靜樂]이니, 모든 행(行)이 유전(流轉)하는 행(行)의 괴로움을 멀리 벗어나 큰 고요함[大寂靜]을 얻는다. 그러므로 큰 즐거움[大樂]이 된다는 것이다.[105]

셋째는 깨달아 아는 즐거움[覺知樂]이니, 이는 무지해서 받게 되는 괴로움을 멀리 떠나니, 알지 못하는 것이 없으므로 큰 즐거움[大樂]이 된다는 것이다.[106]

넷째는 몸이 무너지지 않는 즐거움[不壞樂]이니, 무상(無常)하여 약해지고 늙고 무너지는 괴로움을 멀리 벗어나서 금강의 몸을 얻었다. 그러므로 큰 즐거움[大樂]이 된다는 것이다.[107]

이에 대해 나누어서 논하면[別而論之], 앞의 두 가지 즐거움[단수락·적정락]은 열반의 즐거움을 말한 것이고, 뒤의 두 가지 즐거움[각지락·불괴락]은 보리의 즐거움을 말한 것이라고 한다. 그러나 이를 다시 통하는 모양으로 말하면[通相而言], 곧 나눌 다름이 없으니[無別異] 그것은 보리와 열반이 둘도 없고 나뉨도 없기[菩提涅槃無

---

104) 원효, 『열반종요』, 한불전1, p.535a18－19, "以離三種分別受[故, 無苦無樂. 乃爲大樂.]"참조. 가은 역주, 이영무 역, "故無苦無樂 乃爲大樂"을 "二寂靜樂 遠離" 뒤에서 앞으로 자리 바꾸어 "以離三種分別受" 뒤로 옮김.

105) 같은 책, p.535a19－21 참조.

106) 같은 책, p.535a21－22 참조.

107) 같은 책, p.535a23－24 참조.; 혜엄 역, 『대반열반경』(36), 대정장12, p.747a27, "四者身不壞故名爲大樂." 참조.

二無別] 때문이다.108) 여기에서도 위와 마찬가지로, 나누어서[別: 諍]
보고 전체적으로[通: 和] 보는 화쟁을 보여준다고 할 수 있다.

　원효는 다음 글을 인용하면서 이 부분을 끝맺는다. "큰 즐거움이
있기 때문에 대열반이라 이름한다. 열반은 다른 즐거움이 없다. 이
네 가지 즐거움 때문에 대열반이라 이름한다"109)

(3) 아덕(我德)

　다음으로 아덕(我德)의 의미를 두 가지로 나누어서 설명할 수 있
다. 즉 법아(法我)와 인아(人我)이다. 우선 법아를 설명하면, 법아라
는 것은 본체가 진실하다는 뜻이다. 이에 대한 논거로 『열반경』의
'애탄품'의 글을 인용한다.

　　"만약 법이 진실하며, 참되고 영원하며, 주인이 되고 의지하며, 성
　　품이 변이하지 않는다면, 이것을 이름하여 아(我)라고 한다."110)

　다음으로 인아(人我)는 자재(自在)하다는 뜻인데, 『열반경』의 '덕

---

108) 원효, 『열반종요』, 한불전1, p.535a24－b02.

109) 같은 책, p.535a03－04, "有大樂故, 名大涅槃. {大}＊涅槃無樂. 以四樂
　　故, 名大涅槃." ＊ 원문에 따라 '大'를 뺌. 빼지 않아도 의미가 잘 통한
　　다.; 혜엄 역, 『대반열반경』(36), 대정장12, p.747a11－12, "有大樂故名
　　大涅槃. 涅槃無樂. 以四樂故名大涅槃."

110) 원효, 『열반종요』, 한불전1, p.535b06－07, "{是眞是實是依是常不變易}
　　[若法是實, 是眞是常, 是主是依, 性不變易, 是名爲我.]"; 慧嚴 역, 『대
　　반열반경』(36), 대정장12, p.618c08－09, "若法是實是眞是常是主是依
　　性不變易. 是名爲我." 참조.

왕품'에 나오는 처음 게송에서 "여덟 (가지) 자재가 있다"111)고 말하고 있다. 그 자재의 뜻을 살펴보면, 첫째, 많고 적음에 자재하다는 것이다. 이의 논거로 『열반경』을 인용하는데, "능히 한 몸으로써 많은 몸으로 보이게 하여, 몸의 수가 많고 적음이 마치 저 미진(微塵)이 시방의 한량없는 세계에 충만한 것 같으니, 여래의 몸이 실제로는 미진(微塵)의 (수같이 많은 몸이) 아니지만, 자재한 까닭에 미진(같이 많은) 몸을 나타낸다"112)라고 말한 것과 같다는 것이다.113)

둘째, 크고 작음에 자재하다는 것이다. 이에 대한 논거는『열반경』에서 "하나의 티끌 같은 몸이 삼천대천세계(三千大天世界)에 가득함을 보이지만, 여래의 몸이 실제로는 삼천대천세계에 가득하지 않다. 어째서인가? 장애가 없기 때문이다. 바로 자재하기 때문에 삼천대천세계에 가득한 것이다"114)라고 말한 것과 같다는 것이다.115)

---

111) 원효, 『열반종요』, 한불전1, p.535b07-08, "[有八]自在{有八}"; 慧嚴 역, 『대반열반경』(36), 대정장12, p.746c01-02, "有八自在則名爲我. 何等爲八." 참조.

112) 원효, 『열반종요』, 한불전1, p.535b08-11, "能示一身以爲多身, 身數多少*, 猶如微塵充滿十方無量世界, 如來之身, 實非微塵, 以自在故現微塵身."; 혜엄 역, 『대반열반경』(36), 대정장12, p.746c02-04, "能示一身以爲多身. 身數大小猶如微塵. 充滿十方無量世界. 如來之身實非微塵. 以自在故現微塵身." 참조.

113) 원효, 『열반종요』, 한불전1, p.535b07-11 참조.

114) 같은 책, p.535b12-13, "示一塵身滿[於]三千[大千世]界, {佛}[如來之]身, {無邊}實不滿於[三千]大千世界. <何以故? 以無礙故. 直>以自在故, 滿[三千]大千[世]界{故}"; 혜엄 역, 『대반열반경』(36), 대정장12, p.746c05-08, "示一塵身滿於三千大千世界. 如來之身實不滿於三千大千世界. 何以故. 以無礙故. 直以自在故滿三千大千世界. 如是自在名爲大我." 참조.

셋째, 가볍고 무거움에 자재한 것이라고 한다. 이에 대한 논거로 『열반경』에 "이 삼천대천세계를 가득 채운 몸으로, 가볍게 들어 공중을 날아서 이십 갠지스 강의 모래와 같은 많은 여러 부처님의 세계를 지나가도 아무런 장애가 없다. 여래의 몸은 실제로는 가벼움도 무거움도 없다. 왜냐하면 자재하기 때문에, 능히 가볍게도 하고 무겁게도 할 수 있다"116)라고 한 것과 같다고 한다.117)

넷째, 하나이기도 하고 다르기도 함에 자재하니, 이는 마치 경에 "여래의 일심은 편안히 머물러 움직이지 않지만, 한량없는 모습과 종류로 변화해 보일 수 있는바, 각각 마음이 있게 한다. 여래가 때로 혹 한 가지 일을 지으면서 중생으로 하여금 각각 판단을 하게 하고, 여래의 몸은 한 땅에 늘 머무르면서, 다른 땅의 모든 중생으로 하여금 다 보게 한다"118)라고 말한 것과 같다고 한다.

---

115) 원효, 『열반종요』, 한불전1, p.535b11－13 참조.

116) 같은 책, p.535b14－17, "以滿[此三千]大千世界之身, 輕擧飛空, 過[於二十]恒[河]沙等諸佛世界, 而無障礙. 如來之身, 實無輕重. 以自在故, 能爲輕重{故}"; 혜엄 역, 『대반열반경』(36), 대정장12, p.746c08－12, "三者能以滿此三千大千世界之身. 輕擧飛空過於二十恒河沙等諸佛世界. 而無障礙. 如來之身實無輕重. 以自在故能爲輕重如是自在名爲大我." 참조.

117) 원효, 『열반종요』, 한불전1, p.535b13－17 참조.

118) 같은 책, p.535b17－21, "如來一心安住不動, 所可示化無量形類, 各令有心. 如來有時{成}[或]造一事, 而{亦}[令]衆生各各成{辨}[辦], 如來之身常住一{立}[土], 而令他{立}[土]一切悉見{故}"; 혜엄 역, 『대반열반경』(36), 대정장12, p.746c12－16, "四者以自在故而得自在. 云何自在. 如來一心安住不動. 所可示化無量形類各令有心. 如來有時或造一事. 而令衆生各各成辦. 如來之身常住一土. 而令他土一切悉見. 如是自在名爲大我." 참조.

다섯째는, 경계에 대해 자재하다고 한다. 그리고 이에 대한 논거로『열반경』에서 "여래는 하나의 감각 기관[一根]으로도 또한 색(色)을 볼 수 있고, 소리를 들을 수 있고, 향기를 맡을 수 있고, 맛을 가릴 수 있고, 촉감을 느낄 수 있고, 법(法)을 알 수 있으며, 여래는 여섯 감관[六根]으로도 또한 색(色)을 보지도 않고, 소리를 듣지도 않고, 향기를 맡지도 않고, 맛을 가리지도 않고, 촉감을 느끼지도 않고, 법(法)을 알지도 못한다. 왜냐하면 자재하기 때문에 감각 기관[根]으로 하여금 자재하게 하는 것이다"119)라고 말한 것과 같다고 한다.

여섯째는, 법을 얻음이 자재하다고 한다. 그리고 이에 대한 논거로『열반경』에 "자재하기 때문에 일체 법을 얻는다. 여래의 마음은 얻는다는 생각도 없다. 어째서인가? 얻는 것이 없기 때문이다. 만일 이것[얻는 것]이 있다면, 얻는다고 할 수 있지만, 실제로 얻음이 있는 것이 없으니, 어떻게 얻는다고 하겠는가? 가령 여래가 얻는다는 생각이 있다고 헤아리면, 이는 곧 모든 부처가 열반을 얻지 못한 것이다! 얻음이 없기 때문에, 열반을 얻는다고 이름한다. 자재하기 때문에, 일체의 법을 얻는 것이다. 모든 법을 얻었기 때문에 대아라고 이름한다"120)라고 말하는 것과 같다.

---

119) 원효,『열반종요』, 한불전1, p.535b21−24, "如來一根, 亦能見色, 聞聲{乃至}[嗅香, 別味覺觸], 知[法], {以自在} 如來六根, 亦不, 見色{不}聞聲, {乃至}[嗅香別味, 覺觸]{不}知法, <以自在故>令根自在"; 혜엄 역,『대반열반경』(36), 대정장12, p.746c16−20, "五者根自在故. 云何名爲根自在耶. 如來一根亦能見色聞聲嗅香別味覺觸知法. 如來六根亦不見色聞聲嗅香別味覺觸知法. 以自在故令根自在. 如是自在名爲大我." 참조.

원효는 이 여섯 번째에 특히 주목하면서 이 뜻이 다음을 바로 나타낸 것이라고 한다.

> "모든 법이 그러하지 않으면서 그러하지 않은 것도 아니다. 그러하지 않기 때문에 영원히 얻을 것이 없고, 그러하지 않은 것도 아니기 때문에, 얻지 못하는 것도 없다. 이와 같이 아무런 장애가 없기 때문에 대자재라 이름한다."121)

일곱째는, 여러 사람 앞에서 말함[演說]이 자재하다고 한다. 그리고 그 논거로 『열반경』에서 "여래가 연설한 한 게송의 뜻은, 무량한 시간을 지나더라도, 그 뜻은 다하지 않는다. 이른바 계율(戒律)인 듯도 하고, 선정(禪定)인 듯도 하고, 보시(布施)인 듯도 하고, 지혜인 듯도 하다. 여래가 이때에 '나는 법을 설하고 저들은 법을 듣는다'는 생각을 도무지 내지 아니하며, <중략> 일체의 법성을 또한 전혀 설하는 것이 없다. 자재하기 때문에 여래가 연설하며, 연설하기 때문에 대아라 이름한다"122)라고 말한 것과 같다고 한다.

---

120) 원효, 『열반종요』, 한불전1, p.535b24−c08, "以自在故, 得一切[法]. 如來之心, 亦無得想. 何以故? <無所得故.> 若是有者, 可{知}[名]爲得, 實無所有, 云何名得? 若使如來計有得想, 是{卽}[則]諸佛不得涅槃! 以無得故, 名得涅槃. 以自在故, 得一切法! 得諸法故, 名爲大我" ; 혜엄 역, 『대반열반경』(36), 대정장12, p.746c21−26, "六者以自在故得一切法. 如來之心亦無得想. 何以故. 無所得故. 若是有者可名爲得. 實無所有. 云何名得. 若使如來計有得想. 是則諸佛不得涅槃. 以無得故名得涅槃. 以自在故得一切法. 得諸法故名爲大我." 참조.

121) 같은 책, p.535c06−08, "諸法非然而非不然, 而不然故永無所得. 非不然故無所不得, 如是無障礙故名大自在."

여덟째는, 두루 나타남[普現]이 자재하다고 한다. 이에 대한 논거로, 원효는 『열반경』에 "여래가 일체의 모든 곳에 두루 가득한 것이, 비유하자면 허공과 같다. 허공의 성품을 볼 수 없듯이, 여래도 또한 이와 같아서, 실제로는 볼 수가 없다. (그렇지만) 자재하기 때문에 일체로 하여금 보게 한다"123)의 글을 인용하여, 나타나는 것이 있으면 곧 당연히 나타나지 않는 것이 있는데, 여래는 나타나지 않는 바가 도무지 없음[如來都無所不現]을 밝힌 것이라고 평가한다.

그리고 전체적으로 원효는 무별이(無別異) 설명을 통해 화쟁을 나타내 마무리한다. 무별이가 바로 대열반임을 보여준다. 원효는 분별하여 말하면[別門而言], 법아(法我), 즉 진실아(眞實我)는 열반의 나이고, 인아(人我), 즉 자재아(自在我)는 무애(無礙)의 뜻으로 보리의 나이지만, 실제에 근거해서 전체적으로 논하면[就實通論], 열반의 나와 보리의 나는 곧 다름이 없다[無別異]. 이 때문에 『열반경』에서 전체적으로 마무리하여 말하기를[總結之言] "이와 같은 대아는 대열

---

122) 원효, 『열반종요』, 한불전1, p.535c08－12, "如來{宣}[演]說一偈之義, {過}[經]無量劫, 義亦不盡. {而}<所謂, 若戒若定, 若施若慧. 如來爾時, 都>不生念'我說彼聽', <중략> 一切法[性]亦無有說. 以自在故, 如來演說, 以[演說故], 名大我{故}"; 혜엄 역, 『대반열반경』(36), 대정장12, pp.746c26－747a02, "七者說自在故 如來演說一偈之義. 經無量劫義亦不盡. 所謂若戒若定若施若慧. 如來爾時都不生念我說彼聽. 亦復不生一偈之想. 世間之人四句爲偈. 隨世俗故說名爲偈. 一切法性亦無有說. 以自在故 如來演說. 以演說故名爲大我." 참조.

123) 원효, 『열반종요』, 한불전1, p.535c12－16, "如來遍滿一切諸處, 猶如虛空. 虛空之性, 不可得見, 如來亦爾, 實不可見. 以自在故, 令一切見."; 혜엄 역, 『대반열반경』(36), 대정장12, p.747a02－06, "八者如來遍滿一切諸處猶如虛空. 虛空之性不可得見. 如來亦爾實不可見. 以自在故令一切見. 如是自在名爲大我. 如是大我名大涅槃. 以是義故名大涅槃."

반이라 이름한다"[124]라고 하였다.

(4) 정덕(淨德)

다음은 정덕을 네 가지로 나눌 수 있다. 즉 첫째는 결과의 깨끗함[果淨]인데, 또한 유(二十五有)의 깨끗함[有淨]이라고도 한다. 왜냐하면 이십오유(二十五有)를 여의었기 때문이다. 둘째는 업의 깨끗함[業淨]인데, 또한 원인이 깨끗함[因淨]이라고도 한다. 왜냐하면 범부의 모든 업의 원인[業因]을 여의었기 때문이다. 셋째는 몸의 깨끗함[身淨]인데, 부처의 몸[佛身]이 영원히 머물기[常住] 때문이다. 넷째는 마음이 깨끗함[心淨]인데, 부처의 마음[佛心]에 번뇌가 없기[無漏] 때문이다.[125]

원효는 앞의 두 가지 과정(果淨)과 업정(業淨)은 덕을 여읜 것이고, 뒤의 두 가지 신정(身淨)과 심정(心淨)은 덕을 닦는 것이라 한

---

124) 원효, 『열반종요』, 한불전1, p.535c21-24.; 혜엄 역, 『대반열반경』(36), 대정장12, p.747a05-06, "如是大我名大涅槃"

125) 원효, 『열반종요』, 한불전1, p.535c18-23 참조.; 혜엄 역, 『대반열반경』(36), 대정장12, p.747b25-c09, "何等爲四. 一者二十五有名爲不淨. 能永斷故得名爲淨. 淨卽涅槃. 如是涅槃亦得名有. 而是涅槃實非是有. 諸佛如來隨世俗故說涅槃有. 譬如世人非父言父非母言母. 實非父母而言父母. 涅槃亦爾. 隨世俗故說言諸佛有大涅槃. 二者業淸淨故. 一切凡夫業不淸淨故無涅槃. 諸佛如來業淸淨故. 故名大淨. 以大淨故名大涅槃. 三者身淸淨故. 身若無常則名不淨. 如來身常故名大淨. 以大淨故名大涅槃. 四者心淸淨故. 心若有漏名曰不淨. 佛心無漏故名大淨. 以大淨故名大涅槃. 善男子. 是名善男子善女人修行如是大涅槃經具足成就初分功德" 참조.

다. 그런데 덕을 여읜 것과 덕을 닦는 것이 비록 다르지만 모두 열
반이라고 한다. 이에 대한 논거로 다음을 제시한다.

> "순정(純淨)이기 때문에 대열반이라 이름한다. 무엇을 일러 순정
> 이라 하는가? 정에는 네 가지 덕이 있다"126)

그러고 나서 원효는 결론적으로 다음과 같이 말을 한다.

> "전체적인 면에서 말하면, 이와 같은 네 가지의 덕[常・樂・我・
> 淨]은 삼사[法身・般若・解脫]를 벗어나지 않으니, 삼사(三事)는 곧
> 두 가지 아[法我・人我]에 들어가고, 두 가지 아는 하나의 대열반
> (大涅槃)이고, 하나가 곧 일체이고 일체가 곧 하나이니, 이를 여래
> 가 비밀스럽게 간직한 것[如來秘藏]이라 이름한다."127)

전체적으로 보면, 사덕(四德)은 삼사(三事)에, 삼사(三事)는 이아
(二我)에, 그리고 이아(二我)는 하나의 대열반(大涅槃)에 차례로 수
렴된다는 것이다. 그래서 하나가 곧 일체이고 일체가 곧 하나[一卽
一體　一體卽一]라고 하는 것이다.128) 그리하여 나누면 다양하게 펼
쳐지는 현상들이 있고 묶어보면 하나로 귀결된다고 할 수 있다. 이
는 여래비장(如來秘藏)의 뜻으로 화쟁하는 것이다.

126) 혜엄 역, 『대반열반경』(36), 대정장12, p.747b23−24, "以純淨故　名大
　　　涅槃, 云何純淨? 淨有四種."
127) 원효, 『열반종요』, 한불전1, p.536a01−04, "故總而言之, 如是四德, 不
　　　出三事, 三事卽入於二種我, 二種我者, 一大涅槃, 一卽一切一切卽一,
　　　是名如來秘密藏也."
128) 같은 책, p.536a01−04 참조.

4) 화쟁

(1) 상반된 설명들

이 부분에서 특히 삼신설과 관련하여 서로 다투는 설명들을 조화롭게 하는 것을 살필 것이다. 특히 법신은 상주[法身常住]하고 화신은 기멸한다[化身起滅]는 대립의 문제를 화쟁할 것이다. 두 몸의 여러 설은 같지 않으나 오직 보신(報身)에 대하여는 두 가지 고집이 각각 일어난다. 그리고 그 각각 일어나는 쟁론은 두 가지 길에 불과하다. 즉 보신이 상주(常住)한다고 고집하는 것과 보신이 무상(無常)하다고 고집하는 것이다. 상(常)을 고집하는 중에도 또한 두 설명이 있다고 한다.129) 이에 대해 살펴볼 것이다.

(가) 보신상주(報身常住)

첫째는, 보신불(報身佛)의 공덕은 생겨남은 있고 사라짐은 없다는 것이다. 그것은, 생겨나는 원인[生因]이 사라졌기 때문에 생겨남이 없을 수도 없다[生因所滅故不得無生]. 이치를 끝까지 증득하기 때문에 모양[相]을 여의었으며, 모양을 여의었기 때문에 상주하여 변하지 않는다고 한다.130)

두 번째는, 보신불(報身佛)의 공덕은 비록 생겨나는 원인[生因]에서 얻지만 생겨남의 모양[生相]에서는 벗어나 있다는 것이다. 그리고

---

129) 같은 책, p.536a05－08 참조.
130) 원효, 『열반종요』, 한불전1, p.536a08－11 참조.

비록 '본래 없다가 비로소 있는 것[本無始有]'이지만 '본래 없다가 지금에 있게 되는 것[本無今有]'은 아니다. 이미 지금에 있게 되는 것이 아니니 또한 뒤에 없게 되는 것도 아니다. 그래서 과거·현재·미래의 시간을 초월하여 뒤섞여 상주(常住)한다고 한다.[131]

그러나 도(道)를 깨달은 뒤에야 비로소 이루어지기 때문에, 본래 처음이 있는 것이 아니다[非本有始]. 그러므로 시간을 초월하고, 시간을 초월하였기 때문에 또한 생겨남도 없다. 그렇기 때문에 또한 사라짐도 없다. 생겨남도 사라짐도 없기 때문에 결정코 함이 없으며[無爲] 늘 머물러[常住] 변하지 않는다[不變]고 한다.[132]

만약 이와 같이 바른 견해[正見]를 얻지 못하면, 유위(有爲)니 무위(無爲)니 하는 말을 결정적으로 고집해서는 안 된다. 원효는 이에 대한 논거로 『열반경』 순타품(제2품)에, "오직 응당 자책할 뿐이니, 나는 이제 어리석고 바보이어서 지혜의 눈이 없다. 여래의 바른 법[正法]은 불가사의하니, 이 때문에 여래는 결정코 유위(有爲)이다 또는 결정코 무위이다 함부로 말해서는 안 된다. (그러나) 만약 바로 본 자[正見者]라면 응당 여래는 결정코 무위이다 말해야 한다"[133]라고 한 것을 제시한다.[134]

---

131) 같은 책, p.536a11−20 참조.

132) 같은 책, p.536a15−17 참조.

133) 같은 책, p.536a19−21, "唯當{嘖自}[自責], 我今愚癡未有{惠}[慧]眼. 如來正法不可思議, 是故, 不應宣說如來定是有爲定是無爲. 若正見者, 應說如來定是無爲."; 혜엄 역, 『대반열반경』(36), 대정장12, p.613c11−14, "唯當自責我今愚癡未有慧眼. 如來正法不可思議. 是故不應宣說如來定是有爲定是無爲. 若正見者應說如來定是無爲."

134) 원효, 『열반종요』, 한불전1, p.536a17−21.

그리고 또 '장수품'(제4품)의 글을 인용하여 제시한다.

"항상 마땅히 마음을 다잡아 상주(常住) 이 두 글자를 닦으면, 부
처는 영원히 머문다[常住]. 가섭아, 만약에 선남자(善男子)나 선여인
(善女人)이 이 두 글자를 닦는다면, 이 사람은 내가 행하는 것을 따
라서 내가 이르는 곳에 다다름을 알아야 한다"135)

이처럼 두 곳에서 분명히 상주를 말하는데, 다른 곳에서 상주하지
않는다고 말한다면, 그것은 부처의 화신(化身)을 말한 것이지 보신
(報身)을 말한 것은 아니라고 한다.136)
즉 '덕왕품'(제22품)에서 바로 이와 같이 말하고 있다.

"여래는 상(常)이 아니다. 어째서인가? ①몸에 분한(分限)이 있기
때문이다. 이런 까닭에 상이 아니다. 어째서 상이 아니라고 하는가?
왜냐하면 앎[知]이 있기 때문이니, 상법(常法)은 앎[知]이 없어 마치
허공과 같다. 여래는 ②앎이 있으니, 이 때문에 상(常)이 아니다. 어
째서 상이 아니라고 하는가? (여래는) ③언설이 있기 때문이며 내지
④성씨가 있(기 때문이)다. 이 때문에 ⑤부모가 있으며, 그러므로 ⑥
네 가지 위의(威儀)[行·住·坐·臥]가 있으며, 그러므로 ⑦방소(方
所)가 있다"137)

---

135) 같은 책, p.536a22−24, "常當繫心修{心是}[此]二字, 佛[是]常住. <迦
葉>, 若有[善男子善女人], 修{習}此二{定}[字]{者}, 當知是人隨我所行
至我至處."; 혜엄 역, 『대반열반경』(36), 대정장12, p.622a24−26, "常
當繫心修此二字. 佛是常住. 迦葉. 若有善男子善女人修此二字. 當知
是人隨我所行至我至處." 참조.

136) 원효, 『열반종요』, 한불전1, p.536a23−b01 참조.

이 일곱 가지의 뜻으로 여래가 상주(常住)하지 않는다고 말하지만, 이는 다 화신에 대해 말한 것이라고 한다. 만약에 사람들이 이와 같은 의미를 알지 못하고, 또한 보신불(報身佛)도 똑같이 상(常)이 없다고 말하면, 이는 곧 삿된 견해이어서 반드시 지옥에 떨어진다고 한다.138)

이에 대한 논거는 '순타품'(제2품)에 "외도의 삿된 견해는, 여래도 똑같이 유위라고 말할 수 있지만, 계율을 지키는 비구는 이와 같이 여래에 대해 유위라는 생각을 내어서는 안 된다. 만약 여래가 유위라고 말하면 이는 곧 거짓말[妄語]이다. 이러한 사람은 죽어서 지옥에 들어가는 것이, 마치 사람이 스스로 자기 집에 거처하듯이 됨을 알아야 한다"139)라고 한 것과 같다고 제시한다.

---

137) 원효, 『열반종요』, 한불전1, p.536b02−06, "如來非常 何以故? ①身有分故 是故非常 云何非常? 以有{智}[知]故 常法無知猶如虛空 如來②有{心}[知] 是故非常 云何非常? ③有言說[故] 乃至 ④有姓 此故⑤有父母 故⑥有四[威]儀 故⑦有方所"; 혜엄 역, 『대반열반경』(36), 대정장12, p.738b26−c10, "如來非常. 何以故. 身有分故. 是故非常. 云何非常. 以有知故. 常法無知猶如虛空. 如來有知. 是故非常. 云何非常. 有言說故. 常法無言亦如虛空. 如來有言. 是故無常. 有姓氏故名曰無常. 無姓之法乃名爲常. 虛空常故無有姓氏. 如來有姓姓瞿曇氏. 是故無常. 有父母(故名曰無常. 無父母者乃名曰常. 虛空常故無有父母. 佛有父母是故無常. 有四威儀名曰無常. 無四威儀乃名曰常. 虛空常故無四威儀. 佛有四儀是故無常. 常住之法無有方所. 虛空常故無有方所. 如來出在東天竺地住舍婆提或王舍城. 是故無常. 以是義故如來非常." 참조.

138) 원효, 『열반종요』, 한불전1, p.536b06−09.

139) 같은 책, p.536b09−13, "外道邪見 可說如來同於有爲 持{惑}[戒]比丘 不應如是於如來所生有爲想 若言如來是有爲者 卽是妄語 當知是人死入地獄 如人自處於己舍宅"; 혜엄 역, 『대반열반경』(36), 대정장12, p.614a02−

그리하여 결론적으로 '보신불(報身佛)이 무상(無常)하다고 말해서는 안 된다'고 한다.140) 위 설명을 간단히 요약하면, 여래의 일곱 가지 속성으로 무상하다는 설명에서의 그 속성은 화신의 속성으로 봐야 한다는 것이다. 이는 보신과 화신을 분리하여 보신을 법신에 포함시켜 보신의 상주(常住)를 설명하는 것이다. 이에 대해 보신 무상을 설명하는 쪽은, 보신을 법신과 구분하고 화신에 배대하여 무상을 설명하는 것이다. 그러면 이에 대한 자세한 논의를 살펴보자.

(나) 보신무상(報身無常)

보신 무상(無常)을 고집하는 쪽의 논리는 다음과 같다. 즉 보신불(報身佛)은 생기는 원인[生因]으로 생긴 것이기에 사라지지 않을 수 없다. 그것은 '생긴 것은 반드시 사라진다'고 부처가 언제나 즉각적이면서 긍정적으로 하는 대답[一向記]이기 때문이다. 그러나 보신은 법신을 의지하여 계속 이어지면서 항상 존재하여, 미래가 다하여도 영원히 끝내 다함이 없으니, 생멸이 순간순간의 생각들마다 찰나 찰나로 변해 없어지는 것과는 같지 않다. 이 때문에 상주(常住)라고 말한다. 그리고 늙고 죽음이 없기 때문에 변하지 않는다고 한다는 것이다.141)

이에 대한 논거로, '사상품(四相品)'(제7품)에서 "여래는 이와 같은

___

05, "外道邪見可說如來同於有爲. 持戒比丘不應如是於如來所生有爲想. 若言如來是有爲者. 卽是妄語. 當知是人死入地獄. 如人自處於己舍宅." 참조.
140) 원효, 『열반종요』, 한불전1, p.536b18-19.
141) 원효, 『열반종요』, 한불전1, p.536b19-24 참조.

공덕을 성취하였는데, 어찌 여래가 무상(無常)하다고 말해야 하는가? 만약 (여래가) 무상(無常)하다고 말하면, 이는 옳지 않다. 여래는 금강신이니 어찌 무상하다고 하는가? 이 때문에 여래는 목숨[命]이 끝났다고 이름하지 않는다"[142]라는 글을 제시한다.

또 '여래성품(如來性品)'(제12품)에서 "만약 해탈이 비유하여 환화(幻化)와 같다고 말한다면, 범부가 참해탈을 얻어도 곧 닳아 없어진다고 말해야 한다. (그러나) 지혜가 있는 사람은 사람 가운데 사자[人中師子: 부처의 미칭]가 비록 가고 옴이 있어도 상주하여 변화가 없음을 마땅히 분별하여야 한다"[143]라는 글을 논거로 제시한다.

또 '성행품(聖行品)'(제9품)의 "다음으로 선남자야! 심성(心性)이 다르기 때문에 무상(無常)이라 이름한다. 말하자면 성문(聲聞)의 심성이 다르고 연각(緣覺)의 심성이 다르며 모든 부처의 심성이 다르다"[144]는 글을 논거로 제시한다.

---

142) 같은 책, p536b19−22, "如來成就如是功德, 云何當言如來無常? 若言無常無有是處. 是金剛身云何無常? 是故如來不名命終."; 혜엄 역, 『대반열반경』(36), 대정장12, p.632b25−27, "如來成就如是功德. 云何當言如來無常. 若言無常無有是處. 是金剛身云何無常. 是故如來不名命終." 참조.

143) 원효, 『열반종요』, 한불전1, p.536b22−c01, "若言解脫{猶}[譬]如幻化, 凡夫當謂得[眞]解脫{者}卽是磨滅.　有智之人應當分別人中師子雖有去來常住{不}[無]變"; 혜엄 역, 『대반열반경』(36), 대정장12, p.651b28−c01, "若言解脫譬如幻化.　凡夫當謂得眞解脫卽是磨滅.　有智之人應當分別. 人中師子雖有去來常住無變." 참조.

144) 원효, 『열반종요』, 한불전1, p.536c01−03.; 혜엄 역, 『대반열반경』(36), 대정장12, p.687c18−20, "復次善男子. 心性異故名爲無常. 所謂聲聞心性異. 緣覺心性異. 諸佛心性異." 참조.

위의 논거가 되는 글들에 따르면, 보신불(報身佛)의 마음은 유위(有爲)이며, 생멸법(生滅法)이나, 처음 부분에서는 결정코 무위라고 말하였다는 것이다.145)

또 "상주(常住) 두 글자를 닦아 익히면, 내가 행하는 것을 따라서 내가 이르는 곳에 이를 것이다"146) 등의 글들은 성문(聲聞)의 무위(無爲)에 대한 네 가지 전도[四顚倒]를 대치하기 위한 것이다. 그러기에 진여 법신을 들어서 상주라고 말한 것이다. 성문들이 법의 공함[法空]에 통달하지 못하여, 여래 법신이 일체의 처소에 두루한 무위(無爲) 상주(常住)이지만, 다만 중생[物]의 기연(機緣)을 따라 이러한 색신(色身)을 나타내는 줄을 알지 못한다. 이 때문에 성문들이 여래 색신은 혹업(惑業: 貪·瞋·癡 등의 번뇌는 惑, 이 혹에 의하여 선악의 행위를 짓는 것은 業)으로 감득한 것이어서, 반드시 돌아갈 때는 닳아 없어질 것이며, 여래의 오분법신(五分法身: 戒身·定身·慧身·解脫身·解脫知見身)도 비록 유루(有漏)는 아니지만, 색신에 의지하는 것이어서, 또한 끊어 없어진다[斷滅]고 여긴다. 이와 같은 병폐를 대치하기 위하여 법신(法身)의 무위(無爲) 상주(常住)를 말한 것이라고 한다.147)

이에 대해 원효는 지금은 알 수 없는 경전 『청승복전경』148)의 글

---

145) 원효, 『열반종요』, 한불전1, p.536c03－05. 참조.

146) 같은 책, p.536c05－06, "修習常住二字　隨我所行至我至處"; 혜엄 역, 『대반열반경』(36), 대정장12, p.622a24－26, "常當繫心修此二字. 佛是 常住. 迦葉. 若有善男子善女人修此二字. 當知是人隨我所行至我至處." 참조.

147) 원효, 『열반종요』, 한불전1, p.536c05－12 참조.

148) 지금은 전하지 않는 경전임. 『불설제덕복전경(佛說諸德福田經)』(대장정

을 인용한다.

"월덕거사가 부처님께 탄식하며, '여래가 열반하시면 다시 법이
멸할 때가 오래지 않다'고 하였다. 여래가 말씀하시기를, '너희 거사
들아! 마땅히 여래의 늘 머묾[常住] 두 자를 닦아야 한다. 이 상주
(常住)의 법은 일체중생이나 이승(二乘)이나 육도중생(六道衆生)이
나 천제(闡提)나 오역(五逆: 殺父·殺母·殺阿羅漢·破和合僧·出
佛身血)의 죄를 지은 사람들의 법성(法性)이다. (그러니) 법성을 보
는 자는 내 몸이 지금과 같아서, 둘이 없음을 마땅히 얻어야 한다'
라고 하였다"149)

원효는 이에 대해 『열반경』에서 말한 "(常住) 이 두 글자를 닦아
익히면, 나의 행하는 바에 따라 내가 이르는 곳에 이를 것이다"150)

---

16)이 아닌가 의심가지만, 이 인용문에 해당하는 원문이 없음. 가은
역주에서도 같은 결론을 내렸다. 그 내용을 인용하면 다음과 같다.
"유실된 경이다. 『거사청승복전경(居士請僧福田經)』 또는 『불설거사청
승복전경(佛說居士請僧福田經)』이라고도 한다. 한편 대정55, 『대주간
정중경목록(大周刊定衆經目錄)』(p.440a19−25)에 의하면 이 경이 서진
(西晉)의 법립(法立, ?−?)이 번역한 『제덕복전경(諸德福田經)』과 법거
(法炬)가 번역한 『복전경(福田經)』과 더불어 동본이역(同本異譯)이라
설명되고 있다. 그러나 종요에 인용된 문장을 대정16, 『불설제덕복전
경(佛說諸德福田經)』과 비교해 본 결과 그런 설명을 확정할 만한 근
거를 찾지 못하였다." 가은 역주, p.237.
149) 원효, 『열반종요』, 한불전1, p.536c13−22, "月德居士歎佛, '如來涅槃以
復法滅不久.' 如來告言, '汝等居士! 應修如來常住二字. 是常住法者, 是
一切衆生二乘六道闡提五逆人之法性. 見法性者, 當得吾身如今無二.'"
150) 원효, 『열반종요』, 한불전1, p.536c18, "修此二字, 隨我所行至我至處";
혜엄 역, 『대반열반경』(36), 대정장12, p.622a24−26, "常當繫心修此二

라고 한 것과 같다고 한다. 이 글은 바로 법신을 나타낸 것인데, 이 법신은 자비한 마음으로 살생을 하지 않는 등의 원인으로 얻어진 것이라고 한다. 그리고 요인(了因)[확실하게 앎]에 의해 나타나는 증득을 밝힌 것인데, 어떤 사람은 이런 뜻을 모르고, 보신불이 또한 생겨나고 사라짐[生滅]이 없다고 집착하다가 마침내는 허공과 같아서[同虛空] 없는 줄로 안다[知無爲]는 것이다.151)

또 '덕왕품'(제22품)에서 "여래는 상주(常住)[늘 머묾]하는 것이 아니[如來非常{住}152)]"153)라는 것에 대한 설명에서, "일곱 가지 인연154)은 모두 화신(化身)과 관련해서 상주(常住)하지 않는다고 말한 것이지, 보신불 또한 상주한다[常]고 말한 것은 아니다. 이는 곧 저 글이 또한 일곱 가지 인연으로써 된 것은 무상(無常)이 아니니, 모

字. 佛是常住. 迦葉. 若有善男子善女人修此二字. 當知是人**隨我所行至我至處.**" 참조.

151) 원효, 『열반종요』, 한불전1, p.536c17-22 참조.

152) 원문에 따라 '住'를 뺌.

153) 혜엄 역, 『대반열반경』(36), 대정장12, p.738b26-c10, "如來非常. 何以故. ①身有分故. 是故非常. 云何非常. ②以有知故. 常法無知猶如虛空. 如來有知. 是故非常. 云何非常. ③有言說故. 常法無言亦如虛空. 如來有言. 是故無常. ④有姓氏故名曰無常. 無姓之法乃名爲常. 虛空常故無有姓氏. 如來有姓姓瞿曇氏. 是故無常. ⑤有父母故名曰無常. 無父母者乃名曰常. 虛空常故無有父母. 佛有父母是故無常. ⑥有四威儀名曰無常. 無四威儀乃名曰常. 虛空常故無四威儀. 佛有四儀是故無常. 常住之法無有方所. 虛空常故無有方所. ⑦如來出在東天竺地住舍婆提或王舍城. 是故無常. 以是義故如來非常." 참조. 울만 영역, 근거 안 밝힘.

154) 위 주석에서와 같이, 여래가 상주가 아닌 일곱 가지 이유는 ①身有分 ②有知 ③有言說 ④有姓氏 ⑤有父母 ⑥有四威儀 ⑦如來出在東天竺地住舍婆提或王舍城이다.

두 법신과 관련해서 무상(無常)이 아니라고 말한 것이지, 보신불도 또한 무상이 아니라는 것과는 관계없다"155)는 것이다.

원효는 이에 대한 논거로 다음을 인용하여 제시한다.

"생겨남이 있는 법(法)을 상주함이 없다[無常]고 하고, 생겨남이 없는 법은 상주한다[常]고 하는데, 여래는 생겨남이 없다. 이 때문에 상주하게[常] 된다. 상법(常法)은 성품이 없다. 성품이 있는 법을 이름하여 상주함이 없다[無常]고 하는데, 여래는 ①생겨남도 없고 성품도 없다. 생겨남도 없고 성품도 없으므로 상주한다[常]. 상주함이 있는[有常] 법은 모든 곳에 두루하니, 이는 마치 허공이 있지 않는 곳이 없는 것과 같으니, 여래도 또한 이와 같아 ②모든 곳에 두루한다. 이 때문에 상주하게[常] 된다. 상주함이 없는[無常] 법은 혹은 이것이 있다고 말하기도 하고 혹은 저것이 없다고 말하기도 한다. 여래는 이와 같지 아니하여, ③이곳에 있고 저곳에 없다고 말할 수가 없다. 이 때문에 상주하게[常] 된다. 상주함이 없는[無常] 법은 어떤 때는 있고 어떤 때는 없다.156) (그러나) 여래는 그렇지 아니하여, ④(어떤 때에도 있고 어떤 때에도 없다.)157) 이 때문에 상주하게

---

155) 원효, 『열반종요』, 한불전1, p.536c22－a01, "七種因緣皆, 就化身說非常住, 非說報佛亦常者, 是卽彼文亦以七因成非無常, 皆就法身說非無常, 不{開}[關]1)報佛亦非無常." 참조.

156) 가은 역주: 어떤 때에는 있기도 하고 어떤 때에는 없기도 하나; 이영무 역: 있을 때에는 있다가 없을 때에는 없게 된다.; 한글대장경(김달진 옮김): 있을 때는 있고 없을 때는 없다.; 황산덕 역: 있을 때는 있고 없을 때는 없다.

157) "無常之法, 有時是有有時是無, 如來不爾, 有時是有有時是無, 是故爲常." 이 문장의 해석을 어떻게 해야 할까? 원효는 이 부분을 언급하지 않았다. 가은 역주에도 이에 대한 설명이 없다. 가은 역주, p.144 참조.; 논자의 다음 해석에 대해 논자의 지도교수 박정근은 "득언망의(得

[常] 된다. 상주(常住)하는 법은 이름도 없고 색(色)도 없다. (예를 들어) 허공은 상주[常]하므로 이름도 없고 색도 없다. (그리고) 여래 또한 그와 같아 ⑤이름도 없고 색도 없다. 이 때문에 상주하게[常] 된다. 상주(常住)하는 법은 원인도 없고 결과도 없는데, 허공은 상법(常法)이므로 원인도 없고 결과도 없다. 여래 또한 그와 같아 ⑥원인도 없고 결과도 없다. 이 때문에 상주하게 된다. 상주(常住)하는 법은 삼세(三世)[과거·현재·미래]로 포섭할 수 없다. 여래 또한 그와 같아서 ⑦삼세로 포섭할 수 없다. 이 때문에 상주하게 된다.”158)

言忘意)를 자초하지 말 것”을 당부하였다. 그런데 불초제자는 ‘득의’도 없고 ‘득언’도 여의치 않아 우선 ‘득언’이라도 우선 해보려고 한다. 그러다 맛이라도 보게 되길 기대해 시도해 본다. “無常之法, 有時是有有時是無. 如來不爾, 有時是有有時是無, 是故爲常.”은 앞 무상(無常)의 설명과 뒤 상(常)의 설명이 같다. ‘무상(無常)의 법은 어떤 때에는 있고 어떤 때에는 없다.’ ‘여래(의 법)은 이와 같지 않다. 어떤 때에도 있고 어떤 때에도 없다. 이 때문에 상(常)이 된다.’ 여기서 같은 원문 ‘有時是有有時是無’에 대해, 논자는 무상(無常)의 법을 설명할 때는 ‘어떤 때에는 있고 어떤 때에는 없다’로 해석하였다. 그리고 여래를 설명하고 그래서 상(常)이 됨을 설명할 때는 ‘어떤 때에도 있고 어떤 때에도 없다’로 해석했다. 상(常)은 상(相)을 초월하고[離相] 시간을 초월한다[三世不攝]. 그러니 유무를 또 초월하는 법이다. 그래서 ‘어떤 때에도 있고 어떤 때에도 없다’로 해석했다.

158) 원효, 『열반종요』, 한불전1, p.537a02-18, “有生之法名曰無常, <無生之法乃名爲常>, 如來無生. 是故爲常. <常法無性>. 有{限}[性]之法, 名曰無常, 如來①無生無{姓}[性]. <無生無性>故常. 有常之法, 遍一切處, <猶如虛空無處不有. 如來亦爾, ②遍一切處, 是故爲常>. 無常之法, 或言<此有, 或言彼無. 如來不爾, ③不可說言>是處有彼處無. {如來不爾}. 是故爲常, 無常之法, 有時是有, {無時爲無}[有時是無]. 如來不爾. <④有時是有, 有時是無>. 是故爲常. 常住之法, 無名無色. 虛空常故無名無色. 如來亦爾, <⑤無名無色>. 是故爲常. 常住之法, 無因無果, 虛空常故無因無果. 如來亦爾, <⑥無因無果>. 是故爲常. 常住之法, 三世不攝.

원효는 이와 같은 일곱 가지 원인은 모두 법신에 해당하는 것이라고 한다. 그 이유는, 무상(無常)을 고집하는 쪽이 '보신불은 생겨나는 원인[生因]에서 얻어진 것'이라고 말한다면, 곧 원인과 결과가 있어 허공과 같지 않기 때문이다. 만약 상주를 고집하는 쪽이 '법신을 따라서 보면 생겨남이 없으므로 상(常)이라 하는데, 보신불도 또한 같이 생겨남이 없으므로 상(常)이다'라고 보충해서 말한다면, 이 때문에 이 원인의 뜻은 법신(法身)과 보신(報身) 두 몸에 통하는 것이다. 그러나 반대의 다른 쪽, 즉 무상을 고집하는 쪽도 또한 이와 같아서, '화신은 앎이 있으므로 상(常)이 아닌데, 보신불도 앎이 있으므로 또한 상주(常住)가 아니다'라고 말할 수 있지만, 이 때문에 이 원인의 뜻은 화신(化身)과 보신(報身) 두 몸에 통한다고 주장할 수 있다. 이것이 만약 통(通)하지 않으면, 저것이 어떻게 통(通)하겠는가?159)

그러므로 또한 그가 억지로 말하기를, '비록 이것이 본래 없다가 비로소 있는 것이지만 본래 없다가 지금에 있게 되는 것이 아니다'라고 할지라도, 다만 그 말이 있을 뿐 그 실(實)이 도무지 없다. 왜

如來亦爾, <⑦三世不攝>. 是故爲常.”; 혜엄 역, 『대반열반경』(36), 대정장12, p.738c11-c24, “有生之法名曰無常. 無生之法乃名爲常. 如來無生. 是故爲常. 常法無性. 有性之法名曰無常. 如來無生無性. 無生無性故常. 有常之法遍一切處. 猶如虛空無處不有. 如來亦爾遍一切處. 是故爲常. 無常之法或言此有或言彼無. 如來不爾. 不可說言是處有彼處無. 是故爲常. 無常之法有時是有有時是無. 如來不爾有時是有有時是無. 是故爲常. 常住之法無名無色. 虛空常故無名無色. 如來亦爾無名無色. 是故爲常. 常住之法無因無果. 虛空常故無因無果. 如來亦爾無因無果. 是故爲常. 常住之法三世不攝. 如來亦爾三世不攝. 是故爲常.” 참조.

159) 원효, 『열반종요』, 한불전1, p.537a12-18 참조.

냐하면 만약 말 그대로라면, 이는 곧 비록 ‘먼저는 있다가 뒤에는 없어지는 것이 아니라 할지라도, 먼저는 있다가 끝내는 없어진다’는 것이다. 만약에 ‘끝내는 없어진다’는 말을 허용한다면, ‘끝내는 없어진다’는 말도 곧 멸해야 한다. 만약 ‘끝내는 없어진다’는 말을 허용하지 않는다면, 이미 ‘뒤에 없어지는 것이 아니다.’ 무엇이 ‘끝내는 없어지는 것’이 되겠는가? 이미 ‘지금 있게 되는 것이 아니’라고 한다면, 무엇이 ‘비로소 있는 것’이 되는가? 또한 만약 ‘뒤에 없어지는 것이기 때문에 멸해 없어지는 것은 아니’라면, 곧 이것은 ‘본래 없었기 때문에 생겨남이 있게 된다’고 해야 할 것이다.

원효는 이러한 진퇴는 영영 구제할 수가 없다고 한다. 이것은 역설이 일어나는 것을 보여주는 것이다. 그러므로 원효는 이런 설명은 지혜로운 사람이라면 사용하지 않는 것이며, 무상(無常)에 집착해 있는 사람만이 그와 같은 말을 하는 것이라고 한다.160)

(2) 설명의 옳고 그름

원효는 그렇다면 보신상주와 보신무상의 설명 가운데 어느 것이 얻는 게 있고 어느 것이 잃는 것이 있는가[何得何失]의 문제를 제기하고, 세 가지로 답을 한다. 즉 첫째, 모두가 (답을) 얻기도 하고 모두가 (답을) 잃기도 한다[皆得皆失]. 둘째, 무상을 고집해도 미진한 뜻이 있다. 셋째, 상주를 좋아하지만 상주의 뜻에도 부족함이 있다고 한다. 그러면 차례로 그 내용을 살펴보자.

---

160) 같은 책, p.537a18－b02 참조.

(가) 두 설명 다 얻는 것도 있고 잃는 것도 있다

모두가 옳고 모두가 그르다고 하는 이유는, 만약 결정적으로 한쪽만 고집한다면 모두가 과실(過失)이 있지만, 만약 거기에 장애가 없다면 모두가 도리를 갖추고 있어 얻는 것이 있기 때문이라고 말한다. 이에 대한 논거로 『능가경』을 인용한다.[161]

　　"여래(如來)·응공(應供)·정변지(正遍知)[바로 두루 앎]는 상(常)입니까 무상(無常)입니까? 부처님께서 성자 대혜보살에게 일러 말하기를, '대혜야, 여래·응공(應供)·정변지(正遍知)[바로 두루 앎]는 상(常)도 아니고 무상(無常)도 아니다'라고 하였다. 어째서입니까? 두 설명[상·무상]은 과실(過失)이 있기 때문이다"[162]

비록 상주(常住)[163]는 아니더라도, 생각 생각마다[念念: 시시각각으로] 없어지는 것도 아니니, 이와 같은 글들이 한쪽에 치우친 고집을 깨뜨리고, 결정적으로 한쪽의 극단만을 취하는 것이 도리에 맞지 않는다. 그러므로 원효는 모두가 도리가 있고 다 얻는 것이 있다고 한다.[164]

---

161) 같은 책, p.537c03−07 참조.

162) 같은 책, "如來應[供]正遍知, 爲是常耶, 爲無常耶? 佛[告聖者大慧菩薩]言, '<大慧 如來應正遍知>, 非常非無常.' <何以故?> 二邊有過故."; 菩提留支 역, 『입능가경(入楞伽經)』, 대정장16, p.555c21−25, "世尊. 如來應正遍知. 爲是常耶爲無常耶. 佛告聖者大慧菩薩言. 大慧. 如來應正遍知. 非常非無常. 何以故. 二邊有過故. 大慧. 有無二邊應有過失."; 『능가아발다라보경』에서 못 찾음.

163) '性'을 '住'로 바꿈. 필사본, p.53a2*14에 따라 바꿈. 원효, 『열반종요』, 한불전1, p.537b07*12.

  "'장애가 없다'는 것이 두 뜻[설명]이 모두 (답을) 얻는다[得]고 말하는 것이라면, 보신불의 공덕은 모양[相]을 벗어나고 자성[性]을 벗어난 것인데, 모양을 벗어났기 때문에 생멸상(生滅相)을 벗어나, 끝내는 고요하여, 지음도 없고 함도 없으므로 상주(常住)한다고 말하고, 자성을 벗어났기 때문에 상주의 자성을 벗어나서, 극도로 시끄럽게 움직여, 안 하는 것이 없으므로 무상(無常)하다고 말한다. 그러나 자성을 벗어나고 모양을 벗어난 것은 둘도 없고 다르지도 않으며, 모양을 벗어남[離相]은 자성을 벗어남[離性]과 다르지 않은 것이므로, 상주(常住)는 생멸(生滅)에 방해가 되지 않는다. 자성을 벗어남[離性]은 모양을 벗어남[離相]과 다르지 않으므로, 생멸(生滅)은 상주(常住)에 장애가 되지 않는다. 이러한 도리로 두 말[설명]이 모두 얻는 것이 있다[得]고 하는 것이다."165)

  그리고 이 가운데에서 또 자세히 살펴보면 역시 많은 설명이 있는데, 자세한 것은 지금은 전하지 않는 『능가경종요』166)에서 잘 설명하였다고 한다. 이어서 원효는 그렇지만 무상을 고집해도 미진한 뜻이 있고, 상주를 좋아해도 부족한 점이 있다고 한다.167)

---

164) 원효, 『열반종요』, 한불전1, p.537c07-09 참조.

165) 같은 책, p.537b09-16, "無障礙說二義皆得者, 報佛功德, 離相離性, 以離相故, 離生滅相, 究竟寂靜, 無作無爲, 故說常住, 以離性故, 離常住性, 最極{暄}[喧]動, 無所不爲, 故說無常. 然離性[離相], 無二無別, 離相不異於離性, 故常住不妨於生滅也. 離性不異於離相, 故生滅不礙於常住也. 由是道理, 二說皆得."

166) 지금은 전해지지 않음. 『열반종요』에서 원효 자신의 저술을 처음 언급함. 그래서 『열반경종요』는 『능가경종요』보다 나중에 지어진 것이라 할 수 있다. 원효가 이 책에서 언급하는 자신의 저술은 이 외에 『이장의(二障義)』와 『능가경소(楞伽經疏)』가 있다. 이 저술은 적어도 이 세 저술보다 후에 저술된 것이라 할 수 있다.

(나) 무상(無常)을 고집해도 잃는 것이 있다

무상을 설명함에 있어 미진한 뜻은 '법신이 결정적으로 상주한다
[法身定是常]'고 말하는 것이다. 만약 법신이 결정적으로 상주한다
면, 곧 그것은 법을 만들지 않게 되니, 법을 만들지 않기 때문에 법
신과 보신불의 두 몸을 만들지 않게 된다. 이 때문에 법신도 또한
무위가 아니[法身亦非無爲]라는 것이다.168)
이에 대한 논거로 원효는 『능가경』을 인용한다.

　　"만약 여래 법신이 법을 짓는 (유위가) 아니라면 곧 몸이 없으니, 무량
　한 공덕의 일체 행을 수행함이 있다고 말하면 곧바로 허망하다"169)

원효는 상과 무상을 무위와 유위에 배대하고 법신을 유위의 관점
에서 보고 법신이 보신과 화신으로 나타나는 것은 번뇌와 관계없이
법신이 자재하여 생기는 것으로 설명한다.
『섭대승론석(攝大乘[論釋]170))』에서 법신의 다섯 가지 모습을 말
하는데, 그 가운데 "세 번째 법신은 유위와 무위를 상으로 삼지 않
으며 유위와 무위를 상으로 삼지 않는 것도 아니다. 어째서인가? 논

---

167) 원효, 『열반종요』, 한불전1, p.537b15－17 참조.

168) 같은 책, p.537b17－19 참조.

169) 같은 책, p.537c20－21, "若如來法身非作法者, ＜則是無身＞, 言有修行
無量功德一切行者, ｛卽爲｝[則是]虛妄."; 菩提留支　역, 『입능가경』, 대
정장16, p.550a20－22, "若如來法身非作法者則是無身. 言有修行無量
功德一切行者則是虛妄." 참조.

170) 이영무 역, '論'을 넣었으나, 원효는 『섭대승론석』을 인용하는 것이므
로 '論釋'을 넣어야 할 것이다.

에서 말하기를,171) ‘혹업(惑業)[번뇌]이 모여서 생겨난 것이 아니기 때문이다’라고 하였으며, 논에서 말하기를 ‘자재함을 얻었기 때문에 유위의 상을 나타낼 수가 있다’라고 하였으며, 해석하기를 ‘일체의 유위법은 모두 혹업에서 생겨나지만, 법신은 혹업에서 생겨나지 않으므로 유위가 아니다’라고 하였으며, (또 해석하기를) ‘법신은 자재함을 얻었으므로 유위의 상을 자주 나타낼 수 있으니, 이른바 응신·화신 두 몸이기 때문에 무위(無爲)가 아니다’라고 하였다.”172)

곧 원효는 이것이 법신이 비록 혹업에서 생겨난 유위는 아니지만, 뭉쳐서 움직임이 없는 물건이 되는 것은 아님을 밝히고 있다고 한다.173)

(다) 상주(常住)를 고집해도 잃는 것이 있다

또 상(常)을 고집하는 쪽은 비록 상주(常住)를 좋아하지만, 그러나

---

171) 가은 역주는 이 부분까지 인용으로 보지 않음.

172) 원효, 『열반종요』, 한불전1, p.537b22 – c03, “第三{有爲無爲無二爲相}[法身, 非有爲無爲爲相, 非非有爲無爲爲相.] <何以故? 論曰>, 非惑業{雜}[集]*所生故. <論曰>, 由得自在, 能顯有爲相故. 釋曰, 一切有爲法, 皆從惑業生, 法身不從惑業生, 故非有爲. <釋曰>, 法身由得自在, 能數數顯有爲相, 謂應化二身, 故非無爲.” * 원문에 따라 ‘雜’을 ‘集’으로 바꿈. 이영무 역에서는, 글의 흐름상 ‘雜’은 그대로 두고 ‘染’을 넣어 교정하였다. 이는 원문과 다르게 교정한 것임.; 무착, 『섭대승론석(攝大乘論釋)』(15권본), 대정장31, p.251b17 – 24, “法身非有爲無爲爲相. 非非有爲無爲爲相. 何以故 論曰. 非惑業集所生故. 釋曰. 一切有爲法. 皆從惑業生. 法身不從業惑生故非有爲 論曰. 由得自在能顯有爲相故. 釋曰. 法身由得自在. 能數數顯有爲相. 謂應化二身故 非無爲” 참조.

173) 원효, 『열반종요』, 한불전1, p.537c03 – 04, “法身雖非惑業生有爲而非凝然無動作物也”

그 상(常)의 뜻은 역시 충분치 못하다는 것이다. 말하자면 비로소 공덕이 있으니, 원래 법계의 자리에까지 두루하지 못하기 때문이다. 만약 이 공덕이 두루하지 못한 곳이 있으면, 곧 그것은 법계에 증득하지 못하는 것이 있는 것이다. 만약 법계에 증득하지 못하는 것이 없다[無所不證]면, 곧 그것은 똑같이 법성이 두루하지 않는 것이 없다[無所不遍]고 한다.174) 원효는 이에 대해 『화엄경』을 인용해 두루 있음[遍在]을 통달(通達)하는 돈오(頓悟)를 묘사한다. 일체를 통달함은 일체가 평등함을 요달하고 일체와 동체불이(同體不二)의 몸을 증득하여 장애가 없게 되는 것이다.

"여래(如來)·응공(應供)·등정각(等正覺)이 보리(菩提)를 이루었을 때에, 부처님의 방편에 머물면서, 일체의 중생과 같은 몸을 얻었고, 일체의 법과 같은 몸을 얻었으며, 일체의 세계와 같은 몸을 얻었고, 일체의 삼세와 같은 몸을 얻었으며, (일체의 여래와 같은 몸을 얻었고, 일체 제불과 같은 몸을 얻었고, 일체의 말과 같은 몸을 얻었으며), 일체의 법계와 같은 몸을 얻었고, 허공계와 같은 몸을 얻었으며, 내지(걸림 없는 법계와 같은 몸을 얻었고, 무량한 법계와 같은 몸으로 출생하였고, 일체 행계와 같은 몸을 얻었으며), 적정열반계와 같은 몸을 얻었다. 불자여, 여래께서 얻으시는 이러한 몸들을 따라, 음성 및 걸림 없는 마음도 또한 그와 같음을 알아야 할 것이니, 여래께서는 이와 같은 것들은 세 가지 청정하고 무량한 것을 두루 갖추었다."175)

---

174) 같은 책, p.537c04－08 참조.

175) 같은 책, p.537c09－15, "如來[應供等]1)正覺成菩提時, 住佛方便, 得一切衆生等身, 得一切法等身, 得一切{殺}[刹]等身, 得一切三世等身, <得一切如來等身, 得一切諸佛等身, 得一切語言等身>, 得一切法界等身, 得

이것은 여래·응공 등을 밝힌 것이다. 여래께서 도를 이룬 후에 얻은 색신과 음성 및 걸림 없는 마음이 삼세에 서로 같지 않음이 없고, 두루하지 않음이 없다. 이미 일체의 과거 현재 미래의 시간에 두루하여 같다고 말하였으니, 금강신을 얻기 이전에까지 두루하다는 것이다. 그리하여 여래는 시간을 초월하여 두루 자재하다고 하는 것이다.

그러나 원효는, 이러한 도리는 생각으로 추측해서 알 수 있는 것이 아니[非思量不能測]라고 한다. 모든 깨달은 사람들이 비밀스럽게 간직하는 것[諸佛秘藏]이라고 한다. 그렇기 때문에 다만 깨달은 사람들의 말씀에 따라[依佛言] 다만 우러러 믿음을 일으킬 뿐[起作信耳]이라는 것이다.176)

원효는 쟁론의 예로 삼신설과 관련된 무상과 상주라는 상반된 극단적인 설명을 든다. 원효는 첫째, 어느 한 극단의 설명에 집착하지 않으면 모두 얻는 것도 있고 잃는 것도 있다는 것이다. 상주설과 무상설에는 그 나름의 타당성과 그럴듯함이 있다 하여도 또 그에 따른

虛空界等身, {乃至}[得無礙法界等身, 得出生無量界等身, 得一切行界等身], 得寂{靜}[滅]涅槃界等身. 佛子, 隨如來所得身, 當知音聲及無礙心, [亦]復如是, 如來具足如是[等]三種淸淨無量.”; 佛馱跋陀羅 역, 『대방광불화엄경(大方廣佛華嚴經)』, 대정장9, p.626c21－627a01, “如來應供等正覺成菩提時. 住佛方便. 得一切衆生等身. 得一切法等身. 得一切剎等身. 得一切三世等身. 得一切如來等身. 得一切諸佛等身. 得一切語言等身 得一切法界等身. 得虛空界等身. 得無礙法界等身. 得出生無量界等身. 得一切行界等身. 得寂滅涅槃界等身. 佛子. 隨如來所得身. 當知音聲及無礙心. 亦復如是. 如來具足如是等 三種淸淨無量” 참조.

176) 원효, 『열반종요』, 한불전1, p.537c17－20 참조.

문제와 미진함이 있다는 것이다. 그렇기 때문에 어떠한 훌륭한 설명이나 이론도 그 나름의 훌륭함에도 불구하고, 다 드러내지 못하는 것에 대한 문제를 지적하여 마치 '대롱으로 하늘을 보는 것'에 비유하고, '소라로 바닷물을 길으려고 하는 것'으로 비유한다. 대롱으로 보이는 하늘이 하늘이 아닌 것은 아니나, 그것이 하늘이라고 말하는 것은 부족한 점이 있는 것처럼, 그리고 소라로 길은 바다의 물이 바닷물이 아니지는 않으나 그것이 바닷물이라고 하는 것은 미진한 점이 있는 것처럼 얻을 것이 있다 해도 잃는 것이 있다는 것이다.

또 『열반종요』 '불성론'의 '출체문'에서 불성의 본체에 대한 여섯 가지 이설들에 대한 원효의 평가에서 『열반경』의 다음 구절을 인용하였다. "저 눈먼 사람이 각기 코끼리에 대한 설명을 하는 것과 같아서, 비록 코끼리의 실체는 얻지 못하였지만, 그렇다고 코끼리를 설명하지 않은 것은 아니다.177) 불성을 말하는 것도 이와 같아서 여섯 가지 법이 딱 맞는 것도 아니며 여섯 가지 법을 벗어난 것도 아니다"178)

『대승기신론소』에서는 원효 자신 이전의 『기신론』 해석들에 대해 "어떤 이는 근원을 바라보면서 지류에서 헤매고, 어떤 이는 잎사귀를 잡고서 줄기를 잃으며, 어떤 이는 옷깃을 끊어서 소매에 붙이며, 어떤 이는 가지를 잘라서 뿌리에 두르기도 한다"179)라고 하여 이전

---

177) 이영무 역, 가은 역주에는 이 부분까지 인용문으로 봄. 울만(鬱卍, Uhlmann) 영역(英譯)에서는 한문 원문 교감은 제대로 보았는데, 영어 번역은 이 부분까지를 인용문으로 처리함. 울만(鬱卍, Uhlmann), p.219 참조.

178) 원효, 『열반종요』, 한불전1, p.539a07-09.; 혜엄 역, 『대반열반경』(36), 대정장12, p.802b29-c02, "如彼盲人 各各說象 雖不得實 非不說象. 說佛性者 亦復如是. 非卽六法 不離六法."

의 각각의 다른 해석들에 대한 평가를 하였다.

원효의 궁극적 관심은 『대승기신론소·별기』나 『금강삼매경론』에서도 나타나듯이 일심에로의 귀원, 열반, 깨달음으로 안내하고자 하는 것이다. 그리고 그와 같은 깨달음의 힘, 열반의 힘이 지혜로 나타나 무명의 어둠을 뚫고 나와, 밖으로는 세계와 사물에 대한 사태를 온전하게 비추면 화쟁이 아닐 수 없으며, 그리고 안으로는 자신에게 일어나는 온갖 마음의 물결을 온전하게 비추게 되면 그것이 바로 화쟁이 아닐 수 없다.

원효의 『열반종요』는 이 점을 보다 분명하게 보여주는 것이라고 할 수 있다. 원효는 늘 부분적으로 보는 것과 한정짓는 것에 대한 경계를 늦추지 않는다. 이 『열반종요』의 마지막 문구는 이렇게 맺고 있다. "부처의 뜻은 매우 멀고 끝이 없으니, …… 부처의 뜻을 한정지으려 하는 것은 마치 소라로 바닷물을 길으려는 것과 같고, 대롱으로 하늘을 보려는 것과 같을 뿐이다"180)

소라를 합치고 대롱을 합치면 조금은 나아질 수 있다. 그러나 그것 또한 소라와 대롱의 한계를 벗어날 수는 없다. 그 한계를 분명히 이해할 때 열려 있는 바다와 하늘로 나갈 가능성이 열린다. 주장이 있고 그에 따른 다툼과 갈등이 있을 때, 주장함의 의미 있음과 함께, 그 의미가 스스로 그 의미의 한계를 의식할 수 있다면 화쟁(和諍)

---

179) 은정희 역주, 『원효의 대승기신론소·별기』, 일지사, 1992 4쇄, p.27. 『기신론해동소』, 한불전1, p.698c15－18, "或望源而迷流 或把葉而亡幹 或割領而補袖 或折枝而帶根"

180) 원효, 『열반종요』, 한불전1, p.547a18－21, "佛意深遠無限, …… 限於佛意, 是猶以螺酌海用管闚天者耳."

또한 저절로 일어나게 되는 것이다.

지금까지는 원효의 열반론을 살펴보았다. 그리고 원효의 열반론의 전개 속에 일관되게 나타나는 화쟁도 함께 살펴보았다. 그래서 화쟁이 무명이 제거된 열반의 상태를 통해 생기게 되는 것임을 살펴보았다. 그렇지만 중생의 입장에서는 그렇게 나타나는 화쟁이 열반에 이르는 사다리가 될 수 있다. 그래서 논자는 원효의 열반론 전개 자체가 스스로 열반의 자각 속에서 대립되는 이설들이 화쟁되고 있다고 평가한다. 따라서 열반과 화쟁은 하나도 아니지만 둘도 아닌 관계라고 생각된다. 이를 다른 말로 표현하면 화쟁이 있는 곳에 열반이 있고, 열반이 있는 곳에 화쟁이 있다고 할 수 있다.

다음으로 원효의 다른 몇 가지의 주요 저술에서 보이는 화쟁은 어떠한지를 살펴봄으로써 열반과 화쟁의 관계를 보다 잘 드러내고자 한다. 원효 철학의 주요 개념이 일심이므로 일심과의 관계를 중심으로 살펴볼 것이다.

Ⅴ. 화쟁(和諍)과 일심(一心)

본 장에서는 화쟁과 일심의 관계를 살펴보고자 한다. 원효의 철학을 규정할 때 원효의 일심사상 혹은 일심의 철학 등으로 규정된다. 따라서 일심과 화쟁의 관계를 살펴볼 것이다.

제1절에서는 『십문화쟁론』에서 논의되는 화쟁의 열 가지가 하나에 포섭되는데 이는 하나에 대한 통찰과 관련을 갖는다는 점을 살피고 그 하나는 화쟁을 가능하게 하는 것임을 살펴보일 것이다. 제2절에서는 원효의 『기신론』 주석에 나타난 이문일심을 통해 화쟁이 어떻게 나타나는지 살펴볼 것이다. 즉 일심이라는 근원이 어떻게 대긍정이라는 다리를 통해 화쟁이 가능하게 되고 전개되는지 알아볼 것이다. 제3절에서는 원효 『금강삼매경론』에 따라 일심과 화쟁의 관계를 다룰 것이다. 부처에게는 화쟁이 일심의 귀결이지 이른바 목적은 아니며, 중생에게는 거꾸로 화쟁은 일심에의 귀원을 위한 방법이 될 수 있다. 그런데 중생으로 하여금 왜 일심에 귀원하게 하려는 것인가? 그 이유와 방법을 논의할 것이다.

1. 십문화쟁(十門和諍)과 하나

논자는 열반의 귀결이 화쟁으로 나타난다고 하였다. 우선 『십문화쟁론』[1)]에서 화쟁이 어떻게 나타나게 되는지를 살펴보자. 『십문화쟁

---

1) 해인사에서 1937년에 고려대장경을 2부 만들 때 국장경(國藏經) 이외의 판목(板木)도 인쇄하여 발간하여 정리하였는데, 온전한 것은 제9·10·15·16쪽이고, 6년 후 1943년 주지인 최범술은 제31쪽이 2/3 이상이 부패되어 있던 것을 다른 원효 저술들과 비교 연구하여 복원하였고 지금

론』은 원효의 대표적인 저술로 우리나라는 물론 당시 중국과 일본에
도 유포되었고, 진나(陳那)의 문도에 의해 인도에까지 전해지기도 한
것으로 유명하다. 「서당화상비문」의 『십문화쟁론』 소개를 읽어보면
『십문화쟁론』의 핵심 내용을 알 수 있다.

"그 저술 중에서도 『십문화쟁론』은 여래가 세상에 계실 때에는
원음(圓音)에 의지하였으나, …… (마멸) …… 비처럼 흩뿌리고, 부질
없는 공론이 구름처럼 분분하였다. 혹자는 나는 옳은데 다른 사람은
그르다고 하였으며, 어떤 사람은 자신의 설은 그럴듯하나, 타인의
설은 그렇지 못하다고 하여, (이설들이) 큰 강물과도 같이 많은 지
류를 이루었다. …… (마멸) …… 산을 버리고 골짜기로 돌아간 것과
같고, 유(有)를 싫어하고 공(空)을 좋아함은 나무를 버리고 큰 숲으
로 달려가는 것과 같다. 비유컨대, 청색과 쪽풀은 본체가 같고, 얼음
과 물은 근원이 같고, 거울은 모든 형상을 받아들이고, 물이 수천갈
래로 나누어지는 것과 같다. …… (마멸) …… 융통하여 서술하고 그
이름을 『십문화쟁론』이라고 하였다. 이를 칭송하지 않는 사람이 없
고, 모두가 훌륭하다고 하였다."2)

은 5쪽을 볼 수 있다. 그런데 최범술의 조사연구가 1970년 연세대학교
동방학연구소의 『동방학보』 제11호에 「해인사간루판목록(海印寺刊鏤板
目錄)」이 실리기까지 공개되지 않아 화쟁론 잔간이 연구되지 못하였다.
이만용은 최범술을 만나 잔간 사본을 받고자 하였으나 만나지 못하고,
1975년 3월 청와대에서 박종홍으로부터 잔간의 필사본 및 복원문을 받
았다고 한다. 박종홍은 최범술로부터 증여받았던 것이다. 『십문화쟁론』
은 1098년(遼壽昌 4年, 肅宗 3年) 해인사 승려 성헌(成軒)이 발고하여
대각국사 대장화사(大藏化士) 이거인(李居仁)에게 찬동을 구하여 조판한
것 중의 하나임이 알려졌다. 이만용, 위 책, pp.77−78 참조.
2) 「고선사서당화상비문」, "十門論者　如來在世　已賴圓音　衆生等……雨驟
空空之論雲奔　或言我是　言他不是　或說我然　說他不然　遂成河漢矣　大……

이 글을 통해 『십문화쟁론』에 대한 전체적인 의도를 알 수 있다. 즉 원효는 본체로부터 발현되고 현현된 현상에 귀를 기울이고 정신을 빼앗겨, 본체를 잃은 당시 학자들 모습을 지적하며, 본체에로의 회귀와 하나[一]에 수렴하여 현상들을 융통하는 문제를 말하고 있는 것이다. 원효가 부처의 교설은 본체에 바탕하고 하나에 수렴한 원음(圓音)임을 자각하고, 수만 갈래로 갈라진 이설들을 화쟁하려고 하는 것임을 알 수 있다. 원효의 방법은 간단하게 말하면 근원이 같음을 깨우치고 본체와 현상이 둘이 아님을 깨우치고 거울과 같이 마음을 비워야 한다는 것이다. 그러면 이설들을 융통하는 화쟁의 눈이 열릴 것이라고 말하는 것이다.

십문은 무엇인가. 조명기는 십문의 십을 복수의 의미로 이해하였고, 1977년에 이종익은 십문을 열 가지 주제로 이해하고 원효의 현존저서에서 복원하여 발표하였다.3) 십문을 소개하면 다음과 같다. 1. 삼승일승 화쟁문(三乘一乘 和諍門)[법화경종요] 2. 공유이집 화쟁문

山而投廻谷 憎有愛空 猶捨樹以赴長林 譬如靑藍共體 氷水同源 鏡納萬形 水分……通融 聊爲序述 名曰十門和諍論" 김상현, 같은 책, p.337에서 재인용.

3) 최범술과 거의 동시에 20세기에 『십문화쟁론』에 대해 최초로 주목한 이는 조명기이다. 그는 1937년 「원효종사의 십문화쟁론 연구」를 발표한다. 해인사가 간행하는 사간장경판(寺刊藏經板) 『십문화쟁론』 잔간을 보지 못한 상태에서, 화쟁 관련 자료를 정리하고 견등(見登) 및 균여(均如)의 저술에 인용된 『십문화쟁론』의 단편적인 내용들을 소개하였다. 조명기, 「원효종사의 십문화쟁론 연구」, 『금강저』22, 조선불교동경유학생회, 1937, p.35; 이종익, 「원효의 근본사상－십문화쟁론 연구」(동방사상 개인논문집 제1집), 동방사상연구원, 1977; 조명기 앞 논문, p.31 참조; 김상현, 앞의 책, p.212 참조; 황영선 편저, 『원효의 생애와 사상』, 서울: 국학자료원, 1996, p.492 참조.

(空有二執 和諍門)[잔간] 3. 불성유무 화쟁문(佛性有無 和諍門)[잔간] 4. 인법이집 화쟁문(人法二執 和諍門)[잔간] 5. 삼성이집 화쟁문(三性二執 和諍門)[기신론소] 6. 오성성불 화쟁문(五性成佛 和諍門)[타 문헌에 인용된 화쟁론] 7. 이장이의 화쟁문(二障異義 和諍門)[이장의] 8. 열반이의 화쟁문(涅槃異義 和諍門)[열반종요] 9. 불신이의 화쟁문(佛身異義 和諍門)[열반종요] 10. 불성이의 화쟁문(佛性異義 和諍門)[열반종요][4] 오법안은 진속이의 화쟁문(眞俗異義和諍門)을 기존

---

4) 이종익, 「원효의 「십문화쟁론」 연구」, 『원효의 근본사상－십문화쟁론 연구』(동방사상 개인논문집 제1집), 동방사상연구원, 1977, pp.444－445 참조.; 김운학, 「원효의 화쟁사상」, 『불교학보』15, 동국대 불교문화연구소, 동국대 출판부, 1980, pp.5－6 참조. 김운학은 1980년에 해인사 장경판 잔간, 서당화상비, 의천의 『원종문류(圓宗文類)』22권, 속장경(續藏經)21 투(套)[4冊318丁]에 수록된 신라 견등(見登)의 『대승기신론동이집(大乘起信論同異集)』과 일본 승려 순고(順高)의 『원효사초(元曉事抄)』 제5 등의 단편적인 기록과 원효 저술로 10문을 추정하였는데, 그 내용은 다음과 같다. 1. 공유이집 화쟁문(空有二執 和諍門)[잔간] 2. 불성유무 화쟁문(佛性有無 和諍門)[잔간] 3. 인법이집 화쟁문(人法二執 和諍門)[잔간] 4. 진속이집 화쟁문(眞俗異執 화쟁문)[원종문류 화쟁론 1게] 5. 보화이신 화쟁문(報化二身 和諍門)[기신론동이집] 6. 삼성이의 화쟁문(三性異義 和諍門)[기신론해동별기] 7. 삼승일승 화쟁문(三乘一乘 和諍門)[법화경종요] 8. 법화이신 화쟁문(法化二身 和諍門)[열반종요] 9. 불성이의 화쟁문(佛性異義 和諍門)[열반종요] 10. 이장이의 화쟁문(二障異義 和諍門). 그는 이와 같이 십문을 말하면서, 단정할 수는 없으나 1, 2, 3과 5, 6, 8, 9는 상당히 그럴듯하다고 보고, 4, 7, 10도 아주 그럴듯하다고 본다. 김운학은 참고자료를 제시하지 않고, 십문의 범주만을 밝히고 있다.; 이만용, 앞 책, pp.79－85 참조. 이만용은 1983년에 십문을 1. 공유이집(空有異執)[잔간9·10] 2. 무성유성(無性有性)[잔간15·16] 3. 인법이집(人法異執)[잔간31] 4. 보화이신(報化二身)[기신론동이약집] 5. 진속이집(眞俗異執)[원종문류 '화쟁론'] 6. 삼성일이(三性一異)[기신론해동별기] 7. 불성이의(佛性

연구의 오승성불의 화쟁문(五乘成佛義和諍門) 대신에 넣기도 한다.5)

열 가지를 간략하게 말하면 아함에서부터 화엄에 이르기까지 기존에 논의된 다양한 주장들 열 가지 범주이다. 즉 공(空)·유(有), 인(人)·법(法), 진(眞)·속(俗), 일(一)·이(異), 보신(報身)·화신(化身), 무성(無性)·유성(有性), 일승(一乘)·삼승(三乘), 번뇌장(煩惱障)·소지장(所知障) 등의 이항대립의 주장들이다. 이들을 손감(損減)·증익(增益)·상위(相違)·희론(戱論) 또는 연(然)·비연(非然)·역연역비연(亦然亦非然)·불연비불연(不然非不然)의 사구(四句)로 정리하면서, 어느 주장을 일방적으로 거부하지 않는 방법으로 화쟁한다.6)

불교 교학상 이견(異見)의 주제가 열 가지로 한정될 수 없는 것으로 보는 견해가 있다. 그 예로 대승(大乘)과 소승(小乘), 도리(道理)와 인정(人情) 등등의 갈등들이 있으니, 십문의 화쟁의 주제는 열 가지로 한정될 수 없다는 것이고, 따라서 조명기의 설이 더욱 타당하다는 것이다. 김상현은 그 근거로 원효의 『금강삼매경론』 '경의 종지를 밝힘[第二辨經宗者]'에서 십문(十門)의 예를 들고 있다.

異義)[열반종요] 혹은 불신상무상(佛身常無常)[열반종요] 8. 삼신이집(三身異執)[열반종요, 기신론동이약집] 9. 이장이의(二障異義)[이장의] 10. 삼승일승 화쟁문(三乘一乘 和諍門)[법화경종요]의 열 가지로 보았다.

5) 오법안, 『원효의 화쟁사상 연구』, 홍법원, 1989, pp.83-108 참조.; 이종익, 「원효의 『십문화쟁론』 연구」, 예문동양사상연구원·고영섭 편저, 『원효』, 예문서원, 2002, pp.237-269 참조; 황영선, 『원효의 생애와 사상』, 국학자료원, 1996, pp.493-502 참조; 오법안, 『원효의 화쟁사상 연구』, 홍법원, 1988, p.103 참조.

6) 고영섭, 『원효 한국사상의 새벽』, 한길사, 1999 3쇄, pp.207-208 참조.

"이 경의 종요는 전개하거나 종합해서 설명할 수 있다. 종합해서 말하면, 일미관행이 그 요(要)가 되고, 전개해서 설명하면 열 가지 법문이 그 종(宗)이 된다. …… 십문으로 전개해서 설명하면 그 종이 되는 것은 일문으로부터 증가하여 십문에 이르는 것이다. …… 백행이 완전하고 만덕이 원만한 것이니, 이와 같은 모든 문이 이 경의 종이 된다."7)

그런데 위 인용구절 다음에 이런 구절이 있다.

"아홉 문은 모두 일문에 포함되고, 일문에 아홉 문이 있으니, 일미의 관행을 벗어나지 않는다. 그러므로 전개하여도 하나에서 더 늘어나지 않고, 종합하여도 열이 줄어들지 않으니, 늘어나지도 않고 줄어들지도 않는 것이 이 경의 종이다."8)

"십문이란 일문으로부터 점차로 십문에 이르는 제문을 통틀어서 지칭하는 것 같다"고 한 구절은 한문 원문에 대한 잘못된 해석으로부터 오해를 산 것 같다. 위 밑줄의 번역을 다른 번역으로 읽어보면, "'전개해서 설명하면 열 가지의 법문이 종지가 된다'고 한 것은 일문으로부터 점차 십문에까지 이르는 것을 말한다"9)이다. 이를 김상현은 "십문으로 전개해서 설명하면 그 종이 되는 것은 일문으로부터 증가하여 십문에 이르는 것이다"로 번역해서 읽고 있다. 끊어 읽기

---

7) 김상현, 같은 책, pp.213－214 참조.
8) 은정희·송진현 역주, 『원효의 금강삼매경론』, 일지사, 2000 pp.28－29, "後九門皆入一門, 一門有九, 不出一觀. 所以開不增一, 合不減十, 不增不減爲其宗要也."
9) 같은 책, p.27.

가 차이난다. 은정희 역주에서의 원문은 "開說十門爲其宗者, 謂從一門增至十門"인데, 김상현은 첫 네 글자에서 끊어 읽어 "開說十門, 爲其宗者謂從一門增至十門"로 읽은 것이다. "開說十門爲其宗"은 김상현도 인용한 "전개해서 설명하면 십중법문이 그 종이 된다"의 원문 "開而說之, 十重法門爲宗"을 줄여 원효가 인용한 것이고, 그 뒤의 말들은 바로 이 말의 뜻을 푼 것이다. 십문을 이해하는데, 십문이 하나하나의 문이 아닌 것을 강조해서 여러 문 '제문(諸門)'으로 읽어서 문제가 생긴 것이다.

김상현이 인용하는 가운데 생략한 구절 모두를 보면, 원효가 십문을 하나하나 열거하여 정확히 열 가지이다. 그러나 그다음 구절을 보면 "구문개입일문, 일문유구[九門皆入一門, 一門有九]"라 하여 '아홉 문[九門]이 모두 한 문[一門]에 포함되며, 하나하나의 문이 각각 나머지 아홉 문[구문]에 있는 한 문[일문]이다. 즉 하나가 곧 전체이다. 『금강삼매경론』의 논법을 따라 『십문화쟁론』의 십문(十門)을 이해할 때, 십문을 다수의 의미로 보아야 한다는 것은 원효철학의 관점에서 중요한 시사점이 있다는 것을 부정할 수는 없다. 그러나 김상현이 인용한 구절에서 원효가 말하는 십문은 정확히 열 가지이다. 그러면서도 그다음 구절에서 볼 수 있듯이 형이상학적 안목으로 다시 읽으면, 하나는 하나이면서도 나머지 아홉이 함께 포함되는 하나이다. 따라서 하나하나의 문이 그 안의 이쟁(異諍)을 화하면서 또 하나하나의 문에 나머지 아홉 문들이 모두 포함되어 화쟁하는 것으로 풀어야 한다고 생각한다.

이종익이 1977년 발표한 논문의 주장 이래로 십문을 열 가지 이견(異見)의 화쟁으로만 보는 점에 김상현이 이의를 제기한 것은 중요한 시사점이 있다. 그러나 십문은 십문의 구체적 논쟁을 가리키는 것이 아니라는 주장에 대해서는 설득력이 떨어진다.

화쟁은 다종다양한 차별과 차이가 사라지는 경계와 함께한다. 원효가 자신의 『본업경소』에서 자신의 다른 저술 『일도장』에서 인용한 구절은 다음과 같다. "이제 부처의 경지에 이르면 둘을 여의고 오직 하나이므로, 그 하나를 일도(一道)라고 이른다. 이와 같이 일제(一諦)가 잘 통하여 막힘이 없고, 여러 부처의 도[諸佛道]가 같기 때문에 일도(一道)라고 한다."10) 이 설의 근거는 바로 다음에 『화엄경』의 게송 "모든 것에 걸림이 없는 사람이여, 일도(一道)로 삶과 죽음을 벗어났도다"11)를 들 수 있다. 『일도장』은 합론(合論)이며, 『십문화쟁론』이 개설에 해당하는 저술이라고도 할 수 있다.12) 『일도장』이 현존하지 않아 그 모습 전체를 알 수 없고, 이 한 구절을 가지고 지금 이와 같이 단정하는 데는 무리가 있기도 하지만, 화쟁의 바탕에 '하나'의 이해가 매우 중요하다는 시사는 중요한 지적이 될 수 있다. 논자는 이 '하나'가 열반의 경지에 비추어 다르지 않은 차원이라고 생각한다.

요약하면, 화쟁은 모든 존재하는 것들의 근원이 같음을 깨우치고 본체와 현상이 둘이 아님을 깨우치고 거울과 같이 마음을 비워 이설(異說)들을 융통하는 것이다. 그래서 하나하나가 다른 아홉을 모두 포섭하게 된다. 이와 같은 상태가 전체로서의 하나를 깨우친 상태이

---

10) 원효, 『본업경소』, 한불전1, p.519c19−21, "今至佛地離二唯一, 一謂一道. 如是一諦通泰無閡, 諸佛道同故名一道."

11) 같은 책, p.519c22−23, "一切無礙人, 一道出生死."

12) 김상현, 『원효연구』, p.214 참조.

고 전체인 하나를 깨우치면 하나하나가 나머지 아홉을 포섭하고 있음을 알 수 있다. 전체로서의 하나를 깨우치는 것은 열반과 다르지 않은 것이다. 이 하나는 일심으로 표현되기도 한다. 다음에서 이문일심과 관련하여 화쟁을 살펴볼 것이다.

2. 이문일심(二門一心)과 화쟁

원효의 『기신론』 주석에 나타난 이문일심을 살펴보면 화쟁을 알수 있다. 「별기」에서는 마명보살(馬鳴菩薩)이 『기신론』을 지은 이유가 도를 배우는 사람으로 하여금 온갖 경계를 길이 쉬어서 일심의근원에 돌아가게 하고자 하려는 것이라고 한다. 즉 중관과 유식의지양과 이를 종합하는 화쟁 그리고 신·구 유식의 논의에 대한 화쟁이 중점적으로 나타난다. 여기서 일심이라는 근원은 대긍정이라는다리를 통해 화쟁을 가능하게 한다. 구체적으로 어떻게 전개되는지살펴보자.

원효는 『기신론』을 '세우지 않는 것이 없으며 깨뜨리지 않는 것이없는' 논으로 평가한다. 이에 반해 용수(龍樹)의 『중관론(中觀論)』이나 『십이문론(十二門論)』 같은 것들은 모든 집착을 깨뜨리는 것과깨뜨림을 당한 것을 다시 인정하지 않으니 이는 보내기만 하고 두루미치지 않는 논이고, 또 미륵(彌勒)의 『유가론(瑜伽論)』과 무착(無着)의 『섭대승론(攝大乘論)』 같은 것들은 깊고 얕은 이론들을 온통다 세워서 법문을 판별하였으되 스스로 세운 법을 모두 버리지 아니하였으니 이는 주기만 하고 빼앗지는 않는 논이라고 평가한다. 그래

서 이『기신론』은 앞서의『중관론』등과『유가론』등이 각기 깨뜨
리기만 하거나 세우기만 하는 어느 한쪽에 치우친 논서인 것과는 달
리 '세우지 않는 바가 없으면서 스스로 버리고, 깨뜨리지 않는 바가
없으면서 도리어 인정하고 있다'고 평가한다. 이는『기신론』이 공
(空)·유(有) 쟁론에 대해, 긍정을 하면서도 부정하고 부정을 하면서
도 긍정하면서 대긍정에로 나아가 화쟁하는 것이다.

또한 이『기신론』은 펼쳐보면 무량무변(無量無邊)한 뜻으로 종지
[宗]를 삼고, 합해 보면 이문일심(二門一心)의 법으로 요체[要]를 삼
고 있다고 한다. 이를 풀어서 이문(二門) 안에 만 가지 뜻을 받아들
이면서도 어지럽지 아니하고, 한량없는 뜻이 일심(一心)과 같아서 혼
융되어 있으니, 이러므로 개합(開合)이 자재(自在)하며 입파(立破)가
걸림이 없어서 펼쳐도 번잡하지 않고, 합하여도 협착하지 않으며, 세
워도 얻음이 없고, 깨뜨려도 잃음이 없다는 것이다. 그래서『기신론』
이야말로 모든 논의 조종(祖宗)이며 모든 쟁론을 평정시키는 주인
[評主]이라는 것이다.13)

원효는 여기서『기신론』을 평가하면서 화쟁이 잘 드러나는 논으로
평가하고 있다. '개합(開合)이 자재(自在)하며 입파(立破)가 걸림이
없어서 펼쳐도 번잡하지 않고, 합하여도 협착하지 않으며, 세워도 얻

---

13) 원효,『대승기신론별기』, 한불전1, p.678a10−19, "爲道者永息萬境 遂還
一心之源 其爲論也 無所不立 無所不破 如中觀論十二門論等 遍破諸執
亦破於破而不還許能破所破 是謂往而不遍論也 其瑜伽論攝大乘等 通立
深淺 判於法門 而不融遣自所立法 是謂與而不奪論也 今此論者 旣智旣
仁 亦玄亦傳 無不立而自遣 無不破而還許而還許者 顯彼往者往極而遍
立 而自遣者 明此與者窮與而奪 是謂諸論之祖宗 群諍之評主也" 은정
희 역주, pp.22−23, p.27 참조.

음이 없고, 깨뜨려도 잃음이 없다'는 것이 『기신론』의 특징이라고 보는데, 이는 화쟁의 특징을 묘사하고 있는 것이라고 할 수 있다. 이렇게 화쟁할 수 있는 이유는 '이문(二門) 안에 만 가지 뜻을 받아들이면서도 어지럽지 아니하고, 한량없는 뜻이 일심(一心)과 같아서 혼융되어 있기' 때문이다. 이와 같은 전제가 없다면 위와 같은 화쟁이 가능하지 않을 것이다. 그러므로 「별기」에서 화쟁의 전제는 무량무변(無量無邊)한 뜻을 받아들여 혼융되어 있는 일심(一心)이다.

이는 일심에서 진여문과 생멸문이 서로 여의지도 않으며 서로 섞이지도 않고[不相離不相雜], 하나도 아니고 다르지도 않음[不一不異・非一非異]을 보여주고, 유(有)나 무(無)에 집착하는 것이 일체의 논쟁을 일으키는 원인임을 말하고, 모든 견해들이 스스로 나름의 도리(道理)가 있어 자재(自在)하다고 하는 것은 화쟁(和諍)의 성격을 특징적으로 보여준다.

「소」에서도 마명보살(馬鳴菩薩)이 『기신론』을 지은 이유가 도를 배우는 사람으로 하여금 온갖 경계를 길이 쉬어서 일심이라는 근원에 돌아가게 하고자 하려는 것이라고 하는데, 이는 「별기」의 표현과 똑같다. 그리고 「별기」의 논의를 이어서 그 연장선상에서 결론을 제시하는 듯하다. 즉 인집(人執)과 법집(法執)에 대한 삿된 집착을 제거하여 상홍불도(上弘佛道)하고 하화중생(下化衆生)할 것을 말한다.

「별기」'대의문'과 「소」'종체문' 끝에 겹치는 부분에서, "이 논의 의취가 심원하여 종래에 주석하는 사람들 중에 그 종지를 갖춘 사람이 적으니, 이는 진실로 각자 익힌 바를 벗어나지 못한 채 문장에 이끌려서, 마음을 비워 종지를 찾지 못하였기 때문이다. 그러므로 논주의 뜻에 가깝지 아니하다. 그러니, 어떤 이는 근원을 바라보면서 지류에서 헤매고, 어떤 이는 잎사귀를 잡고서 줄기를 잃으며, 어떤 이는 옷깃을 끊어서 소매에 붙이며, 어떤 이는 가지를 잘라서 뿌리에 두르기도 한다"14)라고 한다.

도를 배우는 사람들이 온갖 경계를 길이 쉬고자 하는 것이 목적이고, 이 목적을 달성하는 방법은 일심이라는 근원에 돌아가는 것이라고 한다. 그런데 부처의 많은 언설을 꿰뚫는 것이 이 『기신론』이고, 이 『기신론』은 이문일심을 말하고 있다. 그런데 종래 주석가들은 각자 자기가 익힌 바를 벗어나지 못한 채 문장에 이끌리고 마음을 비우지 못해 그 종지를 알지 못하고, 논주의 의취에 부합하지 못했다는 것이다. 원효가 말하고자 하는 것을 요약하면, 온갖 경계를 길이 쉬는 것, 마음을 비우는 것을 통해 『기신론』의 의취에 도달할 수 있고, 그럴 때에만 일심이라는 근원에 도달할 수 있다. 그러면 여러 경전의 핵심을 하나로 꿰뚫는 『기신론』의 종지를 알고 『기신론』과 같이 여러 경전의 핵심을 꿰뚫을 수 있을 것이다. 꿰뚫는 힘으로부터 여러 경전들 간의 다툼을 조화롭게 비추는 화쟁의 눈이 생겨난다. 꿰뚫는 힘은 어디로부터 오는가? 『기신론』에서는 일심이라는 근원이요, 온갖 경계를 쉬는 것이요, 마음을 비우는 것으로부터 나온다. 그리하여 근원을 보면서 지류에서 헤매지 않고, 잎사귀를 잡고서

---

14) 원효, 『기신론해동소』, 한불전1, p.698c12−c17, "然以此論意趣深邃 從來釋者尠具其宗 良由各守所習而牽文 不能虛懷而尋旨 所以不近論主之意 或望源而迷流 或把葉而亡幹 或割領而補袖 或折枝而帶根" 원효, 『대승기신론별기』, 한불전1, p.678b04−08, "然以此論 言邇理邈 文少義多 從來釋者 尠得其宗 良以各守所習而牽文 不能虛懷而尋旨 由是不近論主之意 或望源而述流 或把葉而云幹或割領而補袖 或折枝而帶根"; 은정희 역주, pp.27 참조.

줄기를 잃지 않으며, 옷깃을 끊어서 소매에 붙이지 않으며, 가지를 잘라서 뿌리에 두르지 않게 될 것이다. 이는 이문일심에서의 일심이라는 근원을 잃지 않는 것을 말하고 있는 것으로서, 열반이라는 근원적 깨달음을 잃지 않을 때 세우고 부숨[立破]이 걸림이 없는[無礙] 온전한 화쟁이 가능하다는 것과 다르지 않을 것이라고 생각된다.

정리하면, 원효는 『기신론』 논주인 마명이 『기신론』을 지은 이유가 도를 배우는 사람으로 하여금 온갖 경계를 길이 쉬어서 일심의 근원에 돌아가게 하고자 하려는 것이라고 하였음을 앞에서 지적한 바 있다. 그리고 원효는 『기신론』에 대해 개합(開合)이 자재(自在)하고 입파(立破)가 무애(無礙)한 평주(評主)라고 평가한다. 개합자재(開合自在), 즉 펼치고 합침이 자유롭고, 입파무애(立破無礙), 즉 세우고 부숨이 걸림이 없음이라는 『기신론』 평가가 곧 화쟁의 표현으로 볼 수 있다. 그리고 평주(評主)나 논주(論主)의 의도나 경지가 일심이라는 근원에 도달하도록 하는 것이고, 이러한 경지가 위의 화쟁을 가능하게 하는 힘으로 볼 수 있는 것이다.

원효의 일심에 대한 표현으로 아주 심오한 명문(名文)으로 꼽히는 것이 『금강삼매경론』의 '대의문'이다. 다음으로 이 '대의문'을 통해 일심을 살펴볼 것이다. 그리고 일심과 화쟁의 관계에 대하여 살펴볼 것이다.

3. 일심(一心)과 화쟁

일심이란 무엇인가? 원효의 『금강삼매경론』에 따르면, 일심이라는 근원은 이치 없는 지극한 이치, 그러하지 않은 큰 그러함이다. 이는 상대적 개념을 떠난 대전환이며 대긍정을 말한다. 그래서 유무를 떠나 홀로 맑고 깨끗하나 가운데도 아니다. 진속이 원융하여 깊고 고요하나 하나도 아니다. 그리하여 깨뜨림이 없지만 다 깨뜨리고, 세움이 없지만 다 세운다는 것이다. 즉 일심은 유무(有無)라든가 진속(眞俗)이라든가 염정(染淨)이라든가 이사(理事)라든가 하는 차별이 없이 홀로 맑고 깨끗하고 깊이 고요하다. 이와 같은 차별들은 일심의 근원에서 자재(自在)하여 원융무애(圓融無礙)하다. 그러므로 일심의 근원에서는 어느 하나에 집착함이 없게 된다. 이는 화쟁이 일심에서 전개된다는 것을 보여주는 것이다. 부처에게는 화쟁이 일심의 귀결이지 목적은 아니며, 중생에게는 거꾸로 화쟁의 방법을 통해 일심에의 귀원이라는 목적을 가리킬 수 있을 것이다. 그런데 왜 일심에 귀원하는 것인가? 일심에의 귀원으로 돌아오게 되는 결과는 무엇인가? 원효의 말을 직접 읽어보자.

"무릇 일심의 근원은 유무(有無)를 떠나 홀로 맑고 깨끗하며[獨淨], 삼공(三空)의 바다는 진속을 원융(圓融)하여 깊고 고요하다[湛然]. 담연은 둘을 원융하니 하나가 아니요; 독정은 (양)변을 떠나되, 가운데도 아니다. 가운데가 아니면서 양변을 떠난 까닭에, 있지 아니한 법이 곧 무(無)에 머무르지 않으며, 없지 아니한 상(相)이 곧 유(有)에 머무르지 않는다. 하나가 아니면서 둘을 융합하였으므로 진(眞)이 아닌 사(事)가 애초에 속(俗)이 된 적이 없으며, 속이 아닌 이(理)가 애초에 진이 된 적이 없다. 둘을 융합하였으면서도 하나가 아니기 때문에 진과 속의 자성이 세워지지 않는 것이 없고, 염(染)과 정(淨)의 상(相)이 갖추어지지 않은 것이 없으며, 양변을 떠났으

면서도 중간이 아니기 때문에 유무(有無)의 법이 만들어지지 않는
바가 없고, 옳음과 그름의 뜻이 두루하지 아니함이 없다. 이와 같이
깨뜨림이 없되 깨뜨리지 않음이 없으며, 세움이 없되 세우지 않음이
없으니, 이야말로 이치가 없는 지극한 이치요, 그러하지 않은 큰 그
러함이라고 할 수 있다.”15)

 일심이라는 근거에서 화쟁이 가능하다고 하고, 한편 일심은 화쟁
의 목적이라고 최유진은 본다.16) 이 말에 다소 의문이 일어날 수 있
다. 일심과 화쟁의 선후의 문제가 제기될 수 있다. 즉 일심은 ‘앞으
로’ 성취하고 이룰 목적이고 그 목적을 위해 화쟁이 필요하다는 말
이다. 화쟁 안에 이미 일심이 전제될 수 없다. 그런데도 일심의 근
거에서 화쟁이 가능하다고 말한 것이다. 논자는 최유진의 이와 같은
입장을 이해한다. 왜냐하면 어느 한 입장을 선택하면 원효의 글에서
원효의 본뜻을 훼손하거나 잃게 된다는 점 때문이다.
 “원효의 화쟁은 다양한 모든 이론들을 일미로 귀일시키는 일과,
또한 다양한 이론들을 그대로 살려주는 일을 동시에 수행할 수 있

---

15) 원효, 『금강삼매경론』, 한불전1, p.604b05−16, “夫一心之源, 離有無而
   獨淨, 三空之海, 融眞俗而湛然, 湛然, 融二而不一, 獨淨, 離邊而非中.
   非中而離邊故; 不有之法不卽住無, 不無之相不卽住有. 不一而融二故, 非
   眞之事未始爲俗, 非俗之理未始爲眞也. 融二而不一故, 眞俗之性無所不
   立, 染淨之相莫不備焉. 離邊而非中故, 有無之法無所不作, 是非之義莫
   不周焉. 爾乃無破而無不破, 無立而無不立, 可謂無理之至理, 不然之大
   然矣.” ; 박정근, 「元曉思想 小考(其一) ―『금강삼매경론(金剛三昧經論)』
   입문(入門)의 한 걸음 ―」, 『인문학연구』 제9집, 2005, p.18 참조; 은정
   희 역주, 『원효의 금강삼매경론』, pp.19−20 참조.
16) 최유진, 『원효사상연구』, 경남대학교출판부, 1998, p.52, p.58 참조.

다"17)고 신옥희도 지적한 바 있다. 그렇지만 앞에서도 말한 바 있듯이, 본 글에서는 화쟁은 일심의 귀결이라는 점을 보다 강조한다. 그 이유는 논자가 보기에 이 점이 보다 주목받아야 한다고 생각하기 때문이다. 화쟁이 일심의 근원으로 돌아가는 귀일심원의 목표를 위한 방법으로만 생각될 때에는 통일 지향적인 구조만으로 생각되기 때문이다. 원효 철학에서 통일은 다양성이 부정되지 않는 통일이다. 원효 철학에서 평등 무차별은 차별이 부정되지 않는 무차별이다. 원효 철학은 오히려 평등 무차별을 통해 차별과 다양성이 다시 인정되는 일심을 통한 조화와 자비의 철학이다.

부처의 지극한 뜻의 동의어로서 일심을 알게 하기 위한 것으로 이쟁 간의 화쟁을 읽고 쓸 때는, 일심이 화쟁의 목적으로서도 설명 가능하다고 생각한다. 다른 한편 일심을 알게 하기 위한 목적으로 쓰인다 해도, 화쟁을 사용하는 바탕은 여전히 일심이며 열반인 것이다. "일심의 경지에서는 일미평등이면서 동시에 모든 차별이 용납된다는 원효의 일심 사상이 그의 화쟁의 근거라고 볼 수 있다."18) 따라서 화쟁은 일심의 귀결이자 열반의 귀결로 보아야 할 것이다.

화쟁이 방법론이라고 해도 틀린 말은 아니지만, 방법론으로만 구분하여 한정할 때 잃는 것이 있다. 고영섭은 "화쟁은 원효의 독특한 방법론이며, 부처의 올바른 진리를 알게 하는 것이다"19)라고 하여

---

17) 신옥희, 『일심과 실존: 원효와 야스퍼스의 철학적 대화』, 이화여자대학교 출판부, 2000, p.243.

18) 최유진, 앞 책, p.39.

19) 고영섭, 「원효의 통일학」, 예문동양사상연구원·고영섭 편저, 『(한국의 사상가 10人) 원효』, 예문서원, 2002, p.194.

부처의 진리를 알기 위한 방법론으로 말하고 있으면서도, "화쟁이 가능할 수 있는 토대는 그것이 바로 부처의 올바른 진리 위에 서 있기 때문인 것이다"[20]라고 하였다. 고영섭은, 화쟁은 '부처의 진리에 도달하기 위한 방법론'이라고 하면서도 '화쟁의 토대가 부처의 올바른 진리위에 있다'라고 하여, 부처의 올바른 진리위에서 가능한 귀결로도 파악하고 있다. 여기서 진리는 일심이라고 할 수 있다. 논자는 화쟁이 부처의 올바른 진리, 즉 일심에 도달하는 방법이라고 할 때 문제가 생긴다고 생각한다. 앞의 말들의 순서를 약간 바꾸면, 화쟁의 토대가 이미 부처의 올바른 진리, 즉 일심 위에 있고, 방법으로서의 화쟁이 부처의 올바른 진리를 알게 한다는 것으로 이해할 수 있다.

일반적으로 원효철학을 규정하는 말인 일심(一心)에서는 모든 것들이 다 한맛[一味]임을 알아 다투고 싸우는 것들이 더 이상 싸우고 다툴 필요가 없다는 것을 보게 되고, 이 때문에 화쟁(和諍)이 가능해진다. 이를 요약하면 일미관행(一味觀行)으로 걸림 없는[無礙] 화쟁이 흘러나오게 된다.[21] 일미(一味)는 원효의 저술들이 한결같이 지향하고 있으며 또 그것으로부터 한결같이 울려나온 바 일심(一心)의 다른 표현이다. 원효는 이를 '이치가 없는 지극한 이치[無理之至理]' '그러하지 않음의 큰 그러함[不然之大然]'이라고 하였다. 이와 같은 일심에서는 온갖 주장이 화쟁회통(和諍會通)된다. 원효철학에

---

20) 고영섭, 같은 논문, pp.194-195.

21) 고영섭은 일심(一心)이 원효 철학의 패러다임이고 화쟁(和諍)은 일심을 끌어내는 논리방식이며, 일심의 실천행이 무애(無礙)라고 한다. 고영섭, 같은 책, pp.24-30 참조.

서는 마치 세계 어느 곳에서 언제 맛을 보아도 바다의 한맛이 늘 그러하듯이, 참과 거짓, 있음과 없음, 하나와 여럿, 같음과 다름, 부정과 긍정, 초월과 내재 등의 상대적 주장들이 한맛의 다른 표현이라고 화쟁된다. 그래서 일반적으로 일심과 아울러 화쟁이 원효철학을 규정하는 중요한 개념이 된다.

이상을 정리하면, 화쟁은 일심을 알기 위한 방법인데 화쟁은 일심을 토대로 하고 있다. 일심으로 되돌아오지 못하면 화쟁의 토대가 없어 온전한 화쟁이 불가능하다. 그런데 역으로 일심을 알기 위해서는 화쟁의 방법이 요구된다. 이 점을 어떻게 설명할 것인가? 중생의 측면에서는 진리를 알지 못하므로 원효는 일심의 근원으로 돌아가게 하려고 한다. 그래서 화쟁 방법을 통해 일심의 근원에 돌아가게 하려고 한다. 그런데 화쟁의 방법은 일심의 근원에 뿌리를 두므로, 일심의 근원에 되돌아가야 화쟁이 가능하다. 결국 일심의 근원에 돌아가기를 원하는 중생에게는 일심의 근원에 되돌아갈 방법으로서 화쟁이 불가능하다. 일심의 근원에 되돌아간 보살이나 부처는 일심의 근원으로 되돌아갈 방법으로 화쟁을 필요로 하지 않는다.

따라서 부처의 측면에서의 화쟁은 부처의 올바른 진리를 깨우침, 즉 귀일심지원(歸一心之源)인 열반을 통해 하나로 꿰뚫는 눈을 갖게 되고 다양하게 보게 되면서도 통일적으로 보게 되어 조화롭게 살게 되는 귀결이다. 중생의 측면에서는 부처의 올바른 진리의 깨우침인 열반을 이루어 내적으로나 외적으로 조화로운 삶을 살아야 한다는 화쟁을 목적으로 이해하여야 할 것이다. 중생은 부처의 올바른 진리를 깨우치고 그러고 나서 그 열반에 머물지 않고[不住涅槃], 열반을 바탕으로 해서 자비심이 흘러넘쳐 사람들과 어울려 조화롭게 사는 삶을 살기 위한 목표로서 화쟁을 가져야 한다. 열반 없는 화쟁은 진정한 의미의 화쟁이 될 수 없고, 화쟁 없는 열반은 공허할 뿐이지 않겠는가.

지금까지 화쟁과 일심의 관계를 살펴보았다. 제1절에서는 『십문화쟁론』을 통해 화쟁의 열 가지가 하나에 포섭되는데 이는 하나에 대한 통찰과 관련을 갖는다는 점을 살펴보았다. 그 하나는 화쟁을 가능하게 하는 것임을 살펴보았다. 이어 제2절에서는 원효의 『기신론』 주석에 나타난 이문일심을 살펴보면서 화쟁이 어떻게 나타나는지 살펴보았는데, 하나가 일심이라는 근원에 대응될 수 있고 일심이 대긍정이라는 다리를 통해 화쟁이 가능하고 또 전개된다는 점을 살펴보았다. 제3절에서는 원효의 『금강삼매경론』에 따라 일심과 화쟁의 관계를 중심으로 살펴보았다. 부처에게는 화쟁이 일심의 귀결이지 이른바 목적은 아니며, 중생에게는 거꾸로 화쟁은 일심에의 귀원을 위한 방법이 될 수 있는데 중생으로 하여금 일심에 귀원하게 하여 어리석음으로부터 일어나는 괴로움을 벗어나 조화로움을 이루게 하려는 것이다. 이때 화쟁과 열반은 서로가 서로에게 속해 있는 것이다.

Ⅵ. 나가는 말

　지금까지 본론에서는 원효의 『열반경종요』 가운데 열반론을 열반과 부처의 가르침, 열반 자체 그리고 열반 현상의 측면으로 나누어 살펴보았다. 그리고 『열반경종요』 본문에서 원효가 논거로 인용하는 글들을 찾아 확인하여 교정을 하는 작업을 병행해서 기존 번역서들과 일부 차이가 있다. 원효의 열반에 대한 설명을 살펴보면서 특히 그 설명에 나타난 화쟁에 주목하였다. 그래서 전체적으로는 열반의 의미와 화쟁의 의미 그리고 열반과 화쟁의 관계에 주목하였다. 이전의 연구들이 본격적으로 다루지 않았던 열반론 그리고 열반과 화쟁의 관계에 주목한다는 점이 본 연구가 갖는 차별성이다. 원효가 다루고 있는 열반에 대한 다양한 논의와 설명들은 모두 부처의 가르침이자 부처의 뜻인 열반에 대한 가르침으로 통섭될 수 있다. 원효는 열반의 관점 없는 관점에 이르면 열반에 관한 다양한 논의와 설명들이 모두 서로 방해되거나 어긋남이 없음을 보여줌으로써 화쟁한다. 따라서 화쟁의 전개는 열반의 아무 뜻 없는 뜻을 전제로 해야만 가능하다는 점을 밝히려고 힘쓴다.

　마지막 장은 원효의 다른 저술에 나타나는 화쟁을 일심과의 관계를 중심으로 살펴보았다. 원효 철학의 목표를 귀일심지원이라고 볼 때 원효의 여러 경론들에 대한 평가와 해석은 모두 일심이라는 근원으로 환귀하도록 하는 노력이며, 바로 그 노력이 화쟁이라고 할 수 있다. 그런데 모든 다른 주장들 간의 논쟁을 불식(拂拭)시켜 일심이라는 근원으로 돌아오게 하는 힘은 바로 화쟁이 일심에 바탕을 두어 일심의 세계를 보여주는 것이기 때문이라는 점을 강조하였다.

　이와 같은 열반론 논의와 화쟁 그리고 일심에 대한 설명들을 통해 우리가 생각해 보고 얻을 수 있는 것은 무엇인가? 원효는 자신을 비롯해 모든 중생들이 구경락(究竟樂)에 이르기를 갈망했다. 그의 열반론은 열반에 대한 다른 주장들 간의 다툼이 다툴 필요가 없는 것임을 알려 주고 있다. 열반의 구경락을 맛보면 여러 다양한 설명들이 각각의 입장에 따라 생기게 된 주장들로써 결코 결정적이지 않음을 알게 된다. 그러면 자신의 입장은 물론 여러 다른 입장들을 이해하게 되고 따라서 다툴 필요가 없음을 알게 된다. 원효에 따르면, 열반에 대한 다양한 설명들 간의 다툼은 열반의 온전한 맛을 보지 못하여 생긴 것이다. 열반론 전체를 관통하는 원효의 바람은 서로 다른 설명들 간의 차이가 궁극적으로 서로 어긋나거나 방해되는 것이 아님을 보여주는 것이다. 중생들이 이 점을 알기 위해서는 먼저 열반을 맛보는 것이 필요하며, 다툼이 아직 남아 있다면 아직 열반에 이르지 못한 것이므로, 적어도 논쟁에서는 한 걸음 물러나야 함을 일깨우고 있다고 생각된다. 원효의 열반론을 통해 우리가 얻을 수 있는 것은 세상을 온전하게 바라보는 것이 가능하다는 것이다. 열반은 넓고 크고 아주 깊은[廣大甚深], 또한 아주 멀고 끝이 없는[深遠無限] 현존하는 마음이다. 이처럼 넓은 마음의 사람이 '목격대장부'고 그런 대장부라야 세상과 전체적으로 조화롭게 하나를 이루며 내적으로나 외적으로나 온전한 삶을 살 수 있다고 말하는 것으로 이해된다.

열반이란 무엇인가? 열반은 부처의 뜻과 다르지 않다. 부처의 뜻으로 각기 다른 설명들을 보면, 각각 일리가 있고 또 도리가 있다. 그러니 서로 다른 설명들이 다툴 필요가 없고, 한 설명에만 집착할 이유가 없다. 이것이 원효의 열반론에 나타나 있는 화쟁이다. 여기서 원효의 설명을 따라가며 화쟁을 정리해 보자.

원효에 따르면, 열반은 '아무 뜻도 없다[無義]'고 한다.『금강삼매
경론』 등의 저술에 비추어 볼 때, '아무 뜻도 없다'는 말은 '아무 뜻
없음의 지극한 뜻[無義之至義]'과 다르지 않을 것이다. 원효 스스로
아무 뜻도 없는 데로 나아가면 다 얻는다[悉得]고 하였으니, 단지
아무 뜻도 없다는 것에 머무르지 않는다. 열반이 아무 뜻이 없기 때
문에 부처의 가르침[佛敎]이 광대심심(廣大甚深)하고, 부처의 뜻[佛
意]이 심원무한(深遠無限)하다고 하였다. 또 '어떤 모양으로 규정되
지 않으며 어디에도 해당하지 않는 데가 없다[無方無不當]'고 설명
된다. 그 밖에 '성격이나 모양을 여의었다[離性相]'고 하거나 '성상
을 떠나 여래가 비밀스럽게 감추고 있는 씨앗[離性相如來秘藏]'이라
고도 한다. 열반에 아무 뜻이 없으니 어떤 성격으로도 규정이 안 되
고 어떤 모양으로도 규정할 수 없으며 단지 여래가 비밀스럽게 감추
고 있다는 뜻이다. 또한 씨앗으로 말하는 이유는 모든 가능성을 함
장하고 있음을 의미하며, 그렇기 때문에 여러 다른 설명들에 대해서
화쟁할 수 있는 것이다.

그러면 이와 같은 열반으로부터 드러나는 화쟁은 어떤 모습들인
가? 열반에 아무 뜻도 없으니, 열반의 눈으로는 여러 다른 설명들이
서로 어긋날 것도 없고[不相違] 방해될 것도 없다[不相妨]고 화쟁한
다. 또 '통하여 어긋나지 않는다[通不相違]'를 말하여 화쟁한다. 방
해되거나 막힘이 없으니 통하거나 어긋날 것도 없지만 억지로 힘을
내어 통한다고 말하는 것이고, 그러니 서로 어긋나지도 않게 되는
것이다. 그러니 '다 얻을 것이 있고 잘 통한다[悉得善通]'고 화쟁한
다. 같다고 하기에는 다른 점이 있고, 하나라고 하기에는 통하고 막
히지 않을 수 없다. 그러니 '하나도 아니고 다르지도 않다'는 불일불

이(不一不異)로 설명하기도 한다. 하나도 아니고 다르지도 않다는 화쟁적 설명은 섞이거나 어지럽거나 하지도 않다는 설명과도 잘 맞는다. 이 밖에도 '서로 섞여도 어지럽지 않다'는 불상잡란(不相雜亂)을 말하고, 또 '전체적으로나 개별적으로나 장애됨이 없지만 같지는 않다[總別無所障礙不同]'고 말하여 화쟁을 나타낸다. 또 유(有)·무(無)에 대해서 '있다거나 없다거나 모두 도리가 있다[說有說無皆有道理]'고 말하여 화쟁한다. 또 '하나라고 할 수 없고 다르다고 할 수도 없는 여래가 비밀스럽게 간직한 씨앗[不可說一不說異如來秘藏]'을 말한다. 그 밖에는 부처의 교설이 '해당하지 않는 데가 없는 선교방편[無所不當善巧方便]'이라고 하기도 한다.

앞에서 살펴본 바와 같이 열반에 아무 뜻이 없다는 원효의 설명은 단지 아무 뜻이 없다는 데 머물지 않는다. 이 말은 어떤 말로도 담을 수 없는 열반의 광대심심(廣大甚深) 심원무한(深遠無限)함을 역설적으로 표현한 것이다. 이 말 안에는 지극한 뜻의 대긍정이 있는 것으로 이해해야 할 것이다. 이런 지극한 뜻의 묘용(妙用)이 앞의 여러 화쟁으로 나타난다고 볼 수 있다.

이처럼 원효의 열반 안에서의 화쟁은 그가 『금강삼매경론』 '대의문' 등에서 밝히는 뜻과 상조(相照)한다. 원효의 화쟁은 그 대상을 '깨뜨림 없이 깨뜨리지 않음이 없고[無破而無不破]', 동시에 '세움이 없으면서 세우지 않음이 없게[無立而無不立]' 한다. 이렇게 함으로써 '그러함과 아니 그러함의 뜻이 미치지 않는 바가 없도록' 하니, 참으로 '이치 없음의 지극한 이치[無理之至理]이고, 그렇지 아니함의 큰 그러함[不然之大然]'이 아닐 수 없다. 『대승기신론별기』와 『기신론해동소』에서 밝히는 뜻이나 『십문화쟁론』에서 밝히는 뜻과도 상조(相

照)한다. 원효의 화쟁은 펼치고 합침이 자재하고[開合自在] 세움과 깨뜨림이 걸림이 없음[立破無礙]으로 표현된다. 이와 같은 화쟁은 근원이 둘이 아님을 깨우치고 본성이 다르지 않음을 깨우쳐 바다같이 큰마음이 되어 이설(異說)들을 융통할 때 일어난다.

이와 같은 열반과 화쟁이 철학적으로는 어떤 의미가 있는 것일까? 철학의 역사에서 끊임없이 이어오며 늘 새롭게 제기되는 궁극적 물음이 서양철학 전통에서 존재 물음이라면, 동양철학 전통에서는 인생이란 무엇인가와 같은 삶의 의미에 대한 물음일 것이다. 우리 삶이 내적으로나 외적으로나 갈등과 괴로움에 처해 있는 현실과, 이것을 해결하는 지혜가 요구될 때, 궁극적 물음은 제기될 것이다.

인생에는 늘 이런 저런 괴로움이 일어난다. 원효에 따르면, 괴로움의 원인은 부분적이면서 치우치거나 전도된 견해, 그리고 그것들에 대한 우리 자신의 집착이다. 그렇다면 부분적이면서 치우친 견해를 벗어나고, 전도된 견해를 올바로 잡는 것이 이 문제를 해결하는 길이라고 할 수 있다. 그러기 위해서는 문제에 대한 통찰이 필요한데, 이런 통찰은 어디로부터 나오는가? 『열반경종요』에 따르면, 그 통찰의 중심에 깨달음이 있고, 깨달음이 곧 열반(涅槃)이다. 이를 바탕으로 화쟁이 나오게 되는 것이다. 갈등해소를 위한 방법으로서의 화쟁과 갈등해소 자체를 화쟁으로 보고 이를 목적시하는 것을 모두 생각해야 할 것이다. 방법으로서의 화쟁이나 목적으로서의 화쟁이나 모두 통찰이 있어야 하며, 그 통찰의 중심에 열반이 있어야 온전한 화쟁이 가능하다고 생각한다.

열반은 원효의 철학을 특징짓는 또 다른 용어인 '일심'과 더불어 다루어져야 할 중요한 것이라고 할 수 있다. 이는 불일불이(不一不

異)의 경험이고, 살아 있는 것들 간의 사이와 사이 없음의 경험이라고 할 수 있다. 그래야만 온전한 화쟁이 가능하게 된다. 화쟁은 사이 없음을 함께 봄이며, 이와 같은 봄은 차이와 차별 속에서 단지 단절뿐만 아니라 갈등 너머에 있는 관계를 함께 보는 것이다. 그리하여 이 세상에 존재하는 것들의 다름이 다툼으로 드러나는 것이 아니라, 다름이 다름인 동시에 또한 닮음이어서 조화를 낳는 지혜가 열린다. 열반으로 생긴 지혜는 닮음과 다름 모두에 깨어 있다. 이 지혜는 닮음에서 다름을 보는 것이 가능하게 하는 차이를 부정하지 않는다. 그러면서도 다름을 다름으로 보게 하는 차이 너머의 닮음을 함께 본다. 이 지혜는 이와 같은 전체적인 인식으로 다른 것들 간의 어울림을 함께 보는 것이다.

열반 경험은 존재자들의 평등무이(平等無二) 무이실성(無二實性)의 경험이다. 서양철학 개념인 존재 경험은 존재자들의 전체적이며 근원적인 일치의 경험이라고 할 수 있는데, 이는 열반 경험과 다르지 않을 것이다. 또 유가(儒家)의 천인합일(天人合一), 도가(道家)의 물아일체(物我一體)의 경험과도 다르지 않을 것이다. 이처럼 다른 말로 표현되는 이 경험들은 서양에서 동양에서 시대적 역사적 문화적 종교적 배경 등을 달리하지만, 이 경험들은 그때마다 그 사람마다 다르면서도 다르지 않고 어긋나지 않게 알아듣는 동일함이 있다.

또 열반 경험은 동체무이(同體無二)의 경험으로도 설명될 수 있다고 생각한다. 동체무이(同體無二)의 경험은 나 너의 없음이 되고 그래서 현실적으로 있는 너의 괴로움이 나의 괴로움으로서 동체대비(同體大悲)를 낳는다. 그런데 거기 이미 너 나가 없기 때문에 고맙고 감사함의 주체와 대상의 고리가 없고 시간의 고리가 없어 무연자비(無緣慈悲)가 된다. 그리하여 주체와 대상, 원인과 결과, 시간의 선후가 없으니 큼도 작음도 없는 그러나 억지로 이름하여 큼이라고 하는 지극히 큰 자비가 되어 절로 넘쳐흐르는 대자대비(大慈大悲)가 있게 된다. 열반은 구체적 삶의 현실에서 너 나가 없이 어울리며 무연자비심(無緣慈悲心)을 일으키고, 동체대비행(同體大悲行)을 일으키는 큰 이익이 있게 된다.

현실의 눈은 차이와 차별에 묶이기 쉽다. 그래서 다툼을 초래할 수 있다. 열반은 차이와 차별을 있는 그대로 보는 무차별 무분별의 경험이다. 그렇지만 열반은 어둠 속의 무분별 무차별이 아니다. 열반은 밝게 비추고 비춤 또한 비추어 스스로에 대해서도 분별이 없고 차별이 없게 된다. 차이를 인정하면서도 무차별을 함께 보기 때문에 그 차이들이 어긋나고 뒤틀리지 않게 된다. 이제 현실적인 갈등과 반목은 현실적인 조화와 자비로 길어져 나오게 된다. 온전한 삶의 정점에는 그 정점들이 갖는 고유하면서도 깊은 정상의 깊이와 높이가 있는 서로 다르지 않은 침묵과 그 맛[味]이 있을 것이다. 그 맛을 현실의 삶 속에서 함께 느낄 수 있다면 더욱 좋지 않을까.

다음으로 화쟁에 대한 이해를 간단히 반추하고자 한다. 화쟁이 이설(異說)들과 이론(異論)들을 화합하고 회통하는 것임은 이론의 여지가 없다. 화쟁은 한 주제 내의 상반된 견해들[현상들 간의 차이] 속에서 같은 점에 주목하여 생겨나는 것이다. 다름과 같음을 함께 아우르는 것이 필요할 때, 화쟁의 방법을 사용한다. 또 사물을 서로 다르게 보는 관점을 넘어 온전하게 보기 위하여 화쟁의 눈으로 보게 된다.

결론적으로 원효의 열반과 화쟁의 핵심을 요약해 말하면, 열반으로 이루는 화쟁은 참으로 담연(湛然)하다. 화쟁하면 곧 열반이요, 열반에 이르지 않고는 화쟁을 이룰 수 없다. 장자가 '뜻을 얻으면 말을 잊는다[得意忘言]'고 말했다면 원효는 열반을 통해 '뜻도 잊고 말도 잊는[忘意忘言]' 경계를 열어 보인다. '뜻도 잊고 말도 잊는[忘意忘言]' 경계는 '따로 얻을 것이 없는[別無所得]' 세계이기도 하지만 동시에 '얻음이 없지만 얻지 않음도 없는[無得而無不得]' 세계이다. 원효의 열반을 바탕으로 한 화쟁은 이 시대에 우리가 안고 있는 많은 대립과 갈등을 해결할 수 있는 하나의 훌륭한 전형이라고 할 수 있겠다. 열반-화쟁 또는 화쟁-열반은 서양 형이상학 2500년의 존재망각의 역사와는 다른 열반·일심에 바탕을 둔 존재론적 사유가 될 수 있을 것이다.

참고문헌

1. 1차문헌

원효, 『교정국역 열반경종요』, 가은 역주, 혜봉상영 감수, 원효사상실천
　　　승가회, 불기2548년(2004).

원효, 『涅槃經宗要』, 김호귀 옮김, 석란, 2004.

元曉, 『校訂國譯 涅槃經宗要』, 李英茂 國譯, 大星文化社, 1984.

元曉, 『國譯涅槃經宗要』, 李英茂 譯, 趙明基 監修, 國譯元曉聖師全書
　　　卷一, 寶蓮閣, 佛紀 2531(西紀 1987).

원효, 「열반경종요」, 김달진 역, 『大乘起信論疏別記 外』, 한글대장경,
　　　東國譯經院, 1996 2쇄.

元曉, 『涅槃宗要』, 黃山德 譯, 現代佛教新書 44, 東國大學校佛典刊行
　　　委員會, 東國大學校 譯經院, 1982 초판.

원효, 「涅槃經宗要序」, 『국역동문선』VII, 고전국역총서31, 민족문화추진
　　　회, 1969.

은정희 역주, 『원효의 대승기신론소·별기』, 일지사, 1992 4쇄.

은정희·송진현 역주, 『원효의 금강삼매경론』, 일지사, 2000.

은정희 역주, 『이장의』, 소명출판, 2004.

譯經委員會 譯, 『涅槃經 I』, 한글대장경, 東國譯經院, 1991 중판.

譯經委員會 譯, 『涅槃經 II』, 한글대장경, 東國譯經院, 1991 중판.

원효, 『涅槃宗要』(1권), 韓佛全1.

원효, 『涅槃宗要』(1권), 大正藏38.

원효, 『金剛三昧經論』(3권), 韓佛全1.

원효, 『大乘起信論別記』(2권), 韓佛全1.

원효, 『起信論海東疏』(2권), 韓佛全1.

원효, 『十門和諍論』(단간), 韓佛全1.

원효, 『本業經疏』卷下(1권), 韓佛全1.

원효, 『大慧度經宗要』(1권), 韓佛全1.

원효, 『遊心安樂道』(1권), 韓佛全1.

法顯 역, 『大般泥洹經』(6권), 大正藏12.

曇無讖 역, 『大般涅槃經』(40권), 大正藏12.

慧嚴 역, 『大般涅槃經』(36권), 大正藏12.

寶亮, 『涅槃經集解』(71권), 大正藏37.

灌頂, 『大般涅槃經玄義』(2권), 大正藏38.

菩提留支 역, 『大薩遮尼乾子所說經』 大正藏9.

阿僧伽, 『攝大乘論』(3권), 玄奘 역, 大正藏31.

阿僧伽, 『攝大乘論』(2권), 佛陀扇多 역, 大正藏31.

無著, 『攝大乘論釋』(15권), 眞諦 역, 大正藏31.

世親, 『攝大乘論釋論』(10권), 笈多共行矩等 역, 大正藏31.

龍樹, 『大智度論』(100권), 鳩摩羅什 역, 大正藏25.

慧遠(523~592), 『大乘義章』(20권), 大正藏44.

菩提燈 역, 『占察善惡業報經』(2권), 大正藏17.

鳩摩羅什 역, 『摩訶般若波羅蜜經』(27권), 大正藏8.

鳩摩羅什 역, 『妙法蓮華經』(7권), 大正藏8.

世親, 『妙法蓮華經憂波提舍』(2권), 菩提流支・曇林 등 역, 大正藏26.

婆藪般豆, 『妙法蓮華經論憂波提舍』(1권), 勒那摩提・僧朗 역, 大正藏26.

彌勒 講述, 『瑜伽師地論』(100권), 無著 記, 玄奘 역, 大正藏30.

菩提留支 역, 『入楞伽經』(16권), 大正藏16.

求那跋陀羅 역, 『楞伽阿跋多羅寶經』(4권), 大正藏16.

佛馱跋陀羅 역, 『大方廣佛華嚴經』(60권), 大正藏9.

世親, 『佛性論』(4권), 陳・眞諦 역, 大正藏31.

勒那摩提 譯,『究竟一乘寶性論』(4권), 大正藏31.

馬鳴 造,『大乘起信論』(1권), 眞諦(499~569) 譯, 大正藏32.

馬鳴 造,『大乘起信論』(2권), 實叉難陀 譯, 大正藏32.

求那跋陀羅 譯,『勝鬘師子吼一乘大方便方廣經』(1권), 大正藏12.

曇無讖 譯,『合部金光明經』(8권), 大正藏16.

義淨 譯,『金光明最勝王經』(10권), 大正藏16.

玄奘 譯,『阿毘達磨大毘婆沙論』(200권), 大正藏27.

浮陀跋摩・道泰 譯,『阿毘曇毘婆沙論』(60권), 大正藏28.

訶梨跋摩,『成實論』(16), 鳩摩羅什 譯, 大正藏32.

鳩摩羅什 譯,『維摩詰所說經』(3권), 大正藏14.

2. 2차문헌

1) 단행본

강정중,『원효사상: 원효의 휴머니즘과 일심론을 규명한다』, 불교춘추사,
　　　2001.

고영섭・예문동양사상연구원 편저,『(한국의 사상가 10人) 원효』, 예문
　　　서원, 2002.

＿＿＿,『원효탐색』, 연기사, 2001.

＿＿＿,『원효 한국사상의 새벽』, 한길사, 1997.

고익진,『한국고대불교사상사』, 동국대학교출판부, 1989.

고익진・윤사순,『한국의 사상』, 1984.

김상일,『괴델의 불완전성 정리로 풀어본 元曉의 判比量論』, 지식산업

사, 2003.

______, 『원효의 판비량론 비교연구-원효의 논리로 본 칸트의 이율배반론』, 지식산업사, 2004.

김상현, 『원효연구』, 민족사, 2000.

______, 『역사로 읽는 원효』, 고려원, 1994.

김성철, 『원효의 판비량론 기초 연구』, 지식산업사, 2004.

김영태, 『불교사상사론』, 민족사, 1997.

김지견 편, 『원효대사의 철학세계』, 민족사, 1989.

김형효, 『원효에서 다산까지』, 청계, 2000.

남동신, 『원효』, 새누리, 1999.

박정근, 『중국적 사유의 원형』, 살림, 2004.

박종홍, 『한국사상사』, 서문당, 1977.

박태원, 『대승기신론사상연구(Ⅰ)』, 민족사, 1994.

______, 『원효와 의상의 통합사상』, UUP, 2004.

신옥희, 『일심과 실존: 원효와 야스퍼스의 철학적 대화』, 이화여자대학교 출판부, 2000.

신영복, 『강의』, 돌베개, 2005.

심재열, 『원효사상 2: 윤리관』, 홍법원, 1983.

오법안, 『원효의 화쟁사상 연구』, 홍법원, 1988.

이광수, 『원효대사』, 일신서적출판사, 1995.

이기영, 『열반종요 강의』, 불연 이기영 전집 제33권, 한국불교연구원, 2005.

______, 『원효사상 70講: 새벽의 햇빛이 말하는 의미』, 한국불교연구원, 2003.

______, 『원효사상: 세계관』, 한국불교연구원, 2002.

______, 『원효사상 연구 2』, 한국불교연구원, 2001.

______, 『원효사상 연구 1』, 한국불교연구원, 1994.

______, 『원효사상 1』, 원음각, 1967.

이만용, 『원효의 사상』, 전망사, 1983.

이평래, 『新羅佛教如來藏思想研究』, 민족사, 1996.

조명기, 『신라불교의 이념과 역사』, 신태양사, 1962.

최유진, 『원효사상연구 ― 화쟁을 중심으로 ―』, 경남대학교출판부, 1998.

황영선, 『원효의 생애와 사상』, 국학자료원, 1996.

다무라 요시로, 『열반경』, 이원섭 옮김, 현암사, 2001 개정2판.

사또 시게키(佐藤繁樹), 『元曉의 和諍論理 ― 無二不守一思想 ―』, 민족
　　사, 1996.

후지 요시나리(藤能成), 『원효의 정토사상 연구』, 민족사, 2000.

Wu, John C. H.(吳經熊) Revised Editio, The Golden Age of Zen,
　　United Publishing Center, Taiwan, 1975.

______________________, 『禪學의 黃金時代』, 李楠永, 徐燉珏 共譯, 三
　　一堂, 1978.

______________________, 『禪의 황금시대』, 류시화 옮김, 經書院, 1990 3판.

그레이엄(Graham, A. C.), 『도의 논쟁자들』, 나성 옮김, 새물결, 2003.

슈월츠(Schwartz, Benjamin), 『중국고대사상의 세계』, 나성 옮김, 살림,
　　1996.

액젤(Aczel, Amir D.), 『무한의 신비(Mistery of Aleph)』, 신용현·승영
　　조 옮김, 승산, 2002.

하이데거(Heidegger, Martin), 『존재와 시간』, 이기상 역, 까치글방, 1998.

2) 논 문

강상원, 「一味觀行에 있어서 中道觀에 관한 研究 ― 元曉의 『金剛三昧
　　　經論』을 中心으로 ―」, 동국대학교 대학원 박사학위논문, 1995.
강의숙, 「원효의 열반사상: 『열반경종요』를 중심으로」, 『동양사회사상』5,
　　　동양사회사상학회, 2002.
고영섭, 「해제: 원효 연구의 어제와 오늘」, 예문동양사상연구원·고영섭
　　　편저, 『(한국의 사상가 10人) 원효』, 예문서원, 2002.
　　　　, 「원효의 통일학」, 예문동양사상연구원·고영섭 편저, 『(한국의
　　　사상가 10人) 원효』, 예문서원, 2002.
김병환(圓瑛), 「元曉의 『金剛三昧經論』 研究―觀行을 中心으로」, 동국
　　　대학교 대학원 박사학위논문, 1998.
김상현, 「원효 화쟁사상의 연구사적 검토」, 『불교연구』11·12 합집, 1995.
김성철, 「원효의 논리사상」, 『한국 불교학결집대회 논집』VOL.3, NO.2,
　　　한국 불교학결집대회 조직위원회, 2006.
김영숙(一頓), 「원효의 열반종요에 나타난 회통원리에 관한 연구」, 동국
　　　대학교 대학원, 석사학위논문, 1999.
김운학, 「원효의 화쟁사상」, 『불교학보』15, 동국대 불교문화연구소, 동국
　　　대 출판부, 1980.
김원명, 「삶의 지혜로서의 화쟁과 열반: 갈등과 조화 그리고 깨달음 ― 원
　　　효의 열반을 중심으로 화쟁의 관점에서 ―」, 『한국 불교학결집대
　　　회 논집』VOL.3, NO.2, 한국 불교학결집대회 조직위원회, 2006.
　　　　, 「대승기신론과 원효의 존재―경험」, 『대승기신론과 원효사상』,
　　　불교학연구회 겨울워크숍, 2005. 2.
　　　　, 「元曉의 涅槃論 小考 ― 元曉의 『涅槃宗要』에서 열반의 이름
　　　과 의미를 중심으로 ―」, 『인문학 연구』 제9집, 한국외국어대학

교 인문과학연구소, 2005.

______, 「元曉의 『涅槃宗要』大意文·因緣門 譯註」, 『인문학 연구』 제10집, 한국외국어대학교 인문과학연구소, 2005.

______, 「원효의 일심사상—'하나도 아니고 다르지도 않음'을 중심으로—」, 『인물로 보는 한국의 불교사상』, 예문서원, 2004

______, 「붇다의 말씀, 圓音 一考—『대승기신론소』에서의 원효의 '원음'에 대한 사색을 바탕으로—」, 『한국불교학결집대회논집』 제1집 상권, 한국불교학결집대회 조직위원회, 2002.

김종의, 「元曉의 無碍思想－涅槃宗要의 論理的 構造」Ⅱ, 『東義(人文社會篇)』15, 東義大學校, 1988.

김준경, 「諸敎判論에 대한 元曉大師의 批判」, 『韓國佛敎學』9, 韓國佛敎學會, 1984.

박정근, 「老子 ≪道德經≫ 硏究(二) －마크 트웨인(Mark Twain), 클로드 모네(Claude Monet) 그리고 老子」, 『인문학 연구』 제4집, 한국외국어대학교 인문과학연구소, 1999.

______, 「易經之人生哲學硏究」, 私立輔仁大學校 博士學位論文, 中華民國七十六年(1987).

______, 「元曉思想 小考(其一) —『금강삼매경론(金剛三昧經論)』 입문(入門)의 한 걸음—」, 『인문학연구』 제9집, 2005.

박태원, 「『대승기신론』사상 평가에 관한 연구－고주석가들의 관점을 중심으로」, 고려대학교 대학원 박사학위논문, 1991.

석길암, 「원효의 보법화엄사상 연구」, 동국대학교 대학원 박사학위논문, 2003.

______, 「원효의 화쟁(和諍), 그 현대적 논의에 나타난 문제점」, 『한국불교학결집대회 논집』 VOL.3, NO.2, 한국 불교학결집대회 조직위원회, 2006.

오형근, 「원효사상에 대한 유식학적 연구」, 『불교학보』, 동국대 불교문
    화연구소, 1980.

은정희, 「기신론소·별기에 나타난 원효의 일심사상」, 고려대학교 대학
    원 박사학위논문, 1982.

______, 「원효의 삼세·아라야식설의 창안」, 고영섭 편저, 『(한국의 사
    상가 10人) 원효』, 예문서원, 2002.

이영무, 「元曉사상의 再照明 ―『涅槃經宗要』를 중심으로 ―」, 『佛敎의
    現代的 照明』, 民族文化社, 1989.

이기영, 「元曉의 涅槃宗要에 對하여」, 『한국불교연구』, 한국불교연구원,
    1982.

______, 「해탈의 현대적 의미」, 『원효사상연구Ⅱ』, 한국불교연구원, 2001.

이종익, 「원효의 『십문화쟁론』 연구」, 예문동양사상연구원·고영섭 편
    저, 『원효』, 예문서원, 2002.

이평래, 「여래장설과 원효」, 『원효연구논총』, 국토통일원, 1987.

______, 「원효의 열반사상에 관한 연구」, 『동서철학연구』14, 한국동서철
    학연구회, 1997.

______, 「『涅槃經宗要』의 註釋的 연구(Ⅰ)」, 元曉學硏究7, 元曉學硏究
    院, 2002.

______, 「『涅槃經宗要』의 註釋的 연구(Ⅱ)」, 元曉學硏究8, 元曉學硏究
    院, 2003.

______, 「『涅槃經宗要』의 註釋的 연구(Ⅲ)」, 元曉學硏究9, 元曉學硏究
    院, 2004.

정철호, 「涅槃經의 四德觀: 涅槃經宗要를 中心으로」, 『石堂論叢』19, 동
    아대학교 석당전통문화연구원, 1993.

조수동, 「元曉의 涅槃思想」, 『철학논총』21, 새한철학회, 2000.

최남선, 「조선불교: 동방문화사상에 있어서의 그 지위」, 『육당최남선전

집』2, 현암사, 1973.

최유진, 「원효의 화쟁사상연구」, 서울대학교 대학원 박사학위논문, 1988.

______, 「원효에 있어서 화쟁과 언어의 문제」, 『원효』, 예문서원, 2002.

______, 「원효의 화쟁에 대하여」, 『원효사상의 현대적 조명Ⅰ』, 불교춘추사, 2000.

______, 「원효의 열반관」, 『인문논총』15, 경남대학교 인문과학연구소, 2002.

최지숭, 「元曉의 佛性思想에 관한 研究」—『涅槃經宗要』를 中心으로—, 경산대학교 대학원 석사학위논문, 1999.

사또 시게키(佐藤繁樹), 「元曉에 있어서 和諍의 論理 —『金剛三昧經論』을 중심으로—」, 동국대학교 대학원 박사학위논문, 1993.

후지 요시나리(藤能成), 「元曉의 淨土思想 研究」, 동국대학교 대학원 박사학위논문, 1996.

木村宣彰, 「원효대사의 열반사상」, 장휘옥 譯, 김지견 편, 『元曉大師의 哲學世界』, 민족사, 1989.

福士慈稔, 「元曉와 和諍」, 이태승 역, 『元曉學研究』第9輯, 元曉學研究院, 2004.

듈뜨(Dürt, Hubert), 「元曉와 涅槃宗要」『불교연구』제11·12집, 한국불교연구원, 1995.

울만(鬱卍, Uhlman), 「元曉의 涅槃觀과 佛性觀에 對한 研究 —≪涅槃經宗要≫를 중심으로—」, 동국대학교 대학원 인도철학과 석사학위논문, 1997.

· 저자 ·

김원명   ·약 력·
(金元明)
　한국외국어대학교 철학과 졸업(문학사)
　동 대학원 철학과 석사과정 졸업(문학석사)
　동 대학원 철학과 박사과정 졸업(철학박사)
　연세대학교 철학연구소 박사 후 연수

　현 한국외국어대학교 철학전공 강사
　　한신대학교 철학과 외래교수
　　극동대학교 교양학부 철학 외래교수
　　한국외국어대학교 철학연구소 초빙연구원

·주요논저·
　「원효『기신론해동소』에 나타난 원음(圓音)의
　　　　　현대적 이해에 관한 연구」(2008)
　「원효의 화쟁 글쓰기」(2008)
　「현대 문명 위기 극복을 위한 원효와 하이데거의 존재이해」(2007)
　「元曉『涅槃經宗要』의 涅槃論 研究」(박사학위논문, 2006)
　「『周易』에서 變化와 人生의 意味」(석사학위논문, 1998)
　『원효』(2008)
　『인물로 보는 한국의 불교사상』(공저, 2004)
　외 다수

원효의 열반론

• 초판 인쇄	2008년 5월 25일
• 초판 발행	2008년 5월 25일
• 지 은 이	김원명
• 펴 낸 이	채종준
• 펴 낸 곳	한국학술정보㈜
	경기도 파주시 교하읍 문발리 513-5
	파주출판문화정보산업단지
	전화 031) 908-3181(대표) · 팩스 031) 908-3189
	홈페이지 http://www.kstudy.com
	e-mail(출판사업부) publish@kstudy.com
• 등 록	제일산-115호(2000. 6. 19)
• 가 격	29,000원

ISBN 978-89-534-9279-0 93100 (Paper Book)
978-89-534-9280-6 98150 (e-Book)